장시조의 개방적 양상과 실제

著 邊承九

홍릉과학출판사

저자 소개

邊 承 九
목원대학교 대학원　국어국문학과 박사
목원대학교 인문대학 국어국문학과 교수

論著
『시조』(장서각본)의 수록작품과 변이 양상(2011)
조선시대 왕족시조의 정서 표출양상(2013)
무인시조의 실체와 정서 표출 양상(2016)외 다수

著書
『시조의 수용 미학』(2016)
『고전시가의 미학 연구』(2016)
『원리로 배우는 생활 속의 漢字』(2016)
『고전문학과 바다』(공저, 2015)
『東國歌辭』(2011)

장시조의 개방적 양상과 실제

인　쇄 : 2017년 5월　8일 초판 1쇄
발　행 : 2017년 5월 11일 초판 1쇄

저　자 : 변승구
발행인 : 우명찬, 송준
발행처 : 홍릉과학출판사

서울시 강북구 인수봉로 50길 10
• 전화 : 02-999-2274~5　　• 팩스 : 02-905-6729
• http://www.hongpub.co.kr
• e-mail: hongpub@hongpub.co.kr

ISBN : 979-11-5600-523-0
정가 15,000원

파본이나 잘못된 책은 교환하여 드립니다.

장시조의 개방적 양상과 실제

著 邊承九

머리말

어느덧 대학원에 입학하여 고전문학이라는 학문을 연구한지 20여년이 되어 간다. 학부시절 고전문학이 재미있고 흥미롭다는 생각만으로 대학원에 입학하였다. 그러나 학부시절에 생각했던 것과 본격적인 학문으로 접하는 고전문학은 그렇게 낭만적이지만은 않았다.

그러나 어떤 학문이든 그 과정 과정을 슬기롭게 넘기고 나면 나름의 문리를 터득하는 것처럼 고전문학도 그 과정을 지나면서는 다시금 흥미를 갖게 되었으며 다른 어떤 학문보다도 매력적인 학문임을 알 수 있었다.

특히 고전문학 중에서도 시조는 매우 흥미롭고 무궁무진한 연구의 가치가 잠재되어 있는 장르다. 고려조에 신흥사대부를 중심으로 자신들의 학문적 기반이라 할 수 있는 성리학을 전파하고 또한 정치적 이념을 표출할 수 있는 새로운 장르의 갈망으로 만들어진 것이 시조다. 다른 고전시가가 왕조의 교체와 함께 한 시대를 풍미하고 소멸한 것과 달리 시조는 아직까지도 광범위하게 향유되고 있는 국민문학이라고 할 수 있다. 이러한 역사성과 시대성, 그리고 국민성을 함유하고 있는 시조는 지금까지 우리 국민과 함께 해온 것과 마찬가지로 앞으로도 함께 호흡할 문학이다.

한편 본고에서 다루고자 하는 것은 시조의 하위 장르인 장시조로 일반적으로 알고 있는 사설시조이다. 이처럼 아직까지 명칭에 있어서도 명확하게 정립되지 않은 실정이다. 따라서 명칭과 개념에 이르기까지 폭넓은 논의를 통해 이를 구명하고자 하였다. 그리고 장시조는 통상적으로 조선후기 서민의식의 성장이나 산문체의 발달 등의 요인에 의하여 만들어진 형태라고 알고 있다. 그러나 구체적이고 본격적인 논의에 들어가면 일부 재론되어야 할 부분들이 상당수 확인된다. 또한 장시조는 형태적인 측면에서는 시조에서 분화하였지만 내용적인 측면에서는 다양한 인접 장르의 내용들을 수용하면서 장르적 특성을 견고히 하였다. 따라서 이러한 장르적 개방성의 구체적인 실제를 밝힐 필요성이 있다.

본고는 장시조의 개방성을 밝히기 위하여 우선적으로 몇 가지 기준을 설정하여 현존하는 시조 중에서 장시조의 작품군을 만들었다. 그리고 구체적인 논의는 이렇게 확보된 작품군을 분석하면서 장시조의 개방성에 대한 실제를 밝혀보고자 하였다.

먼저 장시조의 개방의 동인에 대하여 살펴보기 위하여 다양한 요인들을 고찰해 보았다. 그리고 장시조의 개방적 양상을 유형별로 나누고 작품의 구체적이고 실증적인 탐색을 시도하였다. 유형은 '형식상의 개방적 양상'과 '내용상의 개방적 양상', 그리고 '표현상의 개방적 양상'과 '문체상의 개방적 양상'으로 세분화하여 밝혀 보았다. 다음으로 장시조 개방의 장르적 실제로는 서정양식과 서사양식으로 나누어 살펴보았다. 먼저 서정양식은 장시조의 모태라 할 수 있는 단시조를 비롯하여 한시, 가사, 민요, 잡가로 나누고 서사양식은 고소설과 고사, 그리고 설화를 중심으로 밝혀 보고자 하였다. 이를 통해 장시조가 전방위적으로 타 장르의 수용을 통해 장르적 특성을 견고히 하였음을 구명하고자 하였다.

본고가 장시조의 개방성을 구명하기에는 한계가 있다는 것을 그 누구보다도 필자는 잘 알고 있다. 그러나 이러한 시도를 통해 장시조의 개방성을 미력하나마 밝혀내고 싶은 마음에 발간하게 되었다. 또한 필자 역시 이번 발간을 통해 앞으로 미진한 부분들을 지속적으로 보완하면서 장시조의 개방성은 물론 시조의 미학을 밝혀낼 수 있도록 하고자 한다. 모쪼록 이 장시조의 개방성 연구가 시조의 연구자들과 독자들에게 조금이나마 장시조의 실제를 이해하는데 도움이 되길 바란다.

2017. 3

도안동 연구실 씀

목 차

表目次

Ⅰ. 緖 論

1. 問題提起

국문학사에 있어 조선후기는 일탈과 변혁의 시기였다. 16세기 후반에서 17세기 전반에 걸쳐 발발한 양대 전란은 전대미문의 상흔과 회생불능의 불신을 남기게 되었으며, 그러한 시대적 조류는 당대의 사회·문화 전반에 걷잡을 수 없는 변화를 촉구하기에 이르렀다. 조선의 사상적 기저를 형성했던 성리학이 퇴조하고, 이를 대체하는 실학이 대두하면서 이러한 흐름은 더욱 급조를 띠었는데, 그때부터 이와 같은 움직임은 이미 예견된 것이기도 하였다. 실학 또한 유학이라는 전제를 고려한다면 그 개념적 테두리를 염두에 주지 않을 수 없을 것이다. 하지만 분명한 것은 전대가 포유하고 있던 고답적이고 고루한 관념론이 그 유효성을 상실하면서 지금까지와는 전혀 다른 사상적 변화를 추구하게 되었다는 점이다.

조선후기 문화 변동의 주요인으로 작용했던 이러한 사상적 흐름의 변화는 문학에도 강한 영향을 보여주었는데, 기존 장르의 방향 설정과 새로운 장르의 기대 욕구라는 두 가지 과제를 상충시키기에 이르렀다. 강호가도와 연군지정으로 표방되던 사대부들의 호사스럽고 고급한 문학은 점점 그 입지를 좁혀갈 수밖에 없었던 점은 전자가 반영된 것이고, 이를 대체할 만한 진솔하고도 날카로운 비판과 해학에 대한 분출은 후자가 축적된 결과였다.

중간계층을 중심으로 서민과 부녀자들까지 그 영역이 확대되면서 문학 장르 자체를 새롭게 편성하고 조직하는 데까지 영향을 미치게 되는데, 그러한 가운데 새로운 세계를 형성하고 지속적으로 성장해 온 것이 바로 장시조였다. 특히 이 시기의 장시조는 전대의 것과 그 기조를 달리하면서 상당한 변모를 꾀하게 된다는 점에서 문학사상에 기여하는 바가 크다 하겠다. 즉 단시조를 모태로 하면서도 형식과 내용의 개방적 특수성으로 인해 인접 장르들을 적극적으로 수용하면서 그 정체성을 확립하기에 이른다는 것이다. 하지만 그러한 장르적 개방성으로 말미암아 오랫동안 그 인식론적 틀조차 정립하지 못하는 이중적인 모습도 보여준 것이 바로 이 시기의 장시조였다.

장시조에 때한 연구는 이와 같은 통시성과 공시성이라는 두 가지 특수성을 어떻게 판별할 수 있느냐 하는 점에 있다고 해도 과인이 아닐 것이다. 지속과 변혁이라는 이중적 잣대가 상충되면서 빚어냈던 조선후기의 시대적 부름에 당당히 맞섰던 장시조가 근대적 성향 위에서 어떠한 위상으로 존립할 수 있었는가를 밝혀내는 작업이 이에 대한 분명한 해답을 제시할 수 있을 것으로 사료된다. 그것은 또한 산문정신으로 표방되는 이 시기의 시가문학의 본질을 밝히는 작업으로도 연결될 것이다.

그러나 지금까지 장시조에 대한 연구는 단시조의 파형이라는 단견에 그치는 것이 대부분이었다. 조선전기와 달리 구체적인 모습과 역할을 보여주면서 등장한 장시조의 본질을 단순히 단시조의 파형으로만 설명할 수 없다는 한계에 부딪히면서 그 정체성을 명확히 규명하지 못했다는 비판도 그와 같은 결과에서 비롯된 것이었다.

그러므로 본고에서는 장시조에 배태되어 있는 동질성과 이질성, 다양성과 수용성, 특수성과 시대성을 개방적 차원에서 다루고자 한다. 즉 단시조를 모태로 형성되었다는 점에 착안하면서도 조선후기의 시대적 변모를 통해 축적된 이와 같은 특성들을 살펴봄으로써 그것과는 또 다른 장르적 속성이 있음을 밝히고자 하는 것이다. 형식과 내용은 물론 표현과 문체에 있어서도 단시조와 변별성을 드러내고 있는 장시조의 고유성이 이를 분명히 밝혀줄 것으로 본다.

잘 알다시피 개방은 '문이나 어떠한 공간 따위를 열어 자유롭게 드나들고 이용하게 하는 것'으로 정의된다. 그리고 개방성은 '태도나 생각 따위가 거리낌 없고 열려 있는 상태나 성질'을 뜻한다.[1] 문학에서의 개방 역시 서로 다

1) 최태경 편저(1999), 『표준국어대사전』, 두산동아, 195쪽.

른 장르 사이에서 가사가 넘나드는 것을 가리킨다. 이러한 현상은 좁은 의미로는 교섭 또는 혼효라고도 할 수 있으나 여기서는 넓은 의미에서 개방이라는 개념을 선택하기로 하였다.

넓은 의미의 이와 같은 개방성은 고전문학에서 주로 눈에 띄는 현상인데, 장시조의 그것은 다른 장르보다 그 폭이 현저히 넓다는 점에서 주목된다. 특히 관심을 끄는 것은 가사의 일부분만을 수용하는 것이 아니라 전부를 그대로 수용하여 삼장의 형식에 맞추다 보니 단시조의 형식을 완전히 일탈하는 작품이 적지 않다는 점이다. 장시조의 개방성을 논의의 대상으로 삼는 이유가 여기에 있다. 단시조의 구조적 특성을 아우르면서도 장시조만의 적극적인 개방성을 추구함으로써 시형의 극대화를 꾀하고 있다는 점이 관심을 끌기에 충분했다는 것이다. 더욱이 근대적 성향이 난숙했던 당대 사회상을 반영하면서 그 구심점에 다층성을 확보해나갔다는 사실은 한국고전문학사에서 시사하는 바가 지대하다 하겠다. 뿐만 아니라 문학의 변동과 발전을 동시에 보여주었던 조선후기의 역동적 분위기 속에서 산문정신과 근대정신을 아우르는 패러다임의 변모양상을 여실히 보여주었다는 점 또한 그것의 위치를 견고하게 해준다.

그러므로 장시조에 내포되어 있는 이와 같은 개방성을 다각적인 측면에서 다양한 방법을 통해 이해하고 분석하는 일은 그것의 성격을 선명하게 드러내는 계기가 될 것으로 본다. 동시에 지금까지 미진하게 논의되던 장시조에 대한 본질을 정확히 읽어내는 잣대 또한 제공하는 계기가 될 것으로 믿어진다.

2. 研究史 및 研究目的

고전문학 장르 중 시조는 다른 장르들과는 달리 현재까지도 창작되고 있으며 폭넓은 독자층을 확보하고 있을 뿐만 아니라 근래에 이르기까지 방대한 연구 성과를 축적하고 있는 국문학의 대표적 장르의 하나이다. 시조는 초기 이병기[2]에 의해 본격적인 연구가 시작된 후 지금까지 수많은 양의 작품과 작가, 그리고 유형에 관한 다양한 연구업적이 이루어지고 있다.[3] 하지만, 이러한 연구들은 단시조의 定型을 입증하기 위한 쟁점이 대부분이었고 장시조[4]에 대한 논의는 간헐적으로밖에 언급되지 못하였다.

이와 같은 영성한 성과를 이루어왔던 장시조가 독자적인 연구대상으로 거듭나게 된 것은 고정옥[5]에 이르러서였다. 그는 장시조 50수를 선별하여 형식과 내용 등에 대한 다양한 접근을 시도하였다. 그 뒤 김동욱[6]과 안승덕,[7] 김상선[8]에 의해 보다 집중적인 논의가 이루어졌고, 이후 본격적인 연구 업적들이[9] 축적되어 다양한 연구 성과를 가져왔다. 장시조에 관한 연구사는 기존의 여러 논문들을 통해 상당부분 정리되었으므로 본고에서는 주요 업적만을 간

---

2) 이병기(1922), 「時調란 무엇인고」, 『東亞日報』, 11.24-12.13. 해방 이전의 시조관련 논문들은 이태극의 『時調硏究論叢』(1965, 을유문화사)을 참고하였음을 밝혀둔다.

3) 초기 논의들을 연대순으로 정리하면, 염상섭의 「時調에 관하여」(1926)·「時調와 民謠」(1927), 이광수의 「時調의 自然律」(1928)·「時調의 意的 構成」(1928), 이은상의 「時調問題」(1927)·「時調問題 小論」(1928), 안확의 「時調의 淵源」(1930), 조윤제의 「時調의 字數考」(1931) 등의 연구물들이 발표되었다.

4) '長時調'라는 명칭은 '長時調'(이은상, 고정옥, 이태극 등), '辭說時調'(이병기 등), '蔓横淸'(이능우), '歌曲唱詞'(조규익), '長型時調'·'破格時調'·'變格時調'·'破型時調' 등으로 불리고 있다. 이 중 '辭說時調'가 가장 보편화된 용어지만, '辭說時調'라는 용어 속에는 문학적 측면보다는 음악적 측면이 강조되고 있어 문학을 아우르는 용어로는 충분하지 못하다. 뿐만 아니라 지금의 시조 연구는 음악적 측면보다는 문학적 측면의 논의가 주를 이루고 있으므로 용어의 混亂을 피하기 위해 본고에서는 '長時調'라는 명칭을 사용하고자 한다. 이는 단시조(平時調, 短型時調)에 對稱된 의미이며, 본고에서 사용되는 '辭說時調'·'長型時調' 등을 아우르는 용어임을 밝혀둔다.

5) 고정옥(1949), 『古長時調選註』, 正音社.

6) 김동욱(1952), 「辭說時調發生論」, 『國語國文學』 通卷 1號, 國語國文學會.

7) 안승덕(1970), 「辭說時調의 形式考」, 『語文集』 第6輯, 청주교대.

8) 김상선(1970), 「辭說時調의 形態的 考察」, 중앙대 석사논문.

9) 김갑수(1966), 「言語의 感化的 用法의 考察 : 辭說時調를 中心하여」, 서울대 석사논문.
최창렬(1966), 「意味의 感化的 表現價値에 關한 硏究 : 辭說時調를 中心으로」, 전북대 석사논문.
윤용흠(1970), 「辭說時調의 特性 硏究」, 동아대 석사논문.
김학성(1972), 「辭說時調의 美意識 構造」, 서울대 석사논문.

추려 보고자 한다.

장시조에 대한 지금까지의 연구는 다음의 몇 가지로 요약할 수 있다. 즉 '장시조의 發生과 淵源에 관한 연구', '形態에 관한 연구', '內容과 美意識에 관한 연구', '作者層에 관한 연구', '朝鮮後期 創作에 중요한 역할을 담당했던 歌客과 歌壇에 관한 연구' 등이 그것이다.

장시조의 발생과 연원에 관한 연구는 '형식적 연구'와 '문헌·실증적 연구', 그리고 '문학·사회학적 연구'와 '음악적 연구' 등 문학 내·외적 요인들을 중심으로 다각적으로 이루어졌다. 형식적인 측면에서 장시조가 단시조의 형식을 모방하여 발생하였다는 주장은 조윤제·박성의·정병욱[10] 등의 연구에서 비롯되었다. 즉 장시조는 단시조의 전형을 파격하고 거기서 새롭게 파생한 형태의 시가 장르라는 것[11]과 장시조는 어디까지나 중간적 매개자로서 단시조가 끝나는 곳에서 장시조가 시작하고 장시조가 끝나는 곳에서 창극가가 시작되었다는 것[12] 등이 여기에 속한다. 이것은 장시조가 지니는 장르적 특성을 단시조의 형식에 대한 변종, 즉 하위 장르로 파악한 것이라 할 수 있다.

장시조에 관한 문헌·실증적 측면의 검토는 記名 인물을 제시하고 그를 통해 장시조의 발생 시기를 추정하는 논의에서 비롯되었다. 이태극은 실제 작품의 기록으로 볼 때 宣祖代 인물인 松江과 松岩의 장시조 작품이 最古의 것인데, 이렇게 整齊되려면 여러 先行作品들이 있었을 것으로 추단되므로 그 발생 시기를 明宗朝로 보아야 한다[13]고 주장하였다. 최동원은 현재 전하고 있는 작품들을 토대로 장시조가 宣祖 무렵에 형성된 것으로[14] 보았다. 한편 황패강은 邊安烈의 <不屈歌>를 학계에 발표하면서 작가는 물론 작품에 이르기까지 다양한 논의와 연구 성과를 내놓았는데, <不屈歌>야말로 장시조의 발

10) 정병욱(1977), 『韓國古典詩歌論』, 신구문화사, 428쪽.

11) 조윤제(1954), 『韓國詩歌史綱』, 을유문화사, 365-366쪽.

12) 양재연(1983), 『國文學研究散藁』, 전예원, 4쪽.

13) 이태극(1961), 『時調概論』, 선명문화사, 102쪽.

14) 최동원(1984), 「古時調文學史의 時代區分 考」, 『釜山大 人文論叢』 第26輯, 연문인쇄사, 15쪽.

생을 논함에 있어서 귀중한 자료임을 밝혔다.[15] 이러한 논거들은 실증적 자료에 의한 것으로 논의에 있어 상당한 설득력과 타당성을 얻고 있으나, 작자에 관한 고증의 문제와 더불어 장시조 발생 시기에 있어 이보다 선행하는 장시조 작품이 발견되면 쉽게 무너질 수 있는 취약점 또한 안고 있다.

장시조의 문학사회학적 측면에서의 연구는 장시조가 壬·丙 兩亂 이후 서민의식의 성장이 주조를 이루던 肅宗朝 이후에 발생하여 英·正祖 시대에 왕성하게 창작되었다고 보는 것에서 출발한다. 이 경우 장시조 창작의 이유를 18세기 이래의 문학적 조류인 근대적 산문정신의 구현으로 보는 것과 실학정신을 그 사상적 바탕으로 이해하려는 시각 등도 여기에 속한다 하겠다. 이러한 견해는 고정옥 이후 통설처럼 여겨져 조윤제[16]와 정병욱[17]을 비롯한 대부분의 학자들이 이 설을 따르고 있다. 그런데 壬·丙 兩亂 이후 발생설 역시 장시조가 단시조의 파형에서 연원하였다는 것과 동일한 맥락으로 파악된다는 점에서 한계를 지닌다.

이와 같은 논의들은 음악에 관한 연구가 진행되면서 새로운 국면을 맞게 된다. 즉 장시조의 발생 시기를 壬·丙 兩亂 이전[18]과 高麗末[19] 또는 단시조와 동시 발생[20]으로 나누어 추정함으로써 이전의 발생설을 근본적으로 부정하는 시각을 일깨웠다. 논자마다 추정이 다양하여 다소 복잡한 양상을 띠는 것도 사실이지만, 정설처럼 여겨왔던 壬·丙 兩亂 이후 발생설에 대한 반론과 함께 구체적인 작가와 작품을 들어 그것을 입증하려는 실증적인 논의를 펴고 있다는 점에서 주목된다. 하지만 이러한 논의가 설득력을 얻기 위해서

---

15) 황패강(1968), 「大隱 邊安烈과 不屈歌」, 『論文集』 第2輯, 단국대학교.
황패강(1970), 「大隱의 <不屈歌> 輔攷」, 『國語國文學』 第49·50 合輯, 國語國文學會.
황패강(1983), 「長時調의 發生考究」, 『語文研究』 第36·37 合倂號, 語文教育研究會.

16) 조윤제(1954), 앞의 책.

17) 정병욱(1977), 앞의 책.

18) 최동원(1980), 『古時調論』, 삼영사.

19) 김학성(1986), 「辭說時調의 장르 形成 再論」, 『大東文化研究』 第20輯, 大東文化研究所.

20) 김대행(1986), 『時調類型論』, 이화여대출판부.

는 더 많은 작가와 작품의 예시 및 고증이 선행되어야 한다. 장시조가 단시조와는 별도의 독립된 장르임을 주장해 온 논의가 지속적으로 진행되지 못하고 일부 학설[21]로만 남은 예는 이들의 한계를 그대로 보여 주는 것이라 하겠다.

장시조의 형태에 관한 연구는 고정옥으로부터 비롯되었다. 그는 장시조의 형태가 민요와 소설, 그리고 歌辭套가 混入되어 있다[22]고 보고, 이야기를 가진 사실적인 내용이 강조되는 점 등을 들어 「破形의 노래」[23]라고 단정하였다. 이러한 견해는 단시조에서 파형된 것이 장시조라는 전제를 여는 계기가 되면서 구체적으로 장시조의 형태를 고찰한 연구들을 대량 생산하는 장도 마련하였다. 특히, 홍재휴[24]의 隻辭·片言에 의한 시조장구론이나 홍정자의 半句[25]설정을 통한 형태분석도 그와 동궤의 논의라 할 수 있다.

장시조의 단시조 파형 형성에 대한 새로운 안목을 보인 사람은 서종문[26]이다. 그의 연구는 장시조와 판소리 사설의 공통 특질을 구명하면서 행의 일정한 규칙 등을 통해 '行步律'이라는 새로운 용어를 사용하였고 장시조에 나타나는 행의 특징이 판소리나 속요(민요)와 유사함을 보이고 있음을 밝힌 의미 있는 연구 성과라 할 수 있다. 하지만 이 연구는 장시조의 특성을 구명하기보다는 두 장르간의 특성만을 비교 연구하였다는 점에서 아쉬움이 남는다. 김제현 역시 '句節'이라는 용어를 통해 자수나 음보에 따라 분류하기보다는 의미부를 중심으로 나누는 것이 장시조의 형태적 특성을 구명하는데 더 타당성이 있다는 논지[27]를 폈다. 하지만 이 논의 역시 장시조의 개별적인 특성들

---

21) 이능우는 초기 장시조를 '弄樂'이라고 하였다가 시조와는 별개의 장르임을 주장하고자 '蔓横淸'이라 명명하였다.(『古詩歌論考』, 1967, 287쪽)

22) 고정옥(1949), 앞의 책, 10쪽.

23) 고정옥(1947), 『朝鮮民謠硏究』, 수선사, 56쪽.

24) 홍재휴(1983), 『韓國古詩律格硏究』, 태학사.

25) 홍정자(1983), 『辭說時調의 半句構造 硏究』, 서강대 석사논문.

26) 서종문(1976), 「辭說時調와 판소리 辭說의 共通特質」, 『冠岳語文硏究』 第1輯, 서울대.

27) 김제현(1977), 『辭說時調 文學論』, 새문사.

을 파악하는 데까지는 나아가지 못하였다. 한편 고미숙은 장시조의 경우 기본적인 4음보 율격의 창조적 힘을 다각도로 구사한 것에 그 핵심이며, 관습적 틀을 단순 반복한 양상과 조야한 산문리듬으로 율격을 해체하는 양상을 각기 양편에 위치시키는, 매우 넓은 스펙트럼을 형성 한다[28]고 보았다. 박철희는 자수나 음보를 일정한 형태로 나누기보다는 自說的(reslistic poetics) 構造와 他說的(conventional poetics)構造의 순환논리로 보아야 한다고 주장하고, 장시조를 자유시라고 명명하여[29] 한국시가의 전개양상을 고찰하고 있다.

장시조의 내용과 미의식에 관한 논의 역시 고정옥을 시작으로 서원섭[30] · 김학성[31] · 조규익[32] · 장성진[33] 등에 의해 연구되었다. 이러한 논의들의 경우 계층적 이분법으로 미적 특징을 분류하고는 있으나, 사대부 문학과 서민문학에 따른 장시조의 미의식을 세부적으로 고찰하지 못하였다는 한계를 보이고 있다. 고정옥은 골계 · 호색과 사실적 특성을 통해 장시조의 내용을 분석하였고, 김동준은 장시조의 模型을 曲態形容 · 歌體形式 · 辭說內容 등으로 구분하면서, 曲態形容으로서의 모형과 歌體形式으로서의 모형은 민요나 잡가의 일종으로, 辭說內容으로서의 모형은 그 주제성향이 諧謔 · 滑稽 · 助興 · 艶情 · 去來 · 收奪 · 悖倫 · 色情 등으로 揶揄와 諷刺의 喜劇美를 자아내는 일종의 '告白文學'이라고 각각 파악[34]하였다. 이처럼 장시조의 초기연구는 서민적 성향을 중심으로 작품의 내용과 주제를 살피는 데 초점이 모아졌다. 그러한 가운데에서도 서원섭[35] · 김학성 · 조규익[36] 등은 장시조의 내용을 분석하여

---

28) 고미숙(1998), 「辭說時調 律格의 美的 特質(1)」, 『18世紀에서 20世紀初 韓國詩歌史의 構圖』, 소명.

29) 박철희(1997), 『韓國詩史硏究』, 일조각, 10-24쪽.

30) 서원섭(1980), 『時調文學硏究』, 형설출판사.

31) 김학성(1971), 「辭說時調의 美意識 硏究」, 서울대 석사논문.

32) 조규익(1980), 「長時調에 나타난 美意識 硏究」, 연세대 석사논문.
조규익(1994), 『歌曲唱詞의 國文學的 本質』, 집문당.

33) 장성진(1983), 「辭說時調의 作家意識과 그 表現 樣相」, 경북대 석사논문.

34) 김동준(1987 · 88), 「辭說時調考」, 『時調學論叢』 第3 · 4輯, 韓國時調學會, 63-84쪽.

주제를 유형화하고 미의식을 구명하여 체계화하는 성과를 거두었다. 특히 김학성은 숭고미·우아미·희극미 등의 미의식 구조를 설정하여 장시조의 내용을 고찰[37]하였다.

장시조의 작자층에 관한 연구는, 잘 알다시피 장시조의 작가가 밝혀진 작품은 20% 내외[38]에 불과하므로 논의 또한 다양한 견해들이 끊임없이 제기되었다. 그 중 주요한 논점은 크게 사대부 계층[39]과 서민 계층[40]으로 양분하여 논의되어 왔다. 특히 후자의 경우에는 미시적 접근 방법을 통해 그 작자층을 중인계층으로 한정하는 논의[41]가 지속적으로 제기되어 왔다. 장시조의 작자층을 사대부로 간주하는 입장에서는 문헌실증적인 측면과 음악적 측면으로 나뉜다. 전자의 경우가 초기 장시조의 작품들을 토대로 한 것이라면, 후자의 경우는 '樂戱調'·'樂時調'와 같은 곡조에 착안하여 사대부들의 유흥공간에서 흥이 고조될 때 불리던 노래[42]가 토대가 되었다.

---

35) 서원섭(1980), 앞의 책.

36) 조규익(1980), 앞의 책.

37) 김학성(1971), 앞의 논문.

38) 김흥규는 현전하는 장시조를 780수로 보고, 문헌에 작자가 표기된 작품이 220수, 작자명이 유실된 작품이 560수 정도이며, 이는 전체 비율에서 78%에 달한다고 하였다.(『辭說時調』, 동아출판사, 1993)

39) 김대행(1998), 앞의 책.
김학성(1986), 앞의 논문.
장사훈(1986), 『時調音樂論』, 서울대 출판부.
조태영(1986), 「辭說時調의 作者層」, 『韓國文學史의 爭點』, 집문당.

40) 박을수(1992), 『韓國時調文學全史』, 성문관.
김동준(1974), 『時調文學論』, 진명문화사.
이태극(1974), 『時調의 史的研究』, 선명문화사.
구자균(1990), 『韓國平民文學史』, 보고사.
이능우(1983), 『古詩歌論考』, 숙명여대 출판부.

41) 김종환(1994), 「辭說時調 作家 身分의 史的 研究」, 『論文集』 第39輯, 제3사관학교.
강명관(1990), 「朝鮮後期 閭巷文學 研究」, 성균관대 박사논문.

42) 정병욱(1978), 『韓國古典詩歌論』, 신구문화사, 210쪽.

반면 장시조의 작자층을 서민으로 간주하는 입장은 장시조가 壬·丙 兩亂을 겪은 후 서민의식의 성장과 근대적 산문정신이 대두하면서 단시조의 파형으로 발생한 장르라고 주장하는 데에서 비롯되었다. 특히 숙종조에 본격적으로 등장한 전문 가객이 신분상 서민이라는 점을 논리적 근거로 삼고 있다.[43] 그러나 서리출신을 서민으로 단정 지을 수 있는가에 대해서는 심층적인 논의가 요구[44]된다. 그러므로 장시조의 작자층에 관한 논의는 중인가객을 어느 계층에 포함시키느냐에 따라 엇갈린 견해를 드러낼 수밖에 없다.

끝으로, 장시조의 가객과 가단에 관한 연구는 권두환·임기중·윤해옥·소동혁·성범중·김양헌 등에 의해 이루어졌다. 권두환은 가객의 출현 동인과 존재 양상을 살핀 다음, 가객들의 업적을 시조의 창작 작업과 창법의 개발, 가단 형성, 시조집 편찬 등으로 정리[45]하였다. 임기중은 평민가객들에 의해 편찬된 시조집에 대한 논의에서 조선후기의 시대적 징후가 시조작품을 정리할 만한 단계에 이르렀고, 자아의 각성이 뚜렷한 문학관을 가질 수 있었던 분위기 때문에 시조집 편찬이 이루어졌다고 분석[46]하였다. 윤해옥은 경정산가단의 형성과 시관, 그리고 작품 세계 등을 다루는 과정에서, 경정산가단의 서민문학성과 서민문학 일반론은 일치하지 않다[47]고 주장하였다. 소동혁과 성범중은 김천택과 김수장의 관계를 살펴 이 둘의 친분관계가 가깝지 않았으며, 문학적 성향에 있어서도 큰 차이가 있었음을 피력[48]하였다. 한편 김양헌

---

43) 고정옥(1949), 앞의 책.
고미숙(1991), 「辭說時調의 歷史的 性格과 그 階級的 基盤 分析」, 『語文論集』 第30輯, 安岩語文學會.

44) 고정옥(1949)은 『古長時調選註』에서 중인과 서민을 구분하면서도 중인을 서민에 포함시켰다. 이후 구자균의 『朝鮮平民文學史』에서도 중인을 서민으로 포함시키면서 보편화되었다. 그러나 중인을 서민에 포함시켜야 할지는 보다 주의 깊은 고찰이 요구된다. 이는 중인을 어느 계층에 포함시키느냐에 따라 장시조의 작자층은 달라질 수 있기 때문이다.

45) 권두환(1983), 「18世紀의 '歌客'과 時調文學」, 『震檀學報』 第55號, 震檀學會, 111-126쪽.

46) 임기중(1982), 『平民歌客과 時調集 編纂』, 한국문학연구입문, 지식산업사, 423-429쪽.

47) 윤해옥(1978), 「敬亭山歌壇 硏究」, 『國語國文學』 第77號, 國語國文學會, 19-45쪽.

은 가객들의 장시조를 살핀 후, 가객들은 시조 창작에서 중요한 역할을 하지 않았다는 주장을 제기하여 가객의 문학적 위상을 축소하였다. 즉 그는 작품의 양면성에 주목하여 양반 의식이 내재된 장시조는 기존 사대부 작품의 아류에 불과한 정도이고, 서민의식이 드러난 장시조는 서민계층 작품의 개작에 지나지 않다[49]는 것이다.

이 밖에도 장시조의 작품내적 질서를 체계화하여 문예학적 연구를 시도한 임종찬[50]과, 장시조의 시문법을 시학적 입장에서 천착하여 장시조의 본질에 접근하고자 한 신은경[51], 장시조에 내포되어 있는 통속성의 상호 영향 관계를 살펴 장시조의 본질을 규명한 장순조[52], 장시조의 문학적 성격이 '통속'에 있으며 유흥을 위한 문학임을 밝힌 이수곤[53] 등의 연구 업적은 장시조의 문학사적 위상을 높이는 데 크게 기여하고 있다.

이상으로 장시조에 대한 선행연구의 주요 업적들을 개괄적으로 살펴보았다. 그러나 그 논의에 있어 장시조의 축적된 연구 성과만큼이나 아직도 많은 부분에서 混線을 빚고 있는 것 또한 사실이다. 그것은 장시조의 내용·형식·작가 등을 구체적으로 분석·고찰해 볼 때, 단시조와 변별되는 여러 가지 성격들이 적지 않게 드러나기[54] 때문이다. 이러한 선행연구를 종합해 보면, 이것은 단시조의 잔영이 장시조에 부분적으로 남아 있을 뿐 다방면에서 단시조와는 이질적인 것[55]이라는 점에 동의할 수밖에 없다. 즉 장시조만의

---

48) 소동혁(1979), 「南坡와 老歌齋의 關係 考察」, 『國語國文學』 第81號, 國語國文學會, 26-34쪽.
성범중(1986), 「金天澤과 金壽長의 關係」, 『韓國文學史의 爭點』, 집문당, 392-400쪽.

49) 김양헌(1986), 「歌客들의 長型時調」, 『嶺南語文學』 第13輯, 嶺南語文學會, 559-571쪽.

50) 임종찬(1983), 「長時調의 文藝學的 硏究」, 부산대 박사논문.

51) 신은경(1988), 「辭說時調의 詩學 硏究」, 서강대 박사논문.

52) 장순조(1999), 「辭說時調의 通俗文學的 特性에 관한 硏究」, 숙명여자대 박사논문.

53) 이수곤(2004), 「辭說時調의 通俗文學的 性格 硏究」, 서강대 박사논문.

54) 장덕순(1978), 『韓國文學史』, 동화문화사, 342쪽.

55) 장덕순(1978), 앞의 책, 342쪽.

독자적인 성격을 구명하는 일이 절실하게 필요한 것임을 의미하는 것이다.

장시조의 본격적인 면모를 보인 조선후기는 상공업의 발달과 실학사상의 대두 및 서민의식의 성장이라는 사회적 변화가 문학사에도 많은 영향을 끼쳤다. 특히 문학 및 예술의 담당계층에 있어서도 상당한 변모를 보인 것이 前時期와 변별되는 특징이다.[56] 문학의 변화현상 중 가장 두드러진 것은 장르간의 교섭이 활발하게 일어났다는 점이다. 장르 교섭의 폭은 전대 문학에서는 찾아보기 힘든 역동성과 개방성을 보였는데, 그 구심점에 장시조가 있는 것이다.

장시조는 서정성을 유지하면서도 인접 장르와 상호 영향을 주고받는 개방성을 보여준다. 이와 같은 유동적인 장르들은 외부로부터 어떤 자극이나 변화의 요인이 작용할 경우 장르의 중심에서 단단히 위치하고 있는 것들보다 쉽게 인접장르와의 착종 현상을 보인다.[57] 그것은 이미 실명씨 작품을 통해 확인된 바와 같이 조선전기에 그 모습을 보인 장시조는 조선후기 문화의 전 영역에 걸쳐 일어난 변화의 욕구에 의해 본격적인 출현 및 성행을 맞이했고, 장르간의 교섭이 활발하게 이루어지면서 다양한 장르를 수용하는 장르적 개방성을 보이게 된 것이다.

장시조에서 우선 눈에 띄는 것은 장르 간의 친연성을 보이는 서정양식을 수용하였는데, 단시조를 포함한 상층문학인 한시 및 가사를 비롯하여 하층문학인 민요와 잡가 등 시가문학 전반을 수용하게 되었다. 이러한 장르 수용은 친연성을 전제하지 않은 서사양식까지도 수용하고 있다는 점에서 주목하지 않을 수 없다. 서사양식의 대표라 할 수 있는 고소설은 문학의 통속화 과정에서 장시조에 移入·借用되는 현상을 보여 주었다. 하지만, 기존의 연구에서는 서사양식의 수용을 고소설로 한정하여 논의한 것[58]이 대부분이었다. 그러

---

56) 정병욱(1974), 「李朝後期 詩歌의 變移過程考」, 『창작과 비평』 第31號, 창작과 비평사.

57) 신은경(1995), 『辭說時調의 詩學的 硏究』, 개문사, 308쪽.

58) 고정희(1999), 「小說 受容 時調의 장르변동 樣相과 그 社會的 脈絡」, 『장르교섭과 고전시가』, 월인, 267-357쪽.

나 장시조를 보다 면밀히 분석해 보면 고소설은 물론 서사양식의 하위 장르를 상당수 원용하고 있음을 파악할 수 있다. 즉 역사적 고사나 설화의 내용까지 수용하면서 화소의 응축 및 주제의식의 강조와 화법의 변이 등을 보여주고 있기 때문이다. 따라서 장시조에 나타난 서사양식의 수용양상에 대한 연구는 외연을 확장하여 고찰할 필요성이 있다 하겠다.

선행연구에서 장시조에 나타난 타 장르의 수용양상을 밝힌 업적이 전혀 없었던 것은 아니지만,[59] 기존의 논의에서는 장시조에 수용된 다양한 장르적 특성에 대해서는 소홀한 감이 없지 않았다. 먼저 장시조의 형식과 내용을 비롯하여 다각적인 측면에서의 개방적 양상을 분석하고, 이를 근거로 타 장르와의 비교를 통해 장시조가 갖고 있는 장르적 개방성을 구체적으로 구명할 필요성이 요구된다. 이러한 개방성의 연구는 타 장르와 자유롭게 교섭하면서 성장·발전해 온 장시조만의 특성을 명확하게 드러내는 작업이 되어야 할 것이다.

본 연구는 바로 이와 같은 장시조만의 특성과 그 개방성의 동인을 살펴보고, 이를 기반으로 한 장시조의 개방적 양상과 장르적 개방의 실제를 고찰하는 것이 목적이다. 장시조가 시조의 3장이라는 절대적 특성을 유지하면서도 다양한 장르를 수용하는, 열린 장르로 변모했음을 구명하고자 하는 것이다. 다채로운 모습으로 발전해 온 장시조의 이러한 특성들이 구체적으로 밝혀짐

김용찬(1993), 「朝鮮 後期 時調에 나타난 小說 受容의 樣相」, 『語文論集』 第32輯, 고려대학교, 285-316쪽.

이경선(1971), 「韓國文學 作品에 끼친 <三國志演義>의 影向」, 『論文集』 第5輯, 한양대학교.

59) 김대행(1995), 「時調·歌辭·巫歌·판소리·民謠의 交涉 樣相」, 『韓國學研究』 第7號, 고려대학교, 韓國學研究所.

김석희(2003), 「19世紀의 時調 漢譯과 漢詩의 時調化」, 『朝鮮後期 詩歌 研究』, 월인.

김중렬(1977), 「辭說時調의 形成에 미친 唐詩의 影響」, 『語文論集』 第19輯, 安岩語文學會.

박재원(1991), 「辭說時調와 民謠의 類似模型性의 한 考察」, 동국대 교육석사.

심재완(1979), 「時調作品의 漢詩文 受容에 대한 考察」, 『韓國學報』 第16輯, 일지사.

주강식(1985), 「時調와 民謠와의 關係」, 『論文集』 第21輯, 부산교육대학교.

으로써 장시조의 장르적 실체를 이해하는 데 큰 도움이 되고, 이러한 개방성 연구가 국문학 시가장르의 생성·변모 과정을 규명하는 데에도 의의가 있기를 기대한다.

3. 研究對象 및 研究方法

이와 같은 연구를 본격적으로 하기 전에 먼저 장시조에 대한 개념 규정이 무엇보다 중요하다. 보다 객관적이고 과학적인 분석을 하기 위해서 개념규정이 선행되지 않고서는 장시조에 대한 일차적 선별이 불가능하기 때문이다. 지금까지의 선행연구에서 연구 대상에 따른 결과가 상이한 것도 장시조의 형태에 대한 개념 규정이 논자에 따라 달랐기 때문이었다.[60] 이렇듯 다양한 개념 규정은 연구대상이 되는 작품 수에 대한 상이한 견해를 낳게 되었다. 그 동안 논의되었던 장시조의 작품수를 보면, 250首[61]·332首[62]·445首[63]·525首[64]·780首[65]·790首[66] 등으로 그 편차가 무려 540수나 차이를 보이고 있는 것이다. 이처럼 장시조의 개념 규정의 차이에 따른 작품수의 편차는 곧 장시조 연구에 있어 기초 자료의 모호함을 낳게 하였다.

60) 이태극은 단시조 정격구에서 두 구 이상 벗어난 작품이라 주장하고, 조윤제는 단시조의 삼장 중에서 어느 한 장이 임의로 길어진 시조, 고정옥은 초·중장이 어느 정도 길어지고 종장도 길어진 시조, 이병기는 3장 모두가 두 구 이상 또는 종장 초구라도 단시조의 그것보다 몇 자 밖으로 나온 시조, 김기동은 초·중·종장이 다 정형의 자수율을 제한 받지 아니하고 길어진 시조, 서원섭은 장시조는 단시조 3장 중 초·종장은 대체로 단시조의 자수와 일치하고, 중장은 자수가 제한 없이 길어진 시조라고 하였다. 이처럼 장시조에 대한 형태규정과 명확한 분류가 아직 이루어지지 않고 있다.

61) 서원섭(1977), 『時調文學研究』, 형설출판사.

62) 이병기(1974), 「辭說時調形態考」, 『韓國言語文學』 第2輯, 韓國言語文學會.

63) 진동혁(1987), 『古時調文學論』, 형설출판사.

64) 최동원(1980), 『古時調論』, 삼영사.

65) 김흥규(1993), 『辭說時調』, 동아출판사.

66) 황충기(2000), 『註解 長時調』, 국학자료원.

지금까지 장시조만을 정리하여 발표한 자료집으로는 고정옥[67]의 『古長時調選註』, 김제현[68]의 『辭說時調全集』, 김흥규[69]의 『辭說時調』, 황충기[70]의 『註解 長時調』 등이 있다. 그러나 고정옥의 『古長時調選註』는 제목에서도 알 수 있듯이 장시조 작품 중 50수만을 선별하여 註釋한 것이다. 이는 초기 장시조를 독립된 장르로 논의하였다는 것에 의미가 있겠으나, 논의의 자료로서는 전반적 모습을 볼 수 없는 한계를 지니고 있다. 그 밖의 장시조를 수록한 자료집들도 분류의 기준을 명확하게 밝히지 않았을 뿐만 아니라, 그 작품의 선별에 있어서도 큰 편폭을 보이고 있어 보편적 기준에 합당한 자료로서는 한계를 보이고 있다.[71]

따라서 우선적으로 이루어져야 할 연구의 선행 작업은 바로 이 장시조에 대한 형태적 규정을 정립하고 텍스트를 선정하는 것이라 하겠다. 이에 본고에서는 장시조의 형태적 분류체계를 설정하고 이를 기준으로 지금까지 발표된 고시조 작품 중 장시조를 선별하고자 한다. 장시조에 대한 형태적 규정은 크게 자수와 음보에 따른 방법을 기준으로 한다. 초기 형태적 연구는 자수에 비중을 두었으나, 근래에는 자수보다는 음보에 더 비중을 두는 것이 연구 경향이다. 그러나 자수와 음보는 각각의 장·단점을 갖고 있다. 이에 대한 논의는 장시조의 분류 개념을 설정하는 과정에서 이루어질 것이다. 그 구체적인 분류는 다음과 같다.

---

67) 고정옥(1949), 『古長時調選註』, 정음사.

68) 김제현(1985), 『辭說時調全集』, 영언문화사.

69) 김흥규(1993), 앞의 책.

70) 황충기(2000), 앞의 책.

71) 김제현의 『辭說時調全集』은 최초로 사설시조만을 수록한 단행본이나 여기에는 319수(마지막 번호가 320번이나 1수가 누락되어 있음)를 수록하고 있으며, 김흥규의 『辭說時調』는 해제에서는 장시조 작품을 780수라고 밝히고 있으나 실제 작품집에 실린 것은 429수로 실명씨의 작품만을 수록하여 자료로서의 한계점을 보이고 있다. 또한 황충기의 『註解 長時調』는 작품수가 790수(429에서 450번으로 결번이 생겼고, 721과 723번 사이에 722번이 결번)라고 하였으나 실제 작품수는 769수라 할 수 있다.

우선 시조를 단시조와 장시조로 2대 분류하고자 한다. 시조에 대한 분류체계는 唱의 형태로는 평시조(平擧時調), 中어리시조(中擧時調), 엇시조(半刻時調), 지름시조(三數時調), 辭說時調(弄時調 또는 辭說時調), 좀는시조, 말시조, 주심, 부침, 각시조(首雜歌라고도 함) 등으로 나누고, 그 作의 형태로는 세 가지가 있으니 ㉮平時調 ㉯旕時調 ㉰辭說時調(말시조, 주심)[72]로 나누었다. 이것은 시조가 음악과 문학으로 분명하게 구분되고 있기 때문이다. 그러나 시조의 중간 형태인 엇시조(중시조)도 음악형태를 바꾸면 엮음(사설)이 될 것이요, 장형시조인 '엮음'도 형태를 바꾸면 '엇'이 될 수 있다.[73] 즉 엇시조란 음악적 개념을 전제하여 명명한 것으로 문학적 명칭으로는 적합하지 않음을 의미하는 것이다.

조윤제는 문학적 측면에서 시조를 장·단형으로 나누어 단형을 '단시조'로, 장형을 '장시조'라 명명하고[74] 중간 형태는 인정하지 않았다. 그에 의하면 中形時調로 알려진 엇시조라는 용어가 음악에 연원을 두고 있고 그것이 자수에 대한 기준이 될 수 없다는 점을 묵인하더라도, 문학적으로 '엇시조' 또는 '중형'의 기준이 타당한 근거 위에 있지 않은 한 그 분류는 불필요하다는 것이다. 이 경우 중형이란 말은 말 그대로 중간적인 형태라고 한다 하더라도 분류로서의 기준은 될 수 없을 것[75]임 강조하는 것이다. 그러한 점에서 최동원[76]이 문학형태상 시조를 정형과 파형으로 2대별하고 정형 시조를 단시조, 파형시조를 장시조로 그 명칭을 정립한 것은 시사하는 바가 크다. 이는 시조를 구분하는데 명시적 기준이 될 수 있기 때문이다. 그 외에 김종식·김사엽·진동혁·원용문[77] 등도 중간 형태인 '중시조'를 인정하지 않았으며, 이는

72) 이병기(1961),『國文學槪論』, 일지사, 116쪽.

73) 장사훈(1983),「엇시조와 사설시조의 형태론」,『韓國詩歌硏究』, 國語國文學會編, 정음문화사.

74) 조윤제(1948),『韓國詩歌의 硏究』, 을유문화사, 79쪽.

75) 김대행(1998), 앞의 책, 42쪽.

76) 최동원(1980), 앞의 책, 207-208쪽.

77) 김종식(1951),『時調槪念과 作詩法』, 대동문화사, 88-89쪽.

지금까지 중시조에 대한 연구물에서도 확인[78]할 수 있다.

본고에서는 시조를 단형과 장형의 두 가지 형태로 분류하는 선행 연구를 따르고자 한다. 단시조의 정형에서 벗어난 것은 모두 파형시조 즉 장시조로 분류할 것이다. 이것은, 유형의 단순화가 본 논의를 효과적으로 진행하는데 도움이 될 것으로 보았기 때문이다. 모호한 중간 형태의 시조를 인정하지 않는 대신 정격과 파격을 기준으로 유형을 분류하고자 하였다. 이로써 본고는 단시조의 정격에서 벗어난 작품을 일괄하여 장시조라고 규정하고자 한다.

다음으로는 음보를 기준하여 분류하고자 한다. 초기 시조의 율격 분석에서 우세한 이론은 자수율이었다. 자수율은 조윤제가 얻은 결과를 서원섭이 재확인[79]하면서 오랫동안 시조 형식의 정설로 받아들여졌다. 그러나 이 이론의 주창자였던 조윤제조차도 자수율에 대하여 이 기준형이 정형가라고 입증할 수 없을 만큼 극히 추상적 결론임을 인정[80]하였다. 자수율에 의한 형식 규명은 고립어나 개음절어로 이루어진 시가는 가능하지만 부착어인 우리 시가의 연구방법으로는 온당한 것이 못 된다[81]는 것이다.

김사엽(1956), 『李朝時代의 歌謠硏究』, 대양출판사, 254쪽.
진동혁(1987), 앞의 책, 23쪽.
원용문, 『時調文學原論』, 백산출판사, 92쪽.

78) 엇시조에 관련된 논문은 총 6편 정도에 불과하다. 학술지에 발표된 논문은 안승덕의 「旕時調 硏究」(『語文集』 第6輯, 청주교대, 1970), 서원섭의 「엇시조의 主題 硏究」(『國文學硏究』 第5輯, 효성여대, 1976), 최동원의 「時調文學의 形態考-旕時調型 設定問題를 중심으로」(『文理大學報』, 부산대, 1979), 윤혜련의 「엇시조의 文學形態論的 槪念 再考」(『語文論集』 第14輯, 중앙대, 1979), 김제현의 「엇시조의 形成考」(『월하 이태극박사 고희기념문집』, 1982), 원용문의 「時調種類에 대한 논의」(『時調學論叢』 第9輯, 韓國時調學會, 1993)이며, 학위논문으로는 송정란의 「엇시조의 文學的 硏究」(경기대, 박사논문, 2001)가 있다.(국회도서관 목록 참조) 이처럼 엇시조에 대한 연구물이 없다는 것은 중간 형태의 시조를 논의의 대상으로 삼기 어려움을 시사하는 것이라 할 수 있다.

79) 조윤제(1948), 『朝鮮詩歌의 硏究』, 을유문화사.
서원섭(1977), 앞의 책.

80) 조윤제(1931), 앞의 논문.

81) 김제현(1997), 앞의 책, 60쪽.

이에 대하여 조동일도 전체의 4% 정도[82]에 해당하는 작품이 정형일 수 없으며, 자수율은 일본시가의 율격론에서 온 것으로 우리 시가에서 자수가 고정된 것이 정형시이고, 자수가 고정되지 않은 것은 불완전한 정형시이거나 정형시가 아니라고 하는 주장은 성립될 수 없음[83]을 주장하였다. 한편 정병욱은 한문단어와 외래어를 뺀 순수한 우리말의 각 어휘를 구성하는 음절수를 조사한 결과 우리말의 특성상 3~4자 또는 5자가 되는 경우가 많다는 결론을 내렸다. 이로써 우리가 지금까지 3·4조니 4·4조니 하는 것이 국문시가 운율의 기본적인 형태라고 생각해 온 것은 피상적 관찰에서 온 착각에 불과하다[84]고 하였다. 이것은 자수율은 운율체계를 살피는 데 있어서 큰 의미를 갖지 못한다는 것을 의미한다.

이에 대한 대체 이론으로 등장한 것이 음보이다. 즉 단시조는 3행 단연의 간결하고도 참신한 인상을 주는 장르로 우리 詩歌史 중에서 가장 단형적인 서정시형이며 1행은 4음보로 되어 있으되 제2음보와 제3음보 사이에 휴지(Cesura)를 넣게 되어 있다는[85] 것이다. 조동일도 변형규칙을 인정하면서 단

---

82) 이러한 결과는 각 장을 따로 분류하여 살필 때, 초·중장에서는 기본 자수율이 3·4·3·4, 종장은 3·5·4·3의 운율적 특성을 보이고 있다. 그러나 한 작품에서 삼장이 이러한 자수율을 보이고 있는 것은 4%에 불과하다는 것이다.

83) 조동일(1982), 『韓國詩歌의 傳統과 律格』, 한길사, 48쪽.

84) 정병욱(2000), 『增補版 韓國古典詩歌論』, 신구문화사, 24쪽. 그는 문세영 씨의 『우리말사전』 중 'ㄱ'부의 '가'행과 '거'행의 어휘에서 한문단어와 외래어를 뺀 순수한 우리말의 각 어휘를 구성하는 음절수를 조사한 결과 아래와 같은 백분율을 얻었다.

어휘 / 음절수	가행	거행
1음절	6%	4.6%
2음절	37%	44.4%
3음절	43%	43%
4음절이상	14%	8%

위의 표에서 2음절과 3음절이 압도적으로 많이 나타나며, 이러한 어휘에 조사나 활용형이 붙어서 2음절 또는 4음절의 자수가 압도적으로 많은 것은 당연한 귀결이라고 하였다.

85) 정병욱(1979), 『韓國古典詩歌論』, 신구문화사, 31쪽.

시조는 4음보격 3행시이며, 각 음보를 이루는 음절수는 일정하지 않지만 각 행의 음보가 모두 기준음절수인 4음절보다 적은 음절수로 이루어질 수 없는 규칙이며 단시조의 독자적인 규칙이 발견되는 곳은 제3행(종장)뿐[86]이라고 보았다. 즉 단시조는 율격상 4음보격의 3행시이며 자수의 독자적 규칙은 제3행인 종장 초구[87]에만 있다는 것이다.

본고에서는 3장 12음보의 기본적 율격 구조로 이루어져 있으며, 종장 제1음보는 3음절이 고정된 정형시를 단시조로 규정하고자 한다. 이러한 기본 음보에서 벗어난 시조는 모두 파형시조가 된다. 또한 '중시조'와 '장시조'의 개념에 있어서도 앞에서 논의한 것처럼 중간 형태를 인정하지 않는 선행연구자들의 논점에 동의하여, 파형시조를 통칭 장시조로 분류하고자 한다. 이에 부가하여 장시조의 1음보 기준 음량은 성기옥[88]의 율격 이론과 이찬욱[89]의 음보분할론을 근거로 하였으며, 파격의 한계를 어디까지 할 것인가에 대한 논의는 박미영[90]과 성호경[91]의 시행과 문장에 대한 이론을 참조하여 설정하였다. 결국 음보의 기준은 의미부와 율독을 중심으로 구분하고자 한다.

셋째로 총 자수를 분류에 반영하였다. 앞서 자수는 시조의 형태적 분석에 적합하지 않음을 지적하였다. 그러나 총 자수의 경우는 상황이 다르다. 즉 시

---

86) 조동일(1978), 「時調律格과 變形規則」, 『國語國文學硏究』 第18輯, 영남대학 국어국문학과.

87) 여기에서 언급한 初句와 終句는 종장 첫 음보와 끝 음보를 의미한다. 이러한 용어를 사용한 것은 시조의 초장과 중장은 각각 2구로 구분되지만, 종장은 형식적 특성이 집약되므로 이를 內句語와 外句語로 나누고 다시 內句語는 第1句와 第2句, 外句語는 第3句와 第4句로 구분하여 그 특성을 밝히고 있다. 따라서 종장의 맨 앞에 오는 것을 第1句인 初句, 그리고 끝에 오는 것을 第4句의 終句로 명명하였다. 이는 조윤제를 비롯한 선학들의 용어를 따른 것이다.

88) 성기옥(1999), 『韓國詩歌律格의 理論』, 새문사.

89) 이찬욱(1995), 「時調의 音步 分割에 대한 一考察」, 『時調學論叢』 第11輯, 韓國時調學會.

90) 박미영(1983), 『詩行과 文章의 關係를 통해 본 時調의 形式』, 韓國精神文化硏究院, 석사논문.

91) 성호경(1999), 『韓國詩歌의 形式』, 새문사.

조가 고문헌에 기록된 형태가 장의 구분 없이 줄글로 기록되었기 때문에 총 자수에 의한 길이상의 형태는 논의의 대상이 될 수 있는 것이다. 장시조의 형태 분석에서 장을 3장으로 나눈 것에는 이견이 없으나 句는 논자에 따라 상이[92]하다. 그러나 총 자수는 고정된 것으로 장시조의 형태분석에 하나의 기준점이 될 수 있다. 고문헌에서 장시조에 대한 명확한 기준이 제시되지 않았다면 형태에 의한 기준은 가집에 나타나는 작품을 기준으로 논의할 필요가 있다. 이것은 율격적 기준에서 음보율과도 무관하지 않기 때문이다. 즉 음보가 파형을 보이고 있다는 것은 길이 상 자수의 확장과도 연관이 있음을 의미한다. 따라서 문헌에 나타나는 장시조의 총 자수를 살피는 것은 장시조의 형태를 밝히는데 상관관계가 있다고 보기 때문이다. 이를 위해 지금까지 발굴된 시조집 중에 최고본이라고 할 수 있는 『珍本 靑丘永言』에서 초기 장시조로 논의되고 있는 「蔓横清類」條를 분석해 본 결과 총 자수가 가장 적은 작품은 다음과 같다.

① 두고가ᄂᆞᆫ의안과보내고잇ᄂᆞᆫ의안과두고가ᄂᆞᆫ이ᄂᆞᆫ雪擁藍關에馬不前ᄲᅮᆫ이여니 보내고잇ᄂᆞᆫ의안흔芳草年年에恨不窮이로다.

『蔓横清類 468』

② 두고 가ᄂᆞᆫ의 안과 보내고 잇ᄂᆞᆫ의 안과
두고 가ᄂᆞᆫ의 이ᄂᆞᆫ 雪擁藍關에 馬不前ᄲᅮᆫ이여니
보내고 잇ᄂᆞᆫ의 안흔 芳草年年에 恨不窮이로다

①은 문헌에 실려 있는 원문을 그대로 인용한 것으로 띄어쓰기가 전혀 되어 있지 않는 줄글의 형태이다. 총 자수는 53자로 다른 장시조에 비하여 단형의 형태를 취하고 있다. ②는 인위적으로 장을 나누고 띄어쓰기를 한 것이

92) 안확은 3章 6句(『國學論著集』)를 이병기는 3章 8句(「시조란 무엇인고), 이은상과 조윤제, 이광수 등은 3章 12句로 章을 3章으로 나눈 것에는 일치하나 句에 있어서는 각각 다르게 구분하고 있다.

다. 위 작품은 논자에 따라 다르게 율독할 수도 있으나 본고에서 나눈 기준으로 본다면 율격은 3장의 4음보격으로도 율독이 가능하다. 하지만 이 작품은 분류상 「蔓横清類」條에 실려 이후 장시조의 초기 형태로 인정받고 있다. 이처럼 율격만으로 장시조를 분류한다면 그 분류의 정확성에 맹점이 생길 수 있다. 이것은 논자에 따라 율격이 다를 수 있기 때문이다. 그러므로 장시조의 분류에 있어 음보와 총 자수를 반영하여 함께 분류하는 것이 이러한 분류상의 모호함을 보완할 수 있다고 본다. 또한 이러한 논의는 장시조의 형태가 총 자수와도 무관하지 않음을 보여주며, 두 가지의 기준을 통해 좀 더 면밀한 분류의 객관성을 확보할 수 있으리라 사료된다.

한편 총 자수를 근거로 장시조의 분류를 시도한 연구들이 있어 이러한 논거를 뒷받침해 준다. 먼저 함복희[93]는 작품연구의 대상인 장시조의 기준을 마련하기 위하여 51자 이상 되는 것이면 모두 장시조에 포함시켰다. 이에 비해 서원섭[94]은 총 자수에 있어서 70자 이상을 장시조에 포함시켜 논의하였으나 분류상 중간 형태를 인정하고 중간 형태인 중시조와 장시조의 경계가 중첩되고 있다는 문제점을 안고 있다. 한편 음악적인 측면에서 문현[95]의 연구에 따르면 임기준의 사설지름시조는 모두 장형의 창사로 이루어져 있으며 총 22곡의 사설지름시조의 초장·중장·종장의 배자를 도표화하고 있는데, 총 자수를 보면 최소 51자로 되어 있는 작품이 확인된다. 이것은 총 자수의

93) 함복희(1988), 「辭說時調의 美意識 硏究」, 강원대 석사논문.

94) 서원섭(1977), 앞의 책.

95) 문 현(1992), 「사설지름時調의 硏究-임기준 전창을 중심으로」, 한양대 석사논문. 문현은 임기준 전창의 사설지름시조 22곡을 선율형, 장단 및 배자의 형태를 통해 분석하고 있는데 22곡의 창사의 자수가 3장 전체에서 평시조의 기본형을 훨씬 넘어서고 있다. 「새벽별」 총75자, 「마루넘어 재넘어」 총69자, 「기러기 떼떼」 총71자, 「봉황대상에」 총51자, 「십재를」 총73자, 「푸른 산중」 총73, 「백구는」 총74자, 「바람은 입 없어도」 총73자, 「마루 넘어 시앗을」 총88자, 「화촉동방」 총85자, 「뉘라서」 총82자, 「서상에」 총92자, 「한승상」 총96자, 「학 타고」 총97자, 「물 넘는」 총83자, 「제갈량은」 총60자, 「가마귀가」 총85자, 「각시네도」 총92자, 「은우양대」 총101자, 「만경창파지수에」 총70자, 「태백산하」 총102자, 「저 건너」 총103자이다.(제목은 시조의 첫 구절을 딴 것이다. 재인용)

기준으로 살펴 본 고문헌의 장시조와도 유사함을 보이고 있다. 따라서 장시조의 형태적 개념을 설정하는데 있어 총 자수의 반영은 중요한 기준이 될 수 있다.

이상의 분류기준을 종합하여 장시조의 선정기준을 정리하면 다음과 같다. 첫째, 시조를 단형과 장형으로 2대별하여 중간 형태를 인정하지 않는다. 둘째, 음보는 단시조가 각 장 4음보이며 총 음보수는 12음보로 정의하고 이러한 기준형에서 1음보라도 파형을 보이는 것을 파형시조[96] 즉 장시조로 포함하고자 한다. 셋째, 총 자수는 고문헌과 음악상의 자수를 참고하여 장시조의 분류에 반영하였다.

이와 같은 기준으로 고시조 중에서 장시조를 선별하였다. 지금까지 발표된 고시조의 자료집을 일괄해 보면, 정병욱[97]의 『時調文學事典』, 심재완[98]의 『歷代時調全書』, 박을수[99]의 『韓國時調大事典』 등이다. 이 중 가장 많은 작품을 수록한 박을수의 『韓國時調大事典』을 주 텍스트로 선정하였고 그 외 『時調文學事典』과 『歷代時調全書』를 참조하였다. 이러한 자료집에서 앞의 선정

---

96) 이 기준에 대해서는 논란의 소지가 없지 않다. 일부의 시가 작품에서 율격이 의도적인 파형을 통해 운율의 단조로움을 피하는 경우가 종종 나타나는데, 丁克仁의 「賞春曲」은 대표적인 예이다. 또한 가창을 통해 전승된 시조문학의 특성상 1음보의 파격을 작자의 의도적인 것인가에 대해서는 논자에 따라 다른 입장을 취할 수 있다. 그러나 정격인 단시조가 대부분 각 장의 4음보와 총 음보수 12음보로 구분되는 것을 볼 때, 이는 정격에서 벗어난 것임에는 틀림이 없다. 따라서 우선적으로 정격에서 벗어난 것을 파형시조로 분류하여 그 범위를 단시조에서부터 파형을 보이고 있는 것으로 포함하여 논의하고자 한다.

97) 정병욱(1966), 『時調文學事典』, 신구문화사.

98) 심재완(1972), 『歷代時調全書』, 세종문화사.

99) 박을수(1992), 『韓國時調大事典』, 아세아문화사. 이 자료집은 『韓國時調大事典』(1992)과 「別刷補遺」(2007)로 지금까지 발표된 82종의 시조집과 117종의 문집, 판본, 필사본의 책자, 그리고 기행문·일기·서한문·신문 등에서 수집한 시조작품 총 5,763수를 대상으로 하였고, 시기적으로는 麗末의 작품에서부터 1910년 8월 31일에 폐간된 〔大韓民報〕에 수록된 작품까지 수록하였다. 그러나 개화기 시조 665수를 제외하면 실제 고시조 작품은 5098수라고 할 수 있다.

기준에 따라 파형을 보인 작품만을 선별하였는데 작품수는 총 850수로 지금까지 발표된 고시조 5098수의 17%에 해당한다.

이렇게 선별된 작품들은 자료의 신빙성을 높이기 위해 다음과 같은 순서에 따라 교정하였다. 우선 원전을 확보할 수 있는 작품들은 원전을 찾아 일일이 대조하였고, 원전의 경우도 이본이 있는 경우는 가장 오래된 것을 善本으로 하여 교정하였다.[100] 또한 이본의 순서를 정하기 어려운 경우는 가장 많은 작품이 수록된 시조집을 대본으로 하였다. 그러나 원전을 구할 수 없는 경우는 심재완의 『定本 時調大全』[101]을 대본으로 하여 교정하였다. 이렇게 만들어진 자료집을 본고의 주된 텍스트로 활용하고자 한다. 이러한 자료를 대상으로 장시조의 개방성을 다음과 같은 순서에 따라 논의를 전개하고자 한다.

첫째, 장시조 개방의 동인에 대하여 검토하고자 한다. 장시조는 조선후기에 들어 크게 성행을 하면서 다양한 장르들을 수용하는 개방성을 보여 준다. 이러한 성행과 개방은 장시조가 하나의 문학 장르로 정착할 수 있는 계기가 되었다. 이 장에서는 개방의 동인을 네 가지의 측면에서 고찰하고자 한다. 하나의 장르가 정립되기까지 다양한 환경적 요인들이 유기적으로 작용하였음을 밝히고자 한다.

먼저 개방의 동인을 파악하기 위해 장시조가 개방성을 띠는데 결정적 영향을 하였던 다양한 동인을 분야별로 묶어 고찰하고자 한다. 즉 상공업의 발달, 서민의식의 확대, 양반계층의 몰락 등 정치·사회적 동인, 가객의 출현과 가단의 형성, 악곡의 분화 및 연행의 발달 등 문화·예술적 동인과 성리학의 동요와 실학의 대두 등 종교·사상적 동인을 서술하고, 이러한 외부적 요소

---

100) 고시조는 한 작품이 다른 가집에 이본의 형태로 수록되어 있어 같은 작품이라도 각 장의 자수나 총 자수에 있어 가감이 있을 수 있다. 그러나 개별 작품에 대한 가감의 폭은 그리 크지 않을 뿐만 아니라 본고에서 논의하고자 하는 개방성은 장시조 전체를 대상으로 하는 것이므로 이러한 가감은 가장 오래된 원전을 대상으로 교정하면서 가감의 폭을 최소화 할 수 있다.

101) 심재완(1984), 『定本 時調大全』, 일조각.

들이 산문문학의 발달과 가집편찬의 성행, 장르의 혼효 등 문학 내적인 변화를 유도하고 새로운 장르를 파생케 하였다는 점을 논의하고자 한다. 다음으로 개방의 주체인 담당계층에 대하여 살펴보겠다. 조선후기에 이르러 장시조가 성행하고 개방의 모습을 보였다면 이를 주도적으로 발전시킨 담당계층은 주요한 작가군인 동시에 향유계층이라 할 수 있다. 이를 살펴 장시조가 어떠한 계층의 기반 위해서 창작과 전승, 그리고 유통되었는지를 살펴보고자 한다. 이러한 고찰을 통해 장시조가 개방성을 보이게 되는 문화사적 기반을 살펴보고자 한다.

둘째, 장시조의 개방적 양상을 유형별로 나누고 작품의 구체적이고 실증적인 탐색을 시도하고자 한다. 유형은 '형식상의 개방적 양상', '내용상의 개방적 양상', '표현상의 개방적 양상', '문체상의 개방적 양상'으로 세분화하여 다루며 위 네 가지 양상은 장르의 특성을 분석하는 보편적 방법론에 의거한 것이며, 모든 양상을 아우르는 것이 될 것이다.

구체적으로 '형식상의 개방적 양상'은 자수의 신축성, 음보의 다양성, '章'의 가변성, 종장 초구와 종구의 變轉性으로 나누어 그 개방의 양상을 고찰하며, 그 다음으로 '내용상의 개방적 양상'은 단시조에서 다루어지지 않았던 내용들을 중심으로 살펴보고자 한다. 이것을 다시 서민들의 생활상 반영, 과감한 육욕의 표출, 풍자의식의 고양으로 나누어 고찰해 보고자 한다. 또한 '표현상의 개방적 양상'은 단시조에서 다루어지지 않았던 다양한 표현들을 밝혀 보고자 한다. 일상어를 시어로 사용한 경우는 비속어와 의성·의태어의 사용, 그리고 일상소재의 사용 등으로 나누어 검토하며, 표현기법의 다변화에서는 은유법과 의인법, 그리고 열거법과 반복법 및 역설법과 반어법을 통해 장시조에 내재된 형상화 기법의 변화를 살펴보고자 한다. 또한 상투어의 사용으로 장시조가 개방되어 있음을 확인하고, '문체상의 개방적 양상'에서는 대화체와 담화체로 나누어 문체상의 특징을 살펴보고자 한다. 이것은 단시조에서 볼 수 없는 장시조만의 문체상의 특징을 통해 개방의 양상을 검토하기 위함이다. 이러한 네 가지 개방의 양상을 검토하는 것은 장시조라는 장르가 지닌 실제적 모습을 고찰하기 위한 이론적 근거를 제공하기 위함이며, 장시조의 장르적 특성을 파악하는 데 기여하기 위함이다.

셋째, 장시조 개방의 장르적 실제를 살펴보겠다. 앞에서 살핀 개방의 동인을 통해 장시조가 개방적 특성을 보였다면 구체적으로 그것이 어떠한 장르들을 수용하게 되었는지를 서정양식과 서사양식으로 나누어 그것의 장르적 수용양상을 검토해 보고자 한다. 서정양식에서는 장시조의 모태라 할 수 있는 단시조를 비롯하여 가사, 한시, 민요, 잡가로 나누고, 서사양식에서는 고소설의 활용과 고사의 삽입으로 나누며. 특히 고소설과 고사는 중국과 한국으로 나누어 그 실제를 검토해 보고자 한다. 또한, 장시조는 이러한 서사작품뿐만 아니라 설화의 내용도 수용하고 있어, 장르 수용의 외연을 확대하여 고찰함으로써 장시조에 내포된 장르적 개방성의 실제를 구명하게 될 것이다.

끝으로 장시조가 문학사적으로 어떤 의의를 지니고 있는지에 대하여 검토하도록 하겠다. 장시조의 개방성이 조선후기의 역사와 문화적 환경 속에서 자생된 점과 장시조의 발생 및 향유계층이 다른 장르들에 미친 영향을 통하여 장시조의 문학사적 의의를 밝혀볼 것이다.

본 연구에서 이와 같은 연구를 통해 장시조의 장르적 역동성을 살피는 것은 장시조의 정체성을 밝힘은 물론 조선후기 문화사의 생동하는 실체를 구체적으로 포착할 수 있다는 점에서 의의를 가질 수 있다. 본 논문에서 장시조의 개방성에 관한 논의를 통해 그것의 장르적 특성을 밝혀낸다면, 그것은 한국 문학에서 뚜렷한 족적을 남긴 장시조의 문학사적 의미를 추출하는 데 일익을 담당하리라 믿는다.

Ⅱ. 長時調 開放의 動因과 擔當層

장시조의 발생 시점에 관한 논의는 연구자에 따라 다양하다. 그러나 활발하게 성행한 시기가 조선후기라는 점에서는 큰 이견이 없다. 이 시기는 壬·丙 兩亂의 전란체험을 겪고 난 후 다양한 변모를 보이는 문화 현상의 전환기를 맞이했던 때이다. 장시조 역시 이러한 시대와 문화의 동인 속에 커다란 변화를 맞게 된다. 물론 조선후기 이전에도 사대부를 중심으로 한 장시조가 나타나지만, 이는 대부분 중장에서 일부 파격을 보이는 소극적 형태이다. 하지만 조선후기에 이르러 다양한 문화적 동인으로 인하여 그 개방의 양상은 형식과 내용을 비롯한 다양한 측면에서 초기 장시조와 달리 적극적인 형태의 개방을 보이게 된다.

이에 본 장에서는 조선후기를 중심으로 장시조 개방의 동인을 다양한 각도에서 조명해 보고 이러한 동인 속에서 개방의 주도적 역할을 수행했던 담당계층을 고찰해 보도록 하겠다. 이를 통해 장시조가 어떠한 형태로 개방적 양상과 실제를 보이는 지를 살피기 위한 기반을 확보하고자 한다.

1. 開放의 動因

어떤 지배적인 문화 양상이 다른 것으로 변모하는 데는, 전쟁이나 천재지변과 같은 외적 요인과 더불어 오랜 타성에서 벗어나 새로운 변화를 추구하려는 구조체 자체의 내적 요인이 작용하게 되는데[1)] 조선후기의 외적 동인으로 壬·丙 兩亂을 들 수 있다. 이러한 외적 동인으로 인하여 조선후기는 내부적으로도 사회구조 전반에 걸친 다양한 변화를 겪게 된다. 이러한 변화에 대하여는 이미 사회학이나 역사학에서 다방면의 충분한 논의가 이루어졌으리라 보고 세부적 논의는 생략하기로 한다. 또한 장시조의 형성과 성행에 대한

1) 신은경(1995), 『辭說時調의 詩學的 研究』, 개문사, 313쪽.

기존의 논의 또한 앞 장에서 상세하게 기술하였다. 여기서는 장시조의 개방에 직·간접적으로 영향을 미친 동인들만을 중심으로 간략하게 서술하고자 한다.

1) 정치·사회적 동인을 들 수 있다. 이미 알려진 바와 같이 조선후기는 임·병 양란을 기점으로 사회적으로 커다란 변화를 보이게 된다. 이에 대한 구체적 변동으로 첫째, 도시상공업의 발달을 들 수 있다. 조선후기에 나타난 주요한 변화는 도시인구의 증가와 상업 도시적 성격이 두드러진다는 점이다. 18세기 들어 서울의 인구는 급격한 증가 현상을 보이는데[2] 그 주된 요인으로 이앙법과 이모작의 발달, 그로 인한 수리시설의 확대로 농촌에서는 광작에 의한 부농이 생기는 한편 영세농들은 봉건적 토대인 토지를 잃고 도시로 흘러들어 대부분 임노동자로 자리 잡게 된다.[3] 이러한 변화는 초기 자본주의의 형성을 보여주는 예로써 도시의 발달과 더불어 인구의 집중현상으로 나타났으며, 활발한 경제활동으로 이어졌다.

또한 이러한 동인들로 인해 '상품 화폐 경제'가 형성되었고, 이것은 후에 도시가 급성장하게 되는 환경을 마련한다. 이로 인해 농업대신 상공업에 종사하는 인구가 급격하게 늘어나게 되었으며, 도시는 상권이 관의 보호를 받은 육의전으로부터 시정인의 소비생활에 직결되는 '3대시'의 자유매매와 같은 분사적 소상업으로 폭이 넓어지면서 시장이 활기를 띠게 되었다.[4] 이에 따라 도시는 도매상인들이 상공업을 지배하여 부를 축적할 수 있게 되었으며, 화폐 경제가 확대되었다. 이러한 상공업의 발달로 인하여 서울이 전국적인 상품 유통 중심지로 변하면서 상공업에 종사하는 인구가 급격히 늘어나게 되었다.[5] 이러한 도시 발달의 모습은 이덕무·박제가의 「성시전도시(城市全圖詩)

---

2) 조성윤(1992), 「朝鮮後期 서울 住民의 身分構造와 그 變化」, 연세대 박사논문.

3) 강만길(1984), 『韓國近代史』 창작과 비평사, 139쪽.

4) 이우성(1982), 「18世紀 서울의 都市的 樣相」, 『韓國의 歷史 上』, 창작과 비평사.

5) 조성윤(1994), 「朝鮮後期 서울의 人口增加와 空間 構造의 變化」, 『韓國社會構造의 傳統과 變化』, 문학과 지성사, 1994, 122-130쪽 재인용.

」[6]와 19세기 전반기 한양의 문물과 세태를 그린 장편가사 「漢陽歌」 등의 작품에서 확인할 수 있으며, 또한 장시조의 여러 작품에서도 이러한 현상을 엿볼 수 있다.

둘째로 중간계층을 비롯한 서민계층의 의식 수준의 향상을 들 수 있다. 앞에서 논의한 농업생산력의 증가와 도시 상공업의 발달은 중간계층을 비롯한 하층민의 의식 수준의 향상을 가져왔고, 삶에 대한 1차적 목표를 넘어 문화적 영역에 대한 관심이 증대되었다. 이에 따라 문화적 영역에 대한 관심의 증대는 전문 예능인의 성장을 촉진하는 자양분 역할을 하여 특출한 기예를 지닌 전문 예능인들이 활동할 수 있는 터전을 마련하게 된다. 예술수요자들의 생활양식과 의식의 변화, 여가 및 취미생활의 증진, 미적 욕구의 확산과 분화 등 새로운 사회·경제적 여건과 문화·심미적 요인이 합류되는 지점에서 다양한 예술작품 및 연행의 소통경로가 창출되거나 재편성[7]되었던 것이다. 이러한 서민의 의식수준의 향상은 자신들이 향유하던 서민의 문학들이 자연스럽게 상승할 수 있는 기반을 형성하였으며, 이러한 과정에서 자연 서민문학이 장시조에 수용되는 현상을 보이게 된다.

셋째로 양반 사회의 계층 변화와 서민계층의 신분상승을 들 수 있다. 도시 상공업의 발달로 인한 경제적 부의 축적은 신분 상승의 발판으로 기능하였다. 실제로 경제적 기반으로 신분을 사고파는 일들이 비일비재하였으며, 국가에서는 정식으로 부농에게 납속책을 내려 신분 상승을 합법화하였다. 이것은 전반적인 사회질서를 무너뜨리는 결과를 초래하였으며, 나아가 양반 사회를 붕괴시키는 결과를 낳았다. 이로써 신분계층의 사회적 의미는 상실되고 직업을 매개로 한 계급구조의 중요성이 새로이 부각되었다.[8] 결국 조선후기 중세

---

6) 「城市全圖詩」는 정조의 명으로 서울의 아름다움과 궁궐의 위엄, 그리고 도시의 번영을 노래하기 위하여 장문으로 지은 것으로, 당시 도시 상공업 발달이 모습이 잘 담겨져 있다.

7) 김흥규(1995), 「朝鮮後期 藝術의 環境과 疏通構造」, 『韓國社會論』, 사회비평사, 420-422쪽.

8) 조성윤(1992), 「朝鮮後期 서울 住民의 身分構造와 그 變化-近代 市民形成의 歷史的 起源」, 연세대 박사논문, 27쪽.

봉건사회가 서서히 해체되고 새로운 근대 경제 체제로 들어서는 계기가 되었다. 이러한 사회적 변화는 중·하층민의 의식적 성장을 가져왔고, 이들 신세력들은 신분상승을 시도하면서 신분체계의 동요라는 결과를 초래하였다.

결국 조선전기 안정적 기조를 이루었던 신분 질서는 후기에 이르러 상당한 변화 과정을 보이게 되는데, 엄격했던 상하 간 계급 구조가 조금씩 균열 현상을 보이게 되었다. 이러한 사회적 변화에서 문학도 변화를 보이게 된다. 상층문학인 단시조를 비롯하여 한시나 가사는 이 시기에 들어 내용상의 변화를 보이게 되는데 대부분 서민적인 내용들이 가미되는 것도 이러한 사회적 변화와 무관하지 않다.

2) 문화·예술적 동인을 들 수 있다. 이 방면의 가장 큰 역할을 보여준 것은 우선 전문가객의 등장이다. 언제부터 전문 가객이 등장했는지에 대한 구체적인 기록은 아직까지 확인할 수 없지만 18세기 들어 가객들의 활동이 활발했음은 널리 알려진 바이다. 조선후기 시장 및 상공업의 발달로 인한 상공인의 증가는 전문 예능인을 양적으로나 질적인 성장을 촉진하는 발판이 되었고, 이러한 배경에서 전문 가객이 등장했던 것이다. 즉 특출한 기예를 지닌 전문 예능인들이 활동할 수 있는 터전이 마련되었던 것이다. 숙종조 이전까지 가창의 주된 담당계층은 중인계층인 유흥문화의 발달 속에 발생한 기생들이나 歌婢들이었다. 그러다가 숙종 이후 중인계층이 문학과 가창에 대거 참여함으로써 그 양상은 완전히 달라져 창의 주도권이 전문 가객으로 넘어가게 되었다.[9] 숙종 이전의 기생이나 가비들은 전문적인 기량을 지닌 예인들이었지만 국가기관인 掌樂院 등에 소속되어 활동에 자유로울 수 없었고, 그 위상도 사대부인 上層人에 예속되는 단순 기능인으로 이미 창작된 작품을 가창하는 연행자에 지나지 않았다.

그러나 17세기 말에서 18세기에 본격적으로 모습을 보인 전문 가객들은 단순한 가창 이상의 새로운 창법을 개발하고 시조를 직접 창작하였다는 점에서

---

9) 최동원(1980), 앞의 책, 293쪽.

전대의 기생이나 가비와는 구별된다 하겠다. 18세기의 가객들은 작품의 창작 뿐만 아니라 구전 작품의 문자화에 상당부분 기여했다. 또한 가객들은 기존의 장시조를 사대부들의 취향에 맞는 작품으로 개작하고 있는데, 이런 현상은 장시조 발생에 관한 다음과 같은 추론을 가능하게 해 준다. 즉 장시조 생성 이전부터 원래 있어 온, 장시조와 유사한 형태의 어떤 민요가 더 상층계급의 노래인 가곡이나 시조창의 곡조(혹은 당대에 가객들 사이에서 유행하던 곡조)로 불리면서 장시조로 개작되었거나, 형태상 장시조와 동일한 어떤 민요가 가객들에 의해 가곡이나 시조창의 곡조로 불리다가 그대로 가집에 수록되었다[10]고 볼 수 있는 것이다. 이러한 창작과정에서 독자들의 욕구에 의한 다양한 가사들의 수집·창작이 이루어지게 되었다. 하지만 창작은 그 한계가 있으므로 기존에 불리는 다양한 타 장르의 가사들을 수용하여 시조화하였을 것이라는 점은 어렵지 않게 짐작된다. 또한 완전한 수용은 되지 않는다 하더라도 어느 가사의 일부 또는 대중화된 부분을 수용하였을 것이다. 이렇듯 다양한 장르의 가사를 수용하게 됨으로써 장시조는 개방성을 띠게 된다.

다음으로 가단의 형성을 들 수 있다. 물론 조선전기에도 이현보·이황·김광욱·권호문 등을 중심으로 한 일부 관료와 사림들이 주축이 된 양반가단인 '嶺南歌壇'이 있었지만 그들은 자신들의 유흥에 자족하였고 제한적인 범위에서 활동하였다. 그러나 조선후기 김천택·김수장·박효관·안민영 등의 중인계급이 중심이 되어 형성된 '敬亭山歌壇'은 그 성격이 확연히 다르다. 이들은 단순히 자족하고자 하는 의미 이상으로 구전되어 가창되는 가사들을 수집·정리하여 가집으로 묶어 내었다는 점에서 그 의미를 달리 한다. 그러나 조선후기에 등장한 가객이 장시조의 창작과 개방에 주도적인 역할을 담당했다고는 할 수 없을 것이다. 왜냐하면 김천택은 중인계층임에도 장시조는 단 한 수도 창작하지 않았으며 대부분 사대부적 성격을 띠고 있는 단시조만을 창작하거나 확대하였기 때문이다. 따라서 전문 가객이 대부분 장시조 창작의 주

10) 김양헌(1986), 「歌客들의 長型時調」, 『嶺南語文學』 第13輯, 嶺南語文學會, 570쪽.

도적 역할을 했다고는 할 수 없지만, 김수장이나 안민영 등은 장시조 창작에 적지 않는 족적을 남겼음을 전해오는 작품 수를 통해서 확인할 수 있다.

셋째로 음악장르(악곡의)의 분화에 따른 장시조의 대중화 경향이다. 우선 조선시대의 가악은 가곡과 시조라는 두 가지 개념으로 구분할 수 있다. 여기서 가곡은 정격의 음악을, 시조는 대중음악적 성격을 띠고 있다.

시조는 장구 반주 하나로 족하고, 장구 장단을 갖추지 못하면 무릎장단으로 족하다. 즉 전문가의 노래가 아니고 대중음악이었다는 것이다. 그러나 가곡은 거문고・가야금・피리・대금・해금・장구 등으로 편성되는 관현악반주를 갖추어야하는 전문가적인 음악이었다. 또한 시조창은 가사전달에 묘미가 있는 반면 가곡은 가사전달보다 그 음악 자체를 즐겨왔다고 해도 과언이 아니다. 시조창은 여러 사람이 가사만 바꾸어 돌려 부르거나, 즉흥 시조를 지어 창으로서 응대할 수 있는 음악인데 비해, 가곡은 남창이면 남창 한사람, 남녀창일 경우에는 남창과 여창 각 한 사람씩 좌정하여 관현악반주에 의하여 한바탕 노래 부르는 것이 관례이다.[11] 또한 시조창은 여러 사람이 가사를 바꾸어 부르거나 즉흥적으로 시조를 지어 창할 수 있다. 즉 시조창이 가사에 있어 개방적 성격을 띠고 있음을 의미하는 것이다.

한편 시조가 문헌으로 정착하기 전에 가곡이라는 명칭으로 창과 시조라 불렸는데, 이 때 가곡창으로 불린 시조는 5장으로 구분되었고, 시조창으로 불린 시조는 3장으로 구분되었다.[12] 또한 가곡창에서 파생된 변주곡 중 장시조에 해당하는 곡조로는 弄・樂・編・橫・騷弄 등의 형태로 나타나는데 대부분 빠르고 흥얼거리는 것들이다. 여기서 가곡창에서 파생된 曲態와 창법을 보면,

> 우선 弄은 흥얼거리는 곡이며 言弄과 平弄으로 구분된다. 平弄은 원래 弄이었다가 言弄과 구분하기 위하여 붙여진 이름으로 여기에서 언은 㐎, 㗊과 같은 말로써 쓰이며 음악적 특징은 처음은 높이 질러 내되 三數大葉과 같이 무겁고

11) 장사훈(1986), 앞의 책, 149쪽.

12) 장유경(1996), 『長型時調 硏究』, 계명대 석사논문, 12쪽.

근엄한 창법에 의한 것이고, 2장 이하는 弄調, 즉 홍청거리는 曲態와 창법을 가지고 있다.

樂은 전반적으로 부드럽고 즐거운 가락이며, 編은 엮음·사설이란 뜻의 빠른 곡이다. 이것은 10점 10박의 빠른 곡을 의미하며 촘촘한 리듬의 변주곡이다. 시조시가 길어질 경우에는 3장과 5장에서 장단을 연장하여 부르는데 이는 編이 가곡 중 사설이 길었음을 의미하며, 이것은 또한 창법이 가곡의 시조시를 장형으로 만드는데 기여하였다는 것을 알게 된다.[13)]

이는 각 曲態의 창법상 특징을 설명하고 있는데, 여기서 弄·樂·編은 매우 빠르고 촘촘한 리듬의 변주곡으로 가곡이 장형의 시조로 변화되는 근본 원인이 된다. 이미 『青丘永言』에서 「蔓橫清類」로 분류된 시조작품이 모두 단시조보다 자수가 확장된 장형의 시조임을 볼 때, '蔓橫'은 '덩쿨이 이리저리 얽힌'모습을 가리키는 '얽'의 뜻을 지녔고, 이를 한자로 표기할 때 旕·乻·言 등으로 표기되기도 하였을 것으로 추측된다.[14)] '蔓橫'의 의미에 대하여는 대체로 '蔓橫의 곡조로 부르는 노래의 모음'으로 '蔓橫'은 가곡의 한 창법이며 三數大葉의 발달과 함께 파생된 변주곡의 한 종류로 보고 있다.

즉 '만횡청류'가 예외 없이 사설시조라는 것은 '만횡'이란 곡조의 개발과 함께 사설시조가 문단에 성행했다는 것을 말한다. 이 만횡청을 담당한 중인 가객층은 평시조의 정제된 시형식, 관습적인 표현을 초월하여 새로운 양식을 개발하기에 이르렀다. 그래서 사설시조는 길고 파형적인 시형식, 장황한 열거, 삶의 발랄한 모습 등을 사실적으로 담게 되었다. 이러한 표현을 중인 가객들이 음악계로의 진출과 사설시조, 만횡청의 성행과 연관성을 지닌다.[15)]

즉 '蔓橫'은 중인가객에 의해 개발된 새로운 曲態로 장황한 열거와 삶의 발랄한 모습을 빠른 曲態로 부르는 것을 말한다. 한편 소농도 우레와 같이 높

13) 장유경(1996), 앞의 논문, 22-23쪽.

14) 김영운(1999), 「珍本 青丘永言』의 編纂年代에 관한 一考察」, 『時調學論叢』 第14集, 韓國時調學會, 97쪽.

15) 장사훈(1988), 「엇시조와 辭說時調의 形態論」, 『時調文學研究』, 정음사.

이 지르는 음악으로 시끄러운 분위기에서 즐기던 창법으로 정격인 가곡에서 파생한 변주곡이다. 이처럼 조선후기 중인 가객의 등장과 더불어 음악 수용자들의 취향도 변하게 된다. 그것은 전란과 그 후의 급격한 사회변동을 체험한 사람들은 보다 빠르고 발랄한 음악을 선호하였으며, 완만하고 느린 음악에서는 큰 감흥을 느끼지 못했다. 이러한 담당계층의 변화, 그리고 수용자들의 취향의 변화는 음악 양식의 변화를 가져왔다.

이와 같이 가악은 기존 곡에서 변주곡을 파생시키면서 발전하였고, 또한 갈래의 음악은 수용자들의 취향에 발맞추어 느린 음악에서 빠른 음악으로 변해 가는 추세가 뚜렷하게 나타났다.[16] 장시조가 18세기에 전성기를 맞이하게 되는 것은 이와 같은 음악의 변화와 밀접한 관련이 있다. 이러한 음악의 변화 속에 새 가락을 즉흥적으로 짜서 기존 곡에 첨가하기도 하였을 것이다. 이는 장단을 바꾸어 변주를 시도했던 가곡의 '編數大葉'이나 '編樂' 등에서 이를 확인할 수 있다. 장시조는 이러한 악곡의 변화 속에서 장형화되고, 구체적 묘사의 필요성이 증대되었을 것이다. 악곡의 변화는 필연적으로 타 장르와의 교섭을 전제로 하였을 것이며, 이는 결국 장시조의 개방성을 부축이게 되었을 것이다. 넷째로 연행문학의 발달을 들 수 있다. 조선전기 문학이 사대부들의 유흥이나 자족적인 삶의 안위로 불리던 것이라면 조선후기는 전문가객의 등장으로 새로운 변화를 보이게 되는데, 그것이 바로 연행의 발달이다. 연행자로 등장한 전문 가객은 창작과 더불어 다양한 장르의 가사들을 수용하는 개방의 중심 역할을 담당하게 된다. 그 이유는 대중의 인기를 얻기 위해 수용자의 구미에 맞는 다양하고 흥미로운 가사들을 끌어들여야 가창했기 때문이다. 즉 창작에는 한계가 있었으며, 이미 대중화되어 있는 노랫말이나 서사작품의 흥미로운 사건들을 장시조로 수용하여 가창하게 된 것이다. 이는 장시조 속에 다양한 장르의 노랫말이 수용된 예를 통해 알 수 있다.

3) 종교·사상적 동인을 들 수 있다. 조선후기는 사상적으로도 커다란 변

---

16) 송방송(1993), 『韓國音樂通史』, 일조각, 487-488쪽.

화를 가져오는데 먼저 성리학의 쇠퇴와 실학사상의 대두를 들 수 있다. 조선후기는 조선 건립의 기틀이었던 주자학인 성리학이 점점 그 위상을 잃어가고 새롭게 등장한 실천사상인 실학이 사회전반의 지배적인 영향을 미치게 된다. 이러한 실학사상은 장시조의 형식과 내용에 많은 변화를 준다.

> 朝鮮王朝 中期의 격렬한 당쟁의 理論的 무장으로 이용된 朱子學은 이 땅에서 觀念的이고 形而上學的인 면으로만 發展하였기 때문에 英·正祖代를 前後하여서는 하나의 인습적인 화근으로 전락하기에 이르렀으며 …… 이 땅의 精神生活面에 선풍적인 반향을 일으킨 實學思想은 時調文學에도 必然的인 전환을 가져오게 되어 이의 후광으로 辭說時調가 등장하였던 것이다.[17]

> 사설시조는 17세기에 이르러 나타났으리라 추측되는 바 18세기에 이르러서는 크게 성행했던 장르이다. 이 사설시조를 이룩한 주동적인 작가는 평민가객들이었다. 이 시기에 대두했던 평민문학의 일환으로서, 산문정신과 실학사상을 배경으로 한 사설시조는 시조문학에 커다란 변화를 초래했다. 시조가 지닌 3장체의 형태적 특성을 살리면서, 낡은 허울을 깨뜨리고 새 생명을 지니며 사설시조는 등장했다.[18]

위 견해에 따르면 조선후기의 새로운 패러다임으로 자리매김한 실학사상의 시대정신과 문화적 흐름이 산문화의 추세에 촉발되어 출현한 것이 장시조라는 것이다. 물론 거시적 측면에서 실학 또한 유학의 한 유파이지만 전대의 성리학과는 그 사상적 궤적을 달리하고 있다. 이미 관념적이고 고답적 사상으로는 해결하지 못할 조선후기는 실생활에 필요한 다양한 욕구들이 표출되기 시작한 시기였다. 전란 체험과 사회적 모순을 경험한 민중들에게 실학사상은 필요 충분의 당위성을 지닌 사상적 귀착점이었는지도 모른다.

장시조의 발생 시기에 대해서는 많은 논의가 뒤따라야겠지만 적어도 실학이라는 새로운 시대정신이 풍미했던 조선후기, 더 구체적으로는 영·정 시대

---

17) 정병욱(1977),『韓國古典詩歌論』, 新丘文化社, 159쪽.

18) 정병욱(1977), 앞의 책, 427-428쪽.

를 전후하여 그 본격적 모습을 드러낸다는 것에는 이견이 없을 것이다. 이는 다양한 측면에서 개방성을 보이게 되는데, 형식적 측면에서 자수와 음보 나아가 장의 구분까지도 개방의 모습을 보이게 된다. 또한 내용과 표현에 있어서도 기존의 단시조에서 반복적으로 재활용되던 忠·孝·節·江湖歌道·吟風弄月·安貧樂道 등과 같은 유교적 사상을 바탕으로 하던 것에서 처첩과 고부간의 갈등, 남녀 간의 적나라한 애정행각과 풍자와 해학 등의 개방성을 보이게 된다. 더불어 표현에 있어서도 응축과 수렴의 절제된 방법에서 구체적이고 사실적인 표현으로의 확산과 개방을 보이게 된다. 이러한 변화현상은 장시조가 실학사상의 기저에 영향을 받아 장르적 변용을 일으키는 현상을 여실히 보여주고 있다. 이를 통해 볼 때 단시조가 성리학을 바탕으로 창작·향유된 시가문학이라면 장시조는 조선후기 실학사상을 기저로 인하여 성장·발전한 장르라 할 수 있다.

4) 문학적 동인을 들 수 있다. 앞에서 언급한 사회적 변화는 문학에도 지대한 영향을 미치게 된다. 첫째로 산문문학의 성행을 들 수 있다. 우선 時代的 思潮面에서 朝鮮後半期에 들어와서부터 왕성하게 된 散文精神의 영향이 그 原因의 하나가 될 수 있다.[19] 조선전기에는 단시조를 비롯한 정형화된 장르들이 성행을 이루지만 조선후기에는 도시상공업의 발달로 고소설을 비롯한 장시조나 가사 및 잡가 등이 성행하게 된다. 특히 고소설은 상업적 유통망을 기반으로 고소설이 상품화되면서 활발한 전승과 유통을 보이게 된다. 이러한 산문화의 발달은 시조에도 영향을 미쳐 단시조가 장형으로 변화되는 계기를 마련한다. 이것은 정형화된 짧은 형태의 단시조로는 자신들의 감정을 충분히 담을 수 없게 되자 응축과 함축에서 탈피하여 자신의 시상을 풀어줌으로써 감정을 구체화 내지 상세화하여 표현하고자 하는 사실성에서 기인한 것이라 할 수 있다. 또한 산문화의 영향은 형식상의 변화뿐만 아니라 내용상에도 많은 영향을 미치게 되는데, 장시조 속에 고소설을 비롯한 서사양식의 일부 내

19) 장덕순(1960), 『國文學通論』, 新丘文化社, 175쪽.

용이 수용되어 장시조로 불리게 되는 다수의 작품을 통해서도 개방의 현상을 확인할 수 있다.

둘째로 서민문학의 상승을 들 수 있다. 앞에서도 언급한 바와 같이 사회적 변화와 더불어 서민의식의 성장 내지 상승을 확인하였다. 이러한 의식의 성장은 자신들의 근접에 있던 문학을 의식의 성장과 더불어 상층의 문학으로 끌어올리는 발판을 마련하게 된다. 定型에 의해서 이루어진 작품을 '短時調' 또는 '短形時調'라고 하는데 高麗 말엽부터 朝鮮 肅宗까지는 주로 상류계층에서 불리어졌다. 그러나 朝鮮 後期부터 서민 문학이 대두하자 時調文學도 귀족의 손으로부터 서민의 손으로 넘어가서 그 定型이 파괴되는 동시에 새로운 時調의 變型을 이룩하였으니 그것이 곧 '中時調'라 하는 것과 '長時調'라 하는 것이다.[20] 즉 민요를 비롯한 서민문학을 상층의 문학인 시조에 올려 부르게 되었다는 것이다. 이는 장시조에 다수의 민요적 내용이나 작품들이 수용된 바를 통해서도 확인할 수 있다.

셋째로 가집의 편찬을 들 수 있다. 전 시기와 달리 조선후기 더 구체적으로 18세기에 나타난 문학현상으로는 가창으로만 불리며 구전되던 것이 하나의 歌集으로 묶여진다는 것이 한 특징이라 할 수 있다. 김천택이 편찬한 『靑丘永言』을 시작으로 『海東歌謠』와 『歌曲源流』 등은 이를 대표하는 가집이라 하겠다. 또한 고종년간에는 여러 가집과 개인 시조집들이 당대에 불리던 가사들과 함께 묶여 편찬되었다. 이러한 가집의 편찬은 전시대에 대한 정리요 후대에 대한 배려라 할 수 있다. 또한 가집을 비롯하여 개인 시조집을 발간하는 것이 하나의 유행처럼 되었는데, 이러한 가집과 개인 시조집의 발간은 시조를 더욱 체계화하고 대중화하는 계기가 되었다. 곧 가창되던 시조가 문자로 정착하게 된 것이다.

다음은 장시조의 곡조였던 「蔓橫淸類」가 민요의 가사를 수용했음을 짐작하게 하는 기록들이다.

① 김천택이 하루는 『청구영언』 한편을 가지고 와 내게 보여주면서, "이 책은

---

20) 김기동(1981), 『國文學槪論』, 太學社, 112쪽.

실로 많은 우리나라 선배 명공 위인의 작품들을 널리 모은 것입니다. 민간의 음란한 이야기와 상스럽고 외설스러운 가사도 있습니다. 노래는 실로 보잘것없는 예술인데 더욱 이에 누를 끼쳤으니 군자가 이것을 보고 나쁘게 여기지 않겠습니까. 선생님께서는 어떻게 생각하시는지요."라고 말했다. 나는 "괜찮다. 공자께서 시경을 편찬하시면서 정풍, 위풍을 버리지 않으신 것은 선과 악을 갖추어 권장하고 경계하는 뜻을 두신 까닭이다. 시가 어찌 '주남'의 관저뿐이며, 노래가 어찌 반드시 순임금 조정의 '갱재'뿐이리오. 성정에서 떠나지만 않으면 그에게 멀지 않은 것이다."라고 말했다. 시는 풍아 이후로 날로 옛날과 달라져 한, 위 이후 시를 배우는 자는 한갓 말꾸미는 데만 주력하여 박식하다 하고 경물을 그려내는 데만 주력하여 공교롭다 하고 심지어 성운의 흠을 비교하여 자구를 꾸미는 방법이 나오는 데 이르자 정성은 숨어버렸다. 우리나라에 내려오면 그 폐단이 더욱 심하여 유독 노래 한 길만이 겨우 노래 부른 사람의 남긴 뜻에 가까울 뿐이다. 정을 따라 인연을 펴내되 우리말로써 읊조리고 노래하는 사이에 유연히 사람을 감동시키니 이항의 노랫소리에 이르면 곡조가 비록 세련되지 아니하나 무릇 그 기뻐하고 원망하고 탄식하며 미쳐 날뛰고 거칠고 험한 정상의 모습은 각각 자연의 진기에서 나온 것이다.21)

② 만횡청류는 노랫말이 음탕하고 그 뜻이 보잘것없어 본받을 만하지 못하다. 그러나 그 유래가 이미 오래되어 일시에 폐기할 수 없는 까닭에 특별히 아래에서 살펴본다.22)

위 기록들은 김천택이 편찬한『青丘永言』의 跋文과「蔓横淸類」의 序文이

21)『珍本 青丘永言』,「青丘永言 後跋」. "金天澤 一日 持青丘永言一編 以來視余 日 是編也 固多國 朝先輩名公鉅人之作 而以其廣收也 委巷市井淫哇之談 俚褻設詞 亦往往而在 歌固小藝也 而又以累之 君子覽之 得無病諸 夫子以爲奚如 余曰 無傷也 孔子 刪詩 不遺鄭衛 所以備善惡而存勸戒也 詩何必周南關睢 歌何必虞廷賡載 惟不離乎性情則幾矣 詩自風雅以降 日與古背馳而『漢魏』以後 學詩者 徒馳騁事辭 以爲『博藻績景物以爲工 甚至於較聲病鍊字句之法出而情性隱矣 下逮吾東 其幣滋甚獨有歌謠一路 差近風人之遺旨率』情而發緣以俚語『吟諷之間 油然感人 至於里巷謳歈之音 腔調』雖不雅馴 凡其愉佚怨歎娼狂粗『莽之情狀態色 各出於自然之眞機』

22) 蔓横淸類 辭語淫哇 意旨寒陋 不足爲法 然其流來也 己久 不可以一時廢棄 故特題于下方. (金天澤, 蔓横淸類 序)

다. ①에서 김천택은 민간의 음란한 이야기와 상스럽고 외설스러운 가사가 있음을 밝히고 있다. 그가 고민했던 것은 『靑丘永言』 전체에 대한 내용이 아니라 ②의 「蔓橫淸類」에 대한 것이었을 것이다. 그런데 여기서 주목할 점은 「蔓橫淸類」가 민간의 노랫말을 담고 있다는 것이다. 즉 민간의 노랫말이란 민요를 지칭하는 것으로 김천택은 가집을 엮으면서 말미에 「蔓橫淸類」로 분류하여 민요의 노랫말을 일부 수용하여 시조화하였다는 것이다. 다시 말하면 이러한 가집의 편찬과정에서 다양한 인접장르의 노랫말이 수용되는 개방성을 보이게 된다는 것이다.

넷째로 조선후기 장르의 붕괴현상을 들 수 있다. 조선전기와 달리 후기는 다양한 내·외적 요인으로 인하여 문학은 장르 간의 교섭이 활발하게 일어나 전대 문학에서는 찾아볼 수 없는 역동성과 개방성을 보이게 된다. 장르의 해체는 친연성을 띠고 있는 시가문학 내부에서도 이루어지지만 특히 주목되는 것은 친연성을 띠고 있지 않는 서사문학과도 활발한 교섭이 이루어진다는 것이다. 이러한 문학적 현상 속에서 시조는 서정문학뿐만 아니라 서사문학을 수용하면서 형태상 장형을 띠게 된다. 즉 다양한 시가문학을 수용하는 동시에 나아가 다량의 서사문학을 수용하는 중간자적 역할을 충실히 수행하였다는 것이다. 실제 장시조에 고소설을 비롯한 고사나 설화 등의 다양한 서사양식들이 수용된 것을 확인할 수 있다.

이로써 조선후기 문화적 변동을 통해 장시조는 개방의 환경을 확보하게 되었음을 알 수 있었다.

2. 作家와 擔當層

장시조에 대한 그간의 논의는 형식과 내용뿐만 아니라 작가층 및 담당계층에 대해서도 많은 성과가 있었다. 그것은 문학 담당계층에 대한 논의가 작품의 형식이나 내용 등의 별개의 것이 아니며, 또한 새로운 장르의 형성에는 장르 담당층과 형식적 구조, 의식의 동질성이라는 세 가지의 최소한의 기본

요건을 갖추어야 한다[23]는 점에서 담당계층에 대한 논의는 장시조 발달의 근원을 밝히는 중요한 연구과제가 되었다.

우선 작자층에 대하여 처음으로 언급한 사람은 고정옥이다. 그는 "그들이 양반 계급의 율문형식의 문학을 상속받아 그것을 자기네의 문학으로 만들려고 발버둥친 고민의 문학으로 여기에는 관념적인 것을 싫어하는 구체적인 묘사를 꾀하고 있으며, 시가 될 수 있는 사물의 여하를 판단할 문학적 교양을 갖지 못했기에 검버섯이나 뼈새바위 같은 것이나 심한 경우에는 이, 벼룩, 모기까지 노래했다"고 보았으며, 작자층을 신진중인·부녀자·기녀·민요시창자·몰락한 양반 등으로 세분화[24]하였다. 또한 정병욱도 지금까지 작가가 밝혀진 장시조의 작가를 신분에 따라 크게 2분류[25]하였다.

系 列Ⅰ	鄭 澈	朴仁老	蔡裕後	李鼎輔	金 暎	翼 宗	計
作 品	2	2	2	14	1	1	22
系 列Ⅱ	金壽長	金斗性	任義直	金默壽	金敏淳		
作 品	36	11	1	2	3		53

이 도표는 장시조 작가를 신분에 따라 분류한 것으로 계열Ⅰ은 왕족인 익종을 비롯한 당대의 지배층을, 계열Ⅱ는 김수장을 비롯한 전문가객인 중인계층으로 구분하여 논의하였다. 작품 수는 계열Ⅰ이 22수이고 계열Ⅱ가 53수인 것을 볼 때 중인계열의 창작활동이 활발했음을 알 수 있다. 한편 이와 유사한 견해로 김동욱은 장시조가 숙종시대 창곡가그룹과 기녀들의 유락적 생활 가운데서 발생하여 蔓横·騷弄으로 부른 노래로 영조시대 '敬亭山歌壇'에서 세련되고 정조 이후에 많은 가곡조로 분화되었고 현행조는 더 내려와서 잡가의 영향을 받은 것이며, 작가들 중 무명씨는 사회적 풍조로써 서민적인 감정

23) 김학성(1987), 「辭說時調의 장르형성 再論」, 『國文學의 探究』, 성균관대학교출판부, 91쪽.
24) 고정옥(1949), 『國語國文學要講』, 대학출판사.
25) 정병욱(1981), 『韓國古典詩歌論』, 신구문화사, 161쪽.

을 읊을 수 있는 창곡가(가객)나 중·서인 및 기녀 등이며 유락적인 양반도 끼어 있다[26]고 하였다. 조동일도 주된 창작 계층을 전문적인 가창자로 보았으며, 일부 몰락한 양반, 가객 이외에 서리도 창작에 참여하고 있다고 보았다. 최동원은 장시조의 작가와 창자는 주로 중인계층이었으며, 그 중에서도 서리출신의 가객이 장시조를 발달시킨 주역[27]으로 보았다.

한편, 최동원은 자신이 설정한 형식적 기준에 근거하여 『歷代時調全書』에 수록된 시조작품 중 장시조 525수를 추출하여 작가와 작품수를 밝혔는데, 신빙할 수 있는 작가는 21명에 불과하고 작품수도 131수에 지나지 않는다[28]고 하였다. 그 외 정병욱은 13명에 75수[29], 이익생은 20명에 125수[30]로 각각 작자층을 밝히고 있다. 이러한 결과는 형식적 규정을 어디까지 할 것인가에 따라 작가와 작품 수는 달라 질 수 있기 때문에 나타나는 현상이라 할 수 있다. 또한 대부분 『歷代時調全書』를 대상으로 한 1980년대 논의라 할 수 있다. 그러나 그 후 개인 가집이나 문집에 수록된 시조작품들이 추가로 발견되고 있어 이에 대한 수정이 요구된다 하겠다.

현존하는 문헌의 기록으로 장시조의 작자를 명확히 밝힐 수는 없다. 다만 지금까지 밝혀진 작가와 작품을 면밀히 분석하고 살피는 작업은 그 나름의 의미가 있다. 이러한 문헌상의 기록들을 토대로 작가와 작품 수 그리고 장시조 창작과 개방의 주도적 역할을 담당했던 담당계층을 살펴보고자 한다.

이에 필자는 지금까지 발표된 장시조 작가를 작품수와 함께 살펴보았다. 작가는 50여명에 이르지만 그 중 신빙성이 있다고 판단되는 작가와 작품수를 표로 정리하면 다음과 같다.

---

26) 김동욱(1960), 「辭說時調의 發生考」, 『國語國文學』, 第1·2合併輯, 10쪽.
27) 최동원(1980), 앞의 책, 76쪽.
28) 최동원(1980), 앞의 책, 71-73쪽.
29) 정병욱(1981), 앞의 책, 66-67쪽.
30) 이익생(1980), 「辭說時調의 滑稽美 硏究」, 고려대 교육석사.

≪表 1≫ 實名氏 作家와 作品數

姓 名	字	號	生沒年代	身分・官職	作品數	作品番號[31]
玉溪 母 權氏			1518～1578?	士大夫 女人	1	432 『玉溪先生續集』
金宇宏	敬夫	開巖	1524～1590	文臣, 觀察使, 靑松府使	1	5505『追慕錄』
高應陟	叔明	杜谷	1536～1606	學者, 成均司成, 慶州府尹	6[32]	
鄭澈	季涵	松江	1536～1593	文臣, 禮曹判書, 左議政	2	2563, 4508,
金得可		主峯	1547～1592	縣監	1	5595『追慕錄』
金得研			1555～1637	學者	7[33]	
姜復中	載起	淸溪	1574～1642	參奉, 名門後裔	4	2251, 2475, 3160, 4244 『淸溪歌詞』
金忠善	善之	慕夏堂	1571～1642	嘉善大夫	6	752, 753, 2065, 2894, 2895, 3271 『慕夏堂實記』
白受繪	汝彬	松潭	1574～1642	自如道察訪, 戶曹參議(追贈)	2	4496, 4564, 『松潭遺事』
金啓		龍潭	1575～1657	文士	8[34]	
仁祖	和伯	松窓	1595～1694	王	1	786『龍潭錄』
蔡裕後	伯昌	湖洲	1599～1660	文臣, 大提學, 吏判	1	1063
李聃命	耳老	靜齋	1646～1701	文臣, 承旨	2	594, 3593 『靜齋先生文集』
權燮	調元	玉所	1671～1759	文人	1	2586『玉所稿』
安昌後	繼仲	閒說堂	1687～1771	學者	8[35]	
金壽長	子平	老歌齋	1690～? (80餘歲)	騎省書吏, 歌客	43[36]	
李鼎輔	士受	三洲	1693～1766	文臣, 大提學, 禮判	23[37]	

英祖	光叔	養性軒	1694~1776	王	2	132, 926
金兌錫	德而		肅·英祖朝	歌客	2	2974, 3571
金默壽	時慶		英祖朝	書吏, 歌客	3	1028, 1393, 4068
朴文郁	汝大		英祖朝	書吏, 歌客	12[38)]	
權德重	欽哉		英祖朝	歌客	1	2858
吳擎華	瓊叟		英祖朝	歌客	1	1025
蔡瀗		近品齋	1716~1795	文臣	1	4196 『石門亭尋眞洞遊錄』
梁柱翊	君翰	无極	1722~1802	文臣	9[39)]	
朴明源	晦甫	晩葆亭	1725~1790	錦城尉, 綏祿大夫	1	1265
魏伯珪	子華	存齋	1727~1798	文臣, 實學者,	1	1472 『三足堂歌帖』
黃胤錫	永叟	頤齋	1729~1791	縣監, 語學者	6[40)]	
南極曄	壽汝	愛景	1736~1804	校理	1	5426 『愛景言行錄』
金履翼	輔叔	牖窩	1743~1830	文臣, 大司憲, 漢城府判尹	12[41)]	
申獻朝	汝可	竹醉堂	1729~1791	觀察使, 牧使	12[42)]	
申甲俊	又仲	晩覺齋	1771~1845		7[43)]	
金敏淳	愼汝	梅月松風	1776~1859	砥平縣監	2	1014, 2352
李廷鎭			英祖朝		1	1639
金煐		景明	正祖朝		1	386
翼宗	德寅	敬軒	1809~1830	王(追尊)	2	1784, 4645
任義直	伯亨		高宗朝	名琴, 琴客	1	659
安玟英	聖武	周翁	1816~? (80餘歲)	歌客	32[44)]	
李世輔	左甫		1832~1895	王族	1	4313
林重桓		三貫		歌客?	15[45)]	
金庸潤	良中				1	3923

朴璥					1	4533 『東川逸稿』
宮女					1	2673
43名					246	

위 ≪表 1≫을 정리하면 작가 수는 43명이고 작품 수는 246수이다. 시대별로 숙종조 이전 작가는 玉溪 母 權氏부터 權燮까지 14명으로 작품은 43수이고, 이후는 安昌後를 필두로 李世輔까지 작가는 25명에 작품은 185수이다. 또한 정확한 연대를 알 수 없는 작가가 林重桓・金庸潤・朴璥 등이 있으며, 이

31) 작품번호는 『韓國時調大事典』의 작품 번호이며, 개인 문집에 수록된 경우는 뒤에 병기하였다.

32) <時大> 2804, 2806, 3024, 3951, 4364, 4545.『杜谷集』.

33) <時大> 816, 877, 1244, 1662, 2146, 3184, 4156.『葛峰先生遺墨』

34) <時大> 217, 1850, 2015, 2904, 2918, 2934, 2935, (?),『龍潭錄』

35) <時大> 5404, 5420, 5427, 5431, 5471, 5477, 5482, 5492.『閒説堂遺稿』

36) <時大> 76, 179, 365, 423, 428, 472, 584, 606, 885, 948, 949, 1001, 1222, 1461, 1489, 1532, 1578, 1581, 1615, 1784, 1930, 1938, 2021, 2074, 2200, 2382, 2385, 2549, 2553, 2705, 3011, 3030, 3308, 3319, 3522, 3558, 3629, 3693, 3776, 3971, 4327, 4346, 4466, 4644.

37) <時大> 106, 233, 248, 726, 939, 967, 1041, 1141, 1175, 1392, 1546, 1552, 2105, 2176, 3351, 3390, 3437, 3761, 3883, 3931, 4372, 4481, 4517.

38) <時大> 118, 447, 744, 771, 1984, 2114, 2226, 2574, 2769, 2957, 3758, 3834.

39) <時大> 398, 399, 637, 2909, 3444, 3947, 4344, 4610, 4714.『無極集』.

40) <時大> 454, 540, 1434, 2825, 2884, 4284.『頤齋亂稿』.

41) <時大> 522, 635, 879, 1224, 1887, 2008, 2128, 2384, 3525, 3604, 3661, 3666.『金剛永言錄』.

42) <時大> 74, 358, 1192, 1744, 2326, 2615, 2847, 3024, 3956, 3981, 4007, 4451.『蓬萊樂府』.

43) <時大> 5397, 5410, 5446, 5456, 5673, 5470, 5489.『城西幽稿』.

44) <時大> 37, 121, 211, 444, 590, 653, 824, 831, 936, 1169, 1523, 1606, 1914, 1932, 2245, 2323, 2723, 2924, 3055, 3121, 3187, 3245, 3395, 3398, 3537, 3641, 3781, 3807, 3868, 4374, 4409, 4640.

45) <時大> 105, 1277, 1474, 1597, 1613, 2071, 2435, 2492, 3516, 3595, 3859, 3950, 4329, 4362, 4712.

들의 작품 수는 18수이다. 그러나 이들의 生沒年代를 살펴볼 때 대체로 조선 후기 작가임을 짐작할 수 있다. 또한 신분에 있어서도 전문 가객이 대부분을 차지하고 있다.

이를 계층에 따라 살펴보면, 제왕으로는 인조와 영조 그리고 추대왕인 익종을 포함하여 3명으로 작품은 5수이며, 사대부 작가는 25명에 141수, 중인 작가는 9명에 작품은 110수이다. 그 외 궁녀의 작품 1수와 신분을 알 수 없는 작가가 4명에 4수가 있다. 특히 숙종조 이후의 작가의 계층을 보면, 양반 작가는 12명에 작품은 77수이고 중인 작가는 9명에 110수이다. 이 시기의 특징은 중인 가객의 등장이며 작가로는 김수장과 안민영으로 이들의 작품이 각각 43수와 32수를 차지하고 있다는 것은 조선후기 더 구체적으로는 숙종조 이후는 가객과 가단이 중심이 되어 장시조를 발달시켰다고 할 수 있다.

위 표를 토대로 장시조의 작자층 내지 담당계층을 구체화하면 다음과 같다. 첫 번째는 왕을 포함한 사대부 계층을 들 수 있다. 위 표에서 보는 바와 같이 현전하는 장시조 가운데는 작자가 사대부로 명시된 작품도 상당수 포함되어 있으며, 내용상으로도 충·효·군신관계·교훈·송축·회고·고답적·도덕적·충군 등을 다루고 있다는 점에서 확인된다. 특히 조선후기 이전의 장시조 작가들은 대부분 사대부 계층이었음을 알 수 있다. 조선후기에 이르면 사대부들도 장시조의 창작에 적극 참여하였음을 알 수 있다. 상층계급의 장시조 창작경향은 앞서 논의한 장르의 생성동인에 기인한 것이며, 문학의 변화 현상을 수용한 것으로 파악된다. 그러나 상층계급의 장시조는 소극적 파형의 형태가 많다는 점에서 이런 단시조의 창작 관습에서 자유롭지 못했음을 짐작할 수 있다.

다음은 도시 상공업의 발달과 중간·서민 계층의 대두 속에서 장시조의 발전을 주도적으로 유도해 온 중인가객을 들 수 있다. 『海東歌謠』에 18세기 전·후에 활약하던 가객 56인의 명단이 수록되어 있는 것은 이를 잘 반영하는 것이라 하겠다. 이들은 대개 문벌이나 지위가 낮은 전문 연예인으로 가창과 창작을 아울러 행하던 계층이었는데, 장시조의 발전에 남다른 족적을 남기기에 충분했다. 이 시기의 가객들은 각 지방으로 창법을 전수하는 한편 장시조 같은 새로운 시형을 발굴·발전시키는 동시에 가단(歌壇)을 형성하여 활동하는 등의 일들을 실천하였다. 특히 창으로만 전해지던 시조들을 기록문학으로 정착시킨 가집의 편찬은 큰 업적이 아닐 수 없다. 조선후기에 접어들면서 분명한 변모를 드러내는 '장르 경계의 붕괴현상'과 '새로운 창법' 등을 고려할 때 주된 장시조 담당계층은 중인 계층이라 할 수 있다. 구체적으로 이름이 알려진 장시조 작가들의 신분이 주로 중인계층이었다는 점과 그 중에 서리 출신의 가객이 많았다는 점, 조선후기 3대 가집인 『靑丘永言』·『海東歌謠』·『歌曲源流』의 편찬자가 중인 계층이라는 점, 장시조 역시 창을 전제로 창작되었다는 점과 이를 위해서는 지적 수준과 생활상의 여유가 있어야 가능하다는 점 등은 장시조의 담당계층이 대부분 중인 계층이었음을 확인시켜 준다 하겠다. 물론 작가가 밝혀진 작품이 대부분 중인 계층이라 하여 장시조 담당계층을 중인계층으로 보는 것은 무리가 있을 수 있으며, 가집의 편찬자 역시 작품들을 수록할 때 무기명으로 하였을 가능성도 배제할 수 없으므로 문제가 없을 수는 없다. 하지만 분명한 것은 위 표에 나타난 장시조의 實名氏 작품에서 중인계층에 의해 창작된 다수의 작품을 통해서 확인할 수 있는 바이다.

요컨대 장시조는 숙종조 이전에는 왕족인 인조를 비롯하여 사대부 계층에 의해 형성되었고, 18세기 이후에는 사대부 계층의 작품들이 일부 나타나고는 있지만 그 작품 수는 소수에 불과하다. 반면 김수장과 안민영 그리고 임중환 등의 중인 가객의 장시조가 다수 보이고 있다는 것은 이들이 장시조 창작의 주된 담당계층임을 말해 주는 것이다. 또한 이들의 활발한 창작활동은 다양한 장르들을 수용하는 계기가 되었다. 실제로 장시조 중 장르적 개방의 실제를 보이는 실명씨 작품들은 중인 가객이 대부분을 차지하고 있다. 따라서 조선후기 시조창작의 주된 담당계층으로 등장한 중인가객은 장시조 개방의 주도적 역할을 담당했던 담당계층임을 확인할 수 있다.

Ⅲ. 長時調의 開放的 樣相

장시조는 단시조와 맥을 같이하고 있으면서도 이질적 특성 또한 함유하고 있다. 장시조가 단시조와의 그 태생적 친연성으로 말미암아 장르적 유사성을 배제할 수 없다 하더라도 한편 독자적인 태동의 측면도 고려되어야 하기 때문이다.

이 점은 장시조가 서정장르라는 기본 틀을 유지하고 있는 한편, 다양한 진술방식을 취하고 있다는 것을 의미하는 것이기도 하다. 이는 장시조가 다양한 측면에서 개방적 양상을 보여주는 것과 무관하지 않음을 의미하는 것이다. 따라서 본장에서는 장시조가 지니는 개방적 양상을 중심으로 살펴보고자 한다.

개방적 양상은 작품분석의 큰 틀이라고 할 수 있는 형식과 내용상의 측면을 먼저 살펴보고 이어서 표현과 문체상의 측면에서 검토해 보고자 한다. 이를 통해 장시조만의 특성을 구체적이고 실증적으로 밝히고자 한다.

1. 形式上의 開放的 樣相

한국 시가문학은 정형성과 개방성이라는 이원적 성향을 견지해 왔다. 그런데 정형과 개방의 이원성 문제는 문학이라는 측면에서는 넘나듦이 비교적 적은 반면 노래라는 측면에서는 상당히 큰 탄력성을 가지고 있었다. 그러한 점에서 장시조도 예외는 아니다. 장시조는 시조의 3장 형식을 빌려 그 나름대로의 자유로운 틀을 형성해 온데다가 노래로 불렸다는 점에서 개방성이 더욱 두드러진다 하겠다.

전술한 바와 같이 기존 논의에서 단시조는 삼장이며 각 장은 4음보격으로 이루어져 있고, 각 음보의 음절수는 3·4자를 기본으로 하고 있는 일반적 특징에서 크게 벗어나지 않는다[1]는 형태적 특성을 띠고 있다. 그러나 장시조는 단시조가 갖고 있는 일정한 형식에서 벗어나 다양한 형태의 개방적 특성을 보이고 있다. 따라서 이러한 형식상의 개방적 양상을 밝히는 것은 결국 장시조의 정체성을 밝히는 작업이 될 것이다. 이를 위해 시조의 형식적 특성이라 할 수 있는 자수와 음보 그리고 '章'을 기준으로 그 개방적 양상을 살펴보고 종장 초구와 종구의 특성을 밝혀 장시조가 갖고 있는 형식상의 개방적 양상을 확인해 보도록 하겠다.

1) 字數의 伸縮性

지금까지 장시조에 대한 형식적 특성은 삼장 중 한 장 또는 두 장 이상이 길어진다는 측면에서만 논의되었다. 하지만 이는 장시조의 형식적 특성에만 국한할 때 가능한 것이지 실제 장시조의 자수를 보면 그것을 전부 적용할 수 없음이 드러난다. 특히 자수에 있어서 길이에 제한이 없다는 점에서 이는 뚜렷이 확인된다. 이는 장시조가 단순히 단시조에 자수만 몇 자 더 보태서 이루어진 것으로 이해할 수 없는, 보다 폭넓은 신축성을 보여주는 것이기에 더욱 주목할 필요가 있다.

우선 장시조에 나타난 자수의 신축성은 다음의 표를 통해서 구체적으로 확인할 수 있다.

≪表 2≫ 各 章의 字數 및 頻度數

章 / 字數	初章 頻度數	中章 頻度數	終章 頻度數	章 / 字數	初章 頻度數	中章 頻度數	終章 頻度數
10			1	81		3	
11	2		3	82		3	
12	5	5	11	83		1	1
13	20	4	11	84		5	1

1) 김대행(1986), 『時調類型論』, 이화여자대학교출판부, 41쪽.

14	73	21	25	85		5	
15	104	26	67	86		2	
16	133	37	97	87		3	
17	76	22	89	88		2	
18	69	32	55	89		1	
19	44	26	56	90		1	
20	48	26	46	91		1	
21	33	16	49	92		4	
22	36	26	47	93		1	
23	14	10	45	94		5	
24	27	21	32	95		1	1
25	11	11	25	96		4	
26	18	17	13	97		2	
27	13	17	9	98		1	
28	10	25	22	99		2	
29	10	15	13	100		2	
30	13	12	12	101		1	
31	5	17	9	102		2	1
32	6	11	8	103		3	
33	10	9	8	104		1	
34	6	10	9	105		1	
35	2	15	6	106		2	
36	1	20	6	110		1	
37	3	11	4	111		2	
38	5	16	6	113		2	
39	2	13	4	114		1	
40	9	8	13	115		1	
41	3	3	4	116		1	
42	2	14	4	117		3	
43		10	2	118		1	1
44	3	9	1	120		1	
45	2	6	3	122		2	

46	1	8		123		1	
47	1	7	2	124		3	
48	4	4	2	125	1		
49	1	3		126		1	
50	1	4	4	127		2	
51		8	2	128			1
52	1	10	1	132		1	
53	1	5		133		1	
54	2	8		135			1
55	1	8		136		1	
56	3	7		138		1	
57	1	10		144		1	
58		4		152		2	
59	1	7	1	154		1	
60		3	1	155		1	
61		4	1	159		1	
62	2	4	3	165		1	
63		7		188	1		
64		5		192		1	
65		6		196		3	
66		7		209		1	
67		4		228		1	
68	1	8		247		1	
69		2		256		1	
70		3		260		1	
71		4		263		1	
72		5		267		1	
73	1	4		285		1	
74		5		294		1	
75		4		321		1	
76		6		365		1	
77		5		413		1	

78		3		437		1	
79		2		518		1	
80	1	3		733		1	
				合計[2]	843	839	839

다음은 위 표에서 제외된 결손 및 '章' 區分이 모호한 작품들을 정리한 것이다.

≪表 3≫ 缺損 및 '章' 區分이 模糊한 作品

番號 / 區分	作品番號	作品數	備考
缺損作品	119, 128, 302, 671, 755, 768	6[3]	中章 缺損 : 2首 終章 缺損 : 2首 中・終章 缺損 : 2首
'章' 區分이 模糊한 作品	196, 197, 198, 199, 220, 221, 286	7	
合計		13	

≪表 2≫는 각 장에 나타난 자수를 의미부와 종구를 중심으로 3분단하여 살펴본 것이다. 그 결과 장시조에 나타난 자수의 종류는 총 142개의 형태로 단시조에 비하여 매우 다양하게 나타나고 있음을 확인 할 수 있다. 구체적으로 초장은 49, 중장은 136, 종장은 52개의 형태로, 중장의 형태가 훨씬 큰 폭의 신축성을 나타나고 있으며, 초장과 종장은 대동소이한 결과를 보이고 있다. 그리고 ≪表 3≫은 결손 작품과 '장' 구분이 모호한 작품을 별도로 정리한 것이다. 이를 요약하면 다음과 같다.

① 初章

---

2) 초장에서 장 구분이 안 되는 작품 7수, 중장에서 결손작품 4수와 장 구분이 안 되는 작품 7수, 종장에서 장구분이 안 되는 작품 7수와 결손작품 4수를 각각 제외하였다.

3) <時大> 119(종장결), 128(종장결), 302(중장결), 671(중장결), 755(중장결, 종장결), 768(중장결, 종장결)이 각각 결손 되었다.

• 자수는 49개 형태의 다양성을 보이고 있다.
• 최저 자수는 11자부터 최대 188자까지 신축성을 보이고 있다.
• 가장 많이 나타나는 자수는 16자이며, 그 다음은 15자이다.

② 中章

• 자수는 136개 형태의 다양성을 보이고 있다.
• 최저 자수는 12자부터 최대 733자까지 신축성을 보이고 있다.
• 가장 많이 나타나는 자수는 16자이며, 그 다음은 15, 19, 20, 22자이다.

③ 終章

• 자수는 52개 형태의 다양성을 보이고 있다.
• 최저 자수는 10자부터 최대 135자까지 신축성을 보이고 있다.
• 가장 많이 나타나는 자수는 16자이며, 그 다음은 17자이다.

이상에서 살펴본 것을 종합하면 각 장의 자수는 최저 10자에서 최대 733자이며, 가장 많이 나타나는 것은 16자고, 그 다음은 17자이다. 또한 '章' 구분이 모호한 경우도 7수나 있음을 알 수 있었다. 이로써 장시조에 나타난 각 장의 자수는 단시조의 16자 내외에서 벗어나 매우 신축성이 크다는 것을 확인할 수 있다.

다음은 장시조의 총 자수와 빈도수를 살펴보고자 한다. 이러한 분석이 필요한 것은 시조가 가집에 수록된 형태가 줄글의 연속체이기 때문이다. 또한 장 구분이나 자수의 구분은 논자에 따라 상이하게 나타날 수 있다. 하지만 총 자수는 고정된 것이므로 장시조의 형태를 밝히는 데 중요한 요건으로 작용할 수 있다.

≪表 4≫ 總 字數 및 頻度數

字數 / 番號	總 字數	頻度數	字數 / 番號	總 字數	頻度數

1	50	2	80	130	1
2	51	21	81	131	5
3	52	33	82	132	2
4	53	26	83	133	4
5	54	24	84	134	4
6	55	31	85	135	5
7	56	25	86	136	5
8	57	21	87	137	1
9	58	28	88	138	3
10	59	15	89	140	6
11	60	9	90	141	2
12	61	23	91	142	3
13	62	17	92	143	2
14	63	12	93	144	2
15	64	13	94	145	1
16	65	11	95	147	2
17	66	11	96	148	1
18	67	19	97	149	3
19	68	16	98	150	2
20	69	13	99	152	1
21	70	11	100	153	3
22	71	14	101	154	3
23	72	13	102	155	1
24	73	11	103	156	3
25	74	14	104	157	2
26	75	13	105	158	1
27	76	10	106	159	1
28	77	9	107	160	1
29	78	3	108	161	2
30	79	11	109	162	1
31	80	6	110	163	1
32	81	6	111	164	1
33	82	10	112	165	2
34	83	8	113	166	1
35	84	5	114	167	1
36	85	6	115	169	1
37	86	4	116	170	2
38	87	7	117	171	2
39	88	4	118	174	1

40	89	8	119	175	1
41	90	9	120	178	1
42	91	3	121	179	1
43	92	6	122	180	1
44	93	8	123	182	1
45	94	3	124	185	2
46	95	5	125	186	1
47	96	8	126	193	2
48	97	3	127	197	1
49	98	5	128	198	2
50	99	4	129	207	1
51	100	2	130	209	1
52	101	5	131	215	1
53	102	3	132	218	1
54	103	3	133	233	1
55	104	6	134	234	1
56	105	5	135	238	1
57	106	7	136	244	1
58	107	6	137	245	1
59	108	6	138	250	1
60	109	6	139	252	1
61	110	2	140	270	1
62	111	5	141	276	1
63	112	2	142	279	1
64	113	3	143	300	1
65	114	5	144	301	1
66	116	6	145	303	1
67	117	2	146	306	1
68	118	3	147	339	1
69	119	4	148	366	1
70	120	3	149	373	1
71	121	6	150	394	1
72	122	7	151	400	1
73	123	3	152	415	1
74	124	8	153	468	1
75	125	4	154	498	1
76	126	1	155	569	1
77	127	2	156	698	1
78	128	2	157	816	1

79	129	3	合計	844[4)]

≪表 4≫은 장시조를 총 자수별로 분석한 것으로 총 157개의 형태로 나누어짐을 알 수 있으며, 100자가 넘는 작품도 상당수 존재함이 확인된다. 빈도수면에서도 52자가 33수, 55자가 31수, 58자가 28수, 53자가 26수, 56자가 25수순으로 비교적 짧은 형태에 집중되고 있음을 알 수 있다. 이를 요약하면 다음과 같다.

첫째, 총 자수는 157개 형태의 다양성을 보이고 있다.
둘째, 총 자수는 최소 50자부터 최대 816자까지 신축성을 보이고 있다.
셋째, 가장 많은 빈도수를 보이는 총 자수는 52자이고, 그 다음은 55자이다.
넷째, 100자 이상의 작품이 237수로, 이는 전체의 28%에 해당한다.

이러한 분석결과를 통해 알 수 있는 것은 장시조의 총 자수는 51~77자에 집중되어 있으며, 100자가 넘는 장형의 작품들이 상당수 눈에 띈다는 것이다. 이는 장시조가 자수에 있어서 단형과 장형의 양극적 현상을 보여주는 것이라 할 수 있다. 아울러 장시조의 자수는 단순히 단시조의 연장선상에서 비롯된 것이 아님을 증빙하는 것이기도 하다. 곧 장시조는 단시조가 총 자수에 있어 일정한 폭을 유지하고 있는 것과 달리 총 자수에 있어서도 다양성을 띠고 있으며, 또한 자수의 폭에 있어서도 신축성이 크다는 것을 알 수 있다.

2) 音步의 多樣性

한국시가의 율격 구조에 대한 연구는 여러 학자들[5)]에 의해 진행되어 왔다. 율격(律格; meter)은 '한 율동적 연속체 안에서 주기적으로 재발하는 동일성

4) 총 자수에서 결손작품 6수는 제외하였다.

5) 이에 관한 저서로는 조동일, 『韓國詩歌의 傳統과 律格』(한길사, 1982), 성기옥, 『韓國詩歌律格의 理論』(새문사, 1986), 김대행, 『우리 詩의 틀』(문학과비평사), 성호경, 『韓國詩歌의 形式』(새문사, 1999) 등이 있다.

의 한 고정된 도식화'로 정의되며,6) 시에 나타나는 측정 가능한 율동적 양식을 가리킨다. 또한 운율은 시가의 리듬인 '韻'과 '律' 두 가지를 아울러서 이르는 말이며 여기서 韻은 韻字의 제한, 즉 押韻을 뜻하고, 律은 律格을 지칭하는 것으로 통상적으로 사용하여 왔다. 그러나 시조의 율격은 그리 단순하지가 않으며, 특히 장시조의 율격은 아직도 논란이 계속되고 있다.

단시조가 대체로 4음보격을 유지하고 있는 반면 장시조는 각 장에 있어 일시적으로 율격적 특성을 보이고 있으나 파격을 보이고 있는 부분에서는 그 넘나듦이 자유롭게 나타나고 있어 다양성을 보이고 있다 하겠다. 이는 장시조의 율격이 단시조와 상당한 차이를 드러내고 있음을 의미하는 것이다. 이를 구체적인 분석을 통해 확인해 보고자 한다.

≪表 5≫ 各 章의 音步數

章 / 音步數	初章 頻度數	中章 頻度數	終章 頻度數	章 / 音步數	初章 頻度數	中章 頻度數	終章 頻度數
2	3	2	4	31		4	
3	12	8	23	32		3	1
4	498	148	386	33			1
5	111	80	160	34		1	
6	89	88	99	35		2	
7	40	52	58	36		2	
8	30	72	36	37		1	
9	15	36	25	38		3	
10	15	39	13	39		1	
11	6	26	12	40		1	1
12	7	36	5	43		1	
13	7	17	2	45		1	
14	3	24	2	46	1	1	
15	1	15	2	52		1	
16		23	4	53		1	
17	2	22	1	55		1	
18	1	13		56		1	

6) James Craig La Driere, "Prosody", Alex Preminger 외(편), Princeton Encyclopedia of Poetry and Poetics (Enlarged, London: Macmillan, 1974), 670쪽.

19		16		60		1	
20		17	1	62		1	
21		11		64		2	
22	1	5	1	70		1	
23		13		74		1	
24		5	1	78		1	
25		9		83		1	
26		5	1	86		1	
27		5		110		1	
28		4		112		1	
29	1	6		120		1	
30		4		196		1	
合計7)					843	839	839

장시조에 나타난 음보의 다양성을 살피기 위하여 자수와 마찬가지로 의미부와 종구를 중심으로 3분단하고 음보에 따라 나누어 살펴보았다. 그 결과 음보는 총 58개의 형태가 나타나고 있어 이 역시 단시조보다 매우 다양함을 할 수 있다. 구체적으로 초장은 19, 중장은 57, 종장은 23개의 형태를 보이고 있다. 이를 정리하면 다음과 같다.

① 初章

- 음보는 19개의 다양한 형태를 보이고 있다.
- 최소 음보 2음보부터 최대 46음보까지 다양하게 나타난다.
- 가장 많이 나타나는 음보는 4음보로 498수이며, 그 다음은 5음보로 111수이다.

② 中章

- 음보는 57개의 다양한 형태를 보이고 있다.
- 최저 음보는 2음보부터 최대 196음보까지 매우 다양하게 나타난다.
- 가장 많이 나타나는 음보는 4음보로 148수이며, 그 다음은 6음보로 88수에 해당한다.

7) 초장에서 장 구분이 안 되는 작품 7수, 중장에서 결손작품 4수와 장구분이 안 되는 작품 7수, 종장에서 장구분이 안 되는 작품 7수와 결손작품 4수를 각각 제외하였다.

③ 終章

- 음보는 23개의 다양한 형태를 보이고 있다.
- 최저 음보는 2음보부터 최대 40음보까지 다양하게 나타난다.
- 가장 많이 나타나는 음보는 4음보로 386수이며, 그 다음은 5음보로 160수에 해당한다.

이를 종합하면 각 장의 음보수는 최저 2음보에서 최대 196음보이며, 가장 많이 사용된 음보는 4음보이고 그 다음은 5음보인데 대체로 4~10음보에 집중되어 있음을 알 수 있다. 각 장에서 4음보가 많이 나타나고 있는 것은 단시조의 형식적 특성인 음보의 안정성에서 기인한 것으로 보인다. 그러나 4음보에서 벗어난 음보는 각 장에 있어 매우 다양성을 보이고 있다 하겠다.

다음은 장시조에 대한 총 음보수를 분류한 것이다.

≪表 6≫ 總 音步數 및 頻度數

番號＼音步	總 音步數	頻度數	番號＼音步	總 音步數	頻度數
1	6	1	33	39	6
2	8	1	34	40	5
3	10	1	35	41	2
4	11	2	36	42	3
5	12	12	37	43	5
6	13	106	38	44	2
7	14	96	39	45	3
8	15	70	40	46	3
9	16	63	41	47	5
10	17	56	42	49	2
11	18	42	43	50	1
12	19	41	44	52	1
14	20	30	45	54	1
15	21	25	46	58	2
16	22	26	47	61	2

<table>
<tr><td>17</td><td>23</td><td>13</td><td>48</td><td>62</td><td>1</td></tr>
<tr><td>18</td><td>24</td><td>19</td><td>49</td><td>65</td><td>1</td></tr>
<tr><td>19</td><td>25</td><td>14</td><td>50</td><td>66</td><td>3</td></tr>
<tr><td>20</td><td>26</td><td>15</td><td>51</td><td>68</td><td>1</td></tr>
<tr><td>21</td><td>27</td><td>20</td><td>52</td><td>70</td><td>1</td></tr>
<tr><td>22</td><td>28</td><td>15</td><td>53</td><td>74</td><td>1</td></tr>
<tr><td>23</td><td>29</td><td>20</td><td>54</td><td>78</td><td>1</td></tr>
<tr><td>24</td><td>30</td><td>11</td><td>55</td><td>82</td><td>1</td></tr>
<tr><td>25</td><td>31</td><td>6</td><td>56</td><td>90</td><td>1</td></tr>
<tr><td>26</td><td>32</td><td>12</td><td>57</td><td>91</td><td>1</td></tr>
<tr><td>27</td><td>33</td><td>12</td><td>58</td><td>95</td><td>2</td></tr>
<tr><td>28</td><td>34</td><td>16</td><td>59</td><td>98</td><td>1</td></tr>
<tr><td>29</td><td>35</td><td>8</td><td>60</td><td>125</td><td>1</td></tr>
<tr><td>30</td><td>36</td><td>8</td><td>61</td><td>129</td><td>1</td></tr>
<tr><td>31</td><td>37</td><td>11</td><td>62</td><td>133</td><td>1</td></tr>
<tr><td rowspan="2">32</td><td rowspan="2">38</td><td rowspan="2">9</td><td>63</td><td>216</td><td>1</td></tr>
<tr><td>合計</td><td></td><td>844[8)]</td></tr>
</table>

≪表 6≫는 장시조를 총 음보로 분석한 것인데 총 63개의 형태가 나타나고 있다. 빈도수 역시 13음보가 106수, 14음보가 96수, 15음보가 70수, 16음보가 63수 등으로 다양한 형태를 띠고 있음을 알 수 있다. 그리고 25음보가 넘는 작품도 239수나 되는데 이는 전체의 28%를 차지하는 것으로 장시조 음보의 다양성을 증명하는 것이라 할 수 있다. 한편 총 음보수가 한 수인 작품도 적지 않게 발견되는데, 이 역시 장시조가 다양한 음보수로 짜여 있음을 확인시켜주는 바라 하겠다. 이를 정리하면 다음과 같다.

첫째, 총 음보는 63개의 다양한 형태를 보이고 있다.
둘째, 총 음보는 최소 6음보부터 최대 216음보까지 다양성을 보이고 있다.
셋째, 가장 많은 빈도수를 보이는 총 음보는 13음보, 그 다음은 14음보이다.
넷째, 25음보 이상의 작품은 239수로, 이는 전체 28%에 해당한다.

---

8) 결손작품 6수는 제외하였다.

지금까지의 분석 결과에 따르면 장시조는 각 장의 자수와 음보, 그리고 총 자수와 총 음보수에 있어서 단시조와는 달리 각 장의 자수와 음보수가 다양하게 전개되고 있음이 확인된다. 이 역시 장시조가 단시조의 정형성을 확보하고 있으면서도 그것의 단순한 계승이 아니라 개방적 양상을 보이고 있음을 의미하는 것이라 할 수 있다. 즉 장시조가 단시조와 달리 신축성과 다양성을 강하게 띠고 있다는 것이다.

3) '章'의 可變性

장시조가 시조의 하위 장르로 분류되는 것은 무엇보다도 삼장의 형태를 유지하고 있다는 점이다. 실제로 장시조가 장형을 이루고는 있으나 그 변화의 폭은 대부분 삼장의 범위 내에서 이루어지고 있다. 그러나 여기서 주목되는 것은 삼장의 형식을 유지하면서 그 변화의 폭이 다양하게 나타나고 있는 가변적 특성이다. 장에 있어서는 한 장에서부터 삼장 전체가 변화를 보이기도 하고 각 장에 있어서는 초장에서부터 종장에 이르기까지 다양한 면모를 보이기도 한다. 그러나 장 구분에 있어 삼장으로 구분하기 어려운 작품도 있어 시조의 기본 형식인 삼장의 특성을 거부하는 경향도 있다는 것이다. 이는 장시조가 삼장이라는 기본 형식에서 일탈하는 경향을 주된 특성으로 하고 있음을 의미한다.

우선 장시조에 나타난 장의 가변성을 파형의 유형을 중심으로 살펴보고 이를 구체적인 작품들을 들어 살펴보는 가운데 확인해 보고자 하다.

《表 7》 破型의 類型과 作品數

類型 / 作品數		作品數	作品數
한 장이 破型인 形態	初章이 破型인 形態	52[9]	355
	中章이 破型인 形態	220[10]	

	終章이 破型인 形態	83[11]	
두 장이 破型인 形態	初・中章이 破型인 形態	131[12]	351
	初・終章이 破型인 形態	17[13]	
	中・終章이 破型인 形態	203[14]	
세 장이 破型인 形態	初・中・終章이 破型인 形態	121[15]	121
其他	缺損作品	11(5)[16]	6
	破型정도가 模糊한 作品	10[17]	10
	'章' 區分이 模糊한 作品	7[18]	7
合計		850	850

9) <時大> 3, 79, 100, 268, 5516, 432, 464, 563, 701, 710, 816, 877, 900, 1063, 1107, 1174, 1285, 1389, 1459, 1472, 5427, 1672, 5571, 1603, 1930, 2245, 2382, 2464, 2644, 5456, 2673, 2690, 3149, 3160, 3275, 5477, 3593, 3629, 3691, 3835, 3839, 4068, 4156, 4229, 4284, 4322, 4313, 4409, 4410, 4610, 4671, 4714.

10) <時大>15, 49, 37, 63, 70, 105, 118, 129, 138, 5505, 178, 1129, 226, 248, 257, 323, 365, 386, 398, 423, 447, 472, 476, 521, 540, 567, 572, 577, 584, 799, 654, 662, 663, 694, 702, 722, 731, 743, 758, 780, 832, 879, 885, 891, 906, 926, 936, 992, 949, 967, 1001, 1024, 1026, 1027, 1131, 1166, 1085, 1091, 1141, 1182, 1186, 1192, 1215, 1237, 1246, 1342, 1434, 1390, 1392, 1484, 1532, 300, 1532, 1542, 1584, 1596, 1623, 1636, 1699, 1701, 1716, 1723, 1744, 1765, 5533, 1781, 1786, 1884, 1898, 1905, 1938, 1940, 2177, 2065, 2074, 2098, 2100, 2114, 2122, 2146, 2208, 2251, 2326, 2392, 2413, 2479, 2507, 2509, 2523, 2522, 2553, 2556, 2563, 2574, 2589, 2628, 2635, 2664, 2668, 2689, 2705, 2763, 2768, 2770, 2772, 2774, 2778, 2800, 2802, 2803, 2825, 2845, 2585, 2904, 2910, 2918, 2927, 2934, 2839, 2969, 2974, 2988, 3011, 3015, 3016, 3020, 3024, 3054, 3066, 3096, 3098, 3101, 3121, 3145, 3147, 3165, 3211, 3222, 3345, 3369, 3395, 3439, 3456, 3471, 3485, 3571, 3505, 3523, 3526, 3643, 3642, 3656, 3683, 3635, 3705, 3730, 3736, 3744, 3759, 3776, 3781, 3829, 3911, 3935, 3951, 3952, 3953, 3965, 3979, 4007, 4011, 4081, 4131, 4144, 4158, 4205, 4214, 4244, 4247, 4281, 4327, 4346, 4364, 5491, 4451, 4481, 4517, 4521, 5746, 4545, 4552, 4564, 4587, 4644, 5758, 4698, 4700. 그 외 45(寫本), 303(樂高), 453(靈山歌 34)이 있다.

11) <時大> 26, 27, 217, 399, 449, 454, 522, 537, 594, 824, 831, 635, 637, 647, 653, 712, 718, 786, 5410, 1052, 5420, 1224, 1270, 1346, 1244, 287, 1387, 1435, 1461, 1546, 1662, 1587, 1613, 1690, 1696, 5431, 1989, 2008, 2128, 2242, 2323, 5446, 2460, 2475, 2549, 2568, 2611, 268, 2884, 2895, 2909, 2982, 3055, 3124, 5673, 5470, 3157, 3184, 3187, 5471, 3320, 3444, 3504, 3604, 3661, 3663,

3666, 3807, 5704, 3923, 3947, 4054, 4161, 4196, 4216, 5489, 4344, 4588, 4645. 그 외 20(?), 321(樂高 830), 597(龍潭錄)이 있다.

12) <時大> 42, 48, 57, 64, 78, 99, 150, 179, 206, 107, 211, 227, 251, 496, 538, 571, 628, 682, 864, 915, 927, 948, 950, 1036, 1064, 1107, 1163, 1175, 1329, 3758, 1366, 1402, 1549, 1552, 1576, 1639, 1578, 1579, 1581, 1608, 1591, 1674, 1784, 1787, 1834, 5595, 1875, 1899, 1924, 1956, 1984, 2153, 2165, 2001, 2156, 2015, 2032, 2034, 2051, 2084, 2092, 2110, 2164, 2200, 2347, 2370, 2371, 5627, 2389, 2391, 2457, 2481, 2538, 2692, 2693, 5647, 2698, 2809, 2829, 2941, 2968, 3045, 3092, 3119, 3142, 3319, 3339, 3370, 3419, 3471, 3517, 3491, 3490, 3565, 3650, 3651, 3672, 5696, 3652, 3693, 3760, 3770, 3822, 3840, 3834, 3833, 3859, 3898, 3960, 3987, 4107, 4117, 4142, 4290, 4299, 4317, 4329, 4352, 4400, 4489, 4492, 4494, 4554, 4466, 4569, 4667. 그 외 252(無名時調가本 78), 642(海一 636), 704(東國 361), 769(海一 478)가 있다.

13) <時大> 607, 657, 769, 864, 1317, 1606, 1887, 2407, 2586, 2621, 2894, 3574, 4095, 4533, 4554, 5397, 5404, 5546. 그 외 646(南太 48)이 있다.

14) <時大> 65, 67, 71, 80, 90, 106, 115, 121, 128, 152, 182, 210, 218, 233, 249, 255, 276, 277, 322, 326, 329, 351, 352, 353, 405, 444, 458, 490, 518, 585, 306, 744, 819, 601, 602, 606, 659, 660, 688, 709, 723, 752, 753, 761, 765, 771, 809, 5512, 939, 968, 1013, 1014, 1028, 1059, 1169, 1172, 1176, 1178, 1181, 1216, 1222, 1263, 1265, 1345, 1209, 1393, 1397, 1488, 1489, 1531, 5426, 1672, 1615, 1626, 1667, 1684, 1738, 1764, 1797, 1825, 1857, 1881, 1932, 1990, 2176, 2178, 2000, 2021, 2055, 2057, 2064, 2071, 2093, 2101, 5437, 2105, 2171, 2221, 2241, 2292, 2300, 2307, 2352, 2366, 2378, 2384, 2385, 2461, 2474, 2492, 5624, 2579, 2588, 2669, 2704, 2716, 2723, 2760, 2762, 2767, 2769, 2771, 2828, 2830, 2844, 2584, 5659, 2935, 2950, 2957, 2962, 2973, 3027, 3103, 5673, 3135, 3138, 3245, 3294, 3308, 3334, 3336, 3339, 3351, 3373, 3390, 3398, 3407, 3417, 3437, 606(?), 3449, 3469, 3525, 3490, 3537, 3558, 3561, 3569, 3583, 3596, 3597, 3639, 3645, 3693, 3715, 3743, 3745, 3798, 3802, 3842, 3881, 3883, 5482, 3922, 3931, 3956, 3969, 3981, 3985, 4052, 5702, 4106, 4189, 4201, 4208, 4228, 4239, 4295, 4305, 4374, 5492, 4439, 4477, 4496, 4500, 4510, 4519, 4532, 4534, 4657, 4659, 4664. 그 외 206(解我愁 42), 746(無名時調가本 56)이 있다.

15) <時大> 35, 72, 74, 76, 109, 132, 169, 181, 358, 552, 590, 595, 600, 834, 923, 1041, 1196, 1217, 1251, 1277, 1330, 1362, 1373, 1374, 1398, 1410, 1467, 1474, 1524, 1548, 1563, 1580, 1597, 1648, 1850, 1914, 2020, 2082, 2134, 2281, 2283, 2318, 2318, 2363, 2386, 2399, 2435, 2497, 2540, 2615, 2630, 2691, 2716, 2741, 2784, 2785, 2802, 2822, 2847, 2858, 2896, 2906, 5659, 2924, 3018, 3109, 3123, 3130, 3150, 3188, 3271, 3376, 3420, 3441, 3491, 3496, 5692, 3535, 3595, 3598, 3622, 3631, 3640, 3641, 3644, 3761, 3700, 3724, 3745, 3764, 3769, 3857, 3880, 3884, 3950, 3971, 4003, 5486, 4045, 4056, 4057, 4170, 4325, 4319, 4337, 4362, 4372, 4389,

≪表 7≫은 장의 가변성을 살피기 위하여 각 장에 나타난 파형의 정도를 정리한 것이다. 파형의 정도는 중장 한 장만 파형을 이룬 작품이 220수, 종장 83수, 초장 52수의 순으로 각각 나타나고 있다. 여기서 보면 중장 한 장의 파형이 가장 두드러지고, 두 장 이상 파격을 보인 경우는 중·종장이 203수로 많으며, 초·중장은 131수, 초·종장의 파형은 19수에 불과하다. 초·중·종장이 모두 파형을 보인 작품은 121수로 나타났다. 이 외에 결손으로 파형의 정도를 정확히 알 수 없는 작품도 6수나 있으며, 자수는 무려 60여 자가 넘으나 음보의 구분이 난해한 작품이 10수[19]가 있다. 또한 장 구분이 모호한 작품도 7수나 있어 장시조가 형식상의 일탈을 보여주는 것이라 하겠다. 즉 시조의 형식적 특성인 삼장에서 가변성을 보이고 있음을 의미하는 것이다.

다음은 이를 백분율로 정리한 것이다.

≪表 8≫ 章別 破型의 頻度數

區分 / 頻度	한 장	두 장	세 장	모호한 작품	合 計
破型 頻度數	355	351	121	23	850
百分率(%)	42	41	14	3	100

4405, 4411, 4413, 4416, 4488, 4489, 4508, 4530, 4535, 4589, 4640, 4668, 4712. 그 외 621(無名時調가本 78)이 있다.

16) 장시조는 고문헌에 기록되어 있는 상태가 글자를 판독할 수 없는 작품들이 있다. 일부 글자가 판독이 불가능한 것이 있고, 또는 어절이나 한 장 전체가 결손 된 작품도 있다. 그러나 여기서는 한 글자가 판독이 불가능한 것은 자수를 포함하여 자수와 음보수를 산정하였다. <時大> 604(종장결), 656(종장결), 1593(중장결), 3718(중장결), 5726(종장일부결), 4270(중장결, 초구결)은 제외하였고 <時大> 765, 2475, 3142, 3745, 3935는 파형에 포함하였다.

17) <時大> 726, 901, 1352, 1448, 3166, 3868, 3917, 4389, 4403, 4422.

18) <時大> 1198, 1199, 1200, 1203, 1201, 1202, 1577.

19) 이러한 형태의 작품들은 대부분 한시에 토를 달아 만들어진 작품들로 각 장의 자수는 파형을 보이고 있으나, 음보에 있어서 그 의미 분단을 명확히 할 수 없는 것들이다.

위의 ≪表 8≫을 보면 장시조의 파형의 정도를 쉽게 파악할 수 있다. 한 장이 파형인 것은 354수로 42%, 두 장은 352수로 42%, 세 장은 121수로 15%를 각각 차지하고 있다. 그런데 한 장과 두 장의 파형 빈도수가 유사하게 나타나고 있다는 점에 주목할 필요가 있다. 이는 장시조가 한 장 특히 중장의 파형을 보이고 있다는 기존의 결과와 배치되는 것이기 때문이다. 그것은 장시조가 단시조의 단순한 파형에서 비롯되었다는 학설을 부인하는 것과 함께 한 장 또는 두 장에서 골고루 파형이 이루어진다는 사실을 분명히 보여주는 것이라 하겠다.

다음 ≪表 9≫은 각 장별 파격 빈도수를 백분율로 산출한 것이다.

≪表 9≫ 各 章別 破型의 比率

章 / 頻度	初章	中章	終章	合計
破型 頻度數	52+131+17+121=321	220+131+203+121=675	83+17+203+121=424	1420
百分率(%)	23	47	30	100

위 표를 보면 가장 많은 파형을 보이고 있는 것은 중장으로 675개이며 전체의 47%에 해당한다. 종장은 424개로 30%, 초장은 321개로 23%를 각각 보이고 있다. 장시조의 중복된 파형의 정도에서는 중장이 가장 많이 나타나고 있으며 그 다음은 종장, 초장 순이다. 이러한 현상이 나타나는 것은 중장이 초장과도 연결되고 종장과도 연결되는 특성을 띠고 있을 뿐만 아니라 화자의 이야기를 구체적으로 진술하는 장이기 때문이다.

장시조의 파형은 중장을 중심으로 나타나고 있으나 전체적으로는 한 장 또는 두 장에서 다양하게 나타나고 있음을 확인하였다. 따라서 장시조는 삼장의 형식을 유지하면서 그 개방의 폭은 다양한 형태의 다면성을 보이고 있다 하겠다.

이러한 분석 결과를 통해 장시조의 '章'의 가변성을 살펴보고자 한다. 이를 '章' 구분의 모호성과 다면성으로 나누어 고찰해 보고자 한다.

(1) '章' 區分의 模糊性

지금까지 장시조의 형식적 특성은 단시조의 삼장 형식에서 발달하여 형태의 자유로움을 보여주는 것으로 인식하여 왔다. 하지만 장시조 중에 이러한 형식적 특성에 얽매이지 않은 작품이 상당수 존재한다는 사실은 그와 같은 전제를 수정해야 한다는 지적이 아닐 수 없다. 이는 또한 시조의 형식적 특성과의 차별성을 의미하는 것이기도 하다. 시조는 최초의 존재양상이 줄글로 되어 있지만 의미부를 중심으로 분단할 때 대부분 삼장으로 구분된다. 또한 고문헌의 기록으로도 삼장의 형태를 이루고 있음이 확인된다.[20] 장시조 역시 장형을 이루고는 있지만 대체로 의미 분단이 삼장의 형태를 띠고 있다. 그러나 적지 않은 작품에서 '章' 구분이 모호하게 나타난다. 이는 장시조가 형식적 측면에서 장의 모호성을 띠고 있는 것이며, 나아가 장의 가변성을 보이는 것이라 하겠다. 이것은 시조와의 동질성을 추구할 때 거론되는 삼장 형식이 장시조에 그대로 적용되지 않음을 의미한다.

<時大 1577> 밋난편 廣州ㅣ 빳리뷔 쟝ᄉ 쇼대 난편 朔寧 닛뷔 쟝ᄉ 눈경에 거론 님은 뚜짝뚜짝 두드려 방망치 쟝ᄉ 돌호로 가마 홍도깨 쟝ᄉ 뷩뷩도라 물레 쟝ᄉ 우물젼에 치다라 ᄀ댕ᄀ댕 ᄒ다가 위렁충창 풍 빠져 물 둠복 써내는 드레곡지 쟝ᄉ 어듸가 이 얼골 가지고 뇨릐 쟝ᄉ를 못 어드리

위 작품은 삼장 형식을 충분히 충족시켜 주지 못한다. <時大 1577>는 자신과 바람피운 장사치들을 나열하고 있는 연속체 작품인데, 일반적으로 삼장으

20) 時節短歌音調蕩 風冷月白唱三章. 柳晩恭, 『歲時風謠』.
請時調 厥娥斂容端坐 唱蒼梧山崩湘水絶之句 其聲哀怨悽切 不覺遏雲飛塵 滿座無不落淚矣 唱時調三章後 續唱羽界面一篇 又唱雜歌 安玟英, 『金玉叢部』157 竝書.

로 분단된 경우는 초장은 '밋난편 ~ 닛뷔쟝ᄉ'까지, 중장은 '눈경에 ~ 드레곡지 쟝ᄉ'까지, 종장은 '어듸가 ~ 못 어드리'로 분단되고 있다. 하지만 그렇게 인위적으로 나눌 경우 내용상 각 장의 구분은 모호해지는 한계가 있다. 왜냐하면 장사치들의 나열을 어디까지 분단해야 할지 명확한 기준을 제시할 수 없기 때문이다. 따라서 '章' 구분의 모호함을 보이고 있다 하겠다. 하지만 단시조의 경우는 삼장 중 한 장이라도 빠지게 되면 시상이 전달되지 않을 뿐만 아니라 각 장이 나름대로의 분명한 역할을 하면서 작품을 구성하고 있다. 다음의 작품을 보자.

<時大 1200> 장사꾼 : 덕들에 동난지이 사오
고　객 : 져 쟝스야 네 황후 긔 무서시라 웨는다 사쟈
장사꾼 : 外骨 內肉 兩目이 上天 前行 後行 小아리
八足 大아리 二足靑醬 ᄋᆞ스슥 ᄒᆞᄂᆞᆫ 동난지이 사오
고　객 : 쟝스야 하 거북이 웨지 말고 게젓이라 ᄒᆞ렴은

이 작품은 위에서 논의된 '章' 구분의 모호함을 넘어 형식상 삼장이 아닌 사장으로 구분되는 경우이다. 장사꾼과 고객이 주고받는 대화체 작품인데 이것을 삼장으로 나누려 함은 시조형식에 맞추기 위한 무리한 노력이라 할 수 있다. 즉 화자간의 대화를 주고받는 형식으로 화자의 변화를 통해 본다면 삼장이 아닌 사장의 형태로 보아야 할 것이다. 왜냐하면 의미부를 중심으로 구분한다면 화자의 변화는 결국 의미단락으로 구분해야 하기 때문이다. 대체로 장시조에 나타난 대화체의 작품들은 이처럼 장구분이 모호하거나 4장의 형태로 나타나는 경우가 적지 않다. 한편 대화체 장시조는 거래를 내용으로 하는 것이 많은데 이는 민요의 형식과 내용에서 많이 닮아 있다. 이러한 문학적 현상은 판소리 辭說의 경우와 같이 文語體 文學에 대한 口語體 文學의 登場 또는 오랜 동안 潛在하여 온 民衆文學의 上昇 浮刻으로 보는 것이 온당할 것[21]이다.

<時大 2723> 어리셕다 安周翁이 엇지 그리 못든고
功名에 ᄆᆡ엿던가 富貴예 얼켜든가
功名은 本非願이요 富貴는 初不親인데
무어세 걸잇겨 못가고셔
六十年 風塵속에 鬢髮만 희게 한고
放白鷴於天抹이란 陶淸節의 歸去來요
秋風忽憶松江鱸는 張使君의 歸思로다
오날이야 씨쳐스니 뭇지 말고 가리로다
一葉扁舟 흘니저어 마음ᄃᆡ로 쎠 갈젹의
身兼妻子都三口요 鶴與琴書共一船을
風飄飄而吹衣하고 舟搖搖而輕颺이라
빗머리에 빗긴 白鷗 가는 길을 引導하고
捩拕 뒤예 부는 바람 돗츨 미러 쌜니갈졔
浩浩蕩蕩하야 胸襟이 灑落하다
五湖예 范蠡舟ㅣㄴ들 시원하기 이만하랴
살가치 닷는 ᄇᆡ가 瞬息이 다 못ᄒᆞ야
한 곳즐 다ᄃᆞ르니
桃花源裏人家여늘 杏樹壇邊漁夫ㅣ로다
ᄇᆡ여 ᄂᆡ려 드러갈졔 ᄯᆡ 거의 夕陽이라
四面을 살펴보니 景槪도 奇異하다
山不高而秀雅하고 水不深而 澄淸이라
萬種桃樹 두른 곳예 三三五五 수문 집이
뒷수풀을 의지하야 젼역 煙氣 이르혀고
紅紅白白 빗난 쏫츤 느즌 안ᄀᆡ 무릅쓰고
고언 ᄐᆡ도 자라한다
流水의 써난 桃花 그 물밧게 나지 마라
紅塵의 무든 사람 武陵알가 두리노라
시ᄂᆡ을 因緣하야 졈졈 깁히 드러갈졔
한편을 발라보니 白雲이 어린 곳예
竹戶荊扉 두세집이 隱藰이 보이난ᄃᆡ
門前五柳 드릐엿고 石上三芝 쎄여낫다

21) 최태호(1984), 「辭說時調 形式考察」, 『論文集』 第7輯, 목원대학교, 65쪽.

문득 갓가이 다다라는 紫扉를 굿이 다다스니
門雖設而尙關이라 志趣도 깁푸시고
다만 보이고 들니는 바는 萬花深處松千尺이요
衆鳥啼時鶴一聲이 半空에 嘹亮하니
이 果然 뉘 집이로다
이졔야 離別 업슬 任과 함긔
남은 세上 몃몃히를 근심 업시 즐기다가
羽化登仙 하오리라.

이 작품은 安玟英의 『金玉叢部』에 실려 있는 것으로 장시조 중에서도 긴 작품에 해당된다.[22] 이를 삼장으로 나누어 보면 '어리셕다 ~ 못 듣고'까지를 초장, '功名에 ~ 집이로다'까지를 중장, '이졔야 ~ 하오리라'까지를 종장으로 보통 구분한다. 하지만 이 작품은 형식면에서 가사와 별 차이가 없는데 즉 삼장으로 구분하지 않고 이와 같이 歌辭體로 적어 놓고 보면, 더구나 그 길이가 長篇인 점에서도 가사와 구별하기 쉽지 않다. 더구나 초장과 중장을 구분하기는 아주 모호하다 할 수 밖에 없다.[23] 이외에도 길이 상으로나 내용의 분단으로도 연속체로서 가사와 유사한 작품들이 적지 않게 나타난다. 특히 삼장이 모두 파형을 보이는 작품들은 대체로 장형이 많으며, 형식에 있어서도 가사체를 띠는 경우가 적지 않다. 이것은 장시조와 가사의 경계가 모호해짐을 의미하는 것으로 상호간의 영향관계가 있음을 말해 주는 것이다.

이로써 장시조에는 장 구분이 모호하거나 사장의 형식을 취하고 있는 것들도 있어 형식의 개방성을 보여준다. 즉 장의 가변성은 단시조의 형식에서 벗어나 타 장르를 개방적으로 수용하는 과정에서 장시조화 된 한 현상이라 할 수 있다.

---

22) 이 작품이 장시조로 분류 가능한 것은 『金玉叢部』가 작가 자신의 시조들을 수집·정리하여 엮은 것이라는 점과 다른 가집이나 문헌에서 타 장르로 기록된 것을 찾아보기 어렵다는 점에서 우선 시조로 볼 수 있다.

23) 최태호(1984), 앞의 논문, 66쪽.

(2) '章' 破型의 多面性

앞서 논의한 장 구분이 모호한 작품을 제외하면 장시조는 대체로 삼장의 형태를 유지하면서 파형을 보이고 있다. 그런데 여기서 주목되는 것은 장 파형의 형태가 일정한 형식을 띠기보다는 다면적 특성을 보이고 있다는 점이다. 즉 한 장이나 두 장에서 파형을 보이거나 또는 삼장 모두가 파형을 보이기도 한다는 것이다. 또한 각 장은 초장, 중장, 종장, 초·중장, 초·종장, 중·종장, 초·중·종장 등의 7가지의 다양한 형태를 보이면서 장이 파형 되고 있다. 즉 장시조의 형태가 다면성을 띠고 있다는 것이다.

실제로 장시조는 타 장르의 歌詞를 수용하여 시조 삼장의 형식에 맞추다 보니 자연적으로 파형을 이루게 되는 경우가 많이 나타난다. 또한 단시조의 歌詞에 일부 내용을 부연 또는 첨가하여 장시조화 한 경우도 이와 같은 파형의 다면성을 부추기게 되었다. 결국 이러한 장 파형의 다면성은 장시조가 형식상 다양한 장르로부터 그 형태를 수용한데서 비롯된 것이라고 할 수 있다.

① 한 장만 破型인 形態

한 장이 파형인 장시조는 초장, 중장, 종장의 세 가지 형태로 나타난다. 이 경우는 대체로 두 장에서 단시조의 형식인 4음보격을 유지하면서 일부 한 장에서 내용이 확장된 개방적 형태를 보이는 것이다. 전체 작품 중에서 355수가 여기에 속하며 구체적으로 초장은 52수, 중장은 220수, 종장은 83수로 한 장의 파형에서는 중장이 압도적으로 많이 나타난다.

먼저 초장만 파형을 보이는 형태이다.

<時大 877> 녯 사ᄅᆞᆷ이 국담수를 마시고도 늘거 오래 사닷커든
오ᄂᆞᆯ날 이 내 술의 녯 고지 ᄯᅩ ᄢᅧ 인ᄂᆡ
진실로 이 잔곳 자시면 불노선이 ᄃᆞ외리라

<時大 5427> 민망ᄒᆞ다 긔 爲師ㅣ여 好勝乙 專主ᄒᆞ니 義理샹의 ᄂᆞᆷ이로다

改過ᄒᆞ라다가 ᄂᆞᆷ이 알면 부러 아니ᄒᆞ니
아마도 好從善이라사 氣從令일가 ᄒᆞ노라.

<時大 4284> 七歲孫男을 祖母도 안을쏘냐 七歲孫女를 祖父도 안을쏘냐
七歲男女 不同席은 兄弟姉妹예도 넛지 말게
아모리 夫婦間 至親至密이나 爲先有別 ᄒᆞ이셰라.

<時大 442> 國家 太平ᄒᆞ고 萱堂에 날이 긴 제 머리 흰 判書 아기 萬壽盃 드리ᄂᆞᆫ고
每日 오ᄂᆞᆯ ᄀᆞᄐᆞ면 셩이 무ᄉᆞᆷ 가싀리
아마도 一髮 秋毫도 聖恩인가 ᄒᆞ노라.

위 작품들은 초장에서 기준음보인 4음보에서 파형을 보이는 예들이다. <時大 877>는 제1구에서 1음보, <時大 5427>는 제1구에서 2음보, <時大 4284>는 제1구와 제2구에서 각각 1음보, <時大 442>는 각 구에서 4음보씩 파형을 보인다. <時大 877>는 제1구가 3음보, 제2구가 2음보로 구성되어 있는데, 이와 같이 초장 제1구가 파형을 보이는 작품들이 상당수를 차지한다. <時大 5427>는 제1구 2음보, 제2구가 4음보로 이루어졌으며, 章에서 2음보가 3번 중첩된 율격형태를 보여주고 있다. <時大 4284>는 제1구가 3음보, 제2구가 3음보로 각각 1음보씩 파형을 보이는데, 章에서 3음보가 중첩된 결과이다. <時大 4284>의 경우 자수율이 5·3·4의 일정한 규칙성을 보인다는 점에서 특이한 양상을 띤다. <時大 442>는 제2구가 4음보의 파형을 보이고 있다.

이상에서 보는 바와 같이 초장에서 파격을 보이는 작품들은 몇몇 작품들을 제외하고는 대체로 2음보 또는 3음보의 중첩을 보인다. 그 이상 음보가 파격을 띠는 경우는 일정한 율격규칙이 적용되지 않을 정도로 파격의 다양성을 보여준다.

다음은 中章만 破型인 形態이다. 중장이 파형을 보이는 장시조는 그 형태의 다양성으로 인하여 어떤 작품을 예로 들어야 할 지 곤란할 정도이다. 하지만 크게 파형의 정도로 살펴보면, 규칙적으로 파형을 보이는 작품들과 불규칙적으로 파형을 보이는 작품들로 양분해서 고찰할 수 있다. 먼저 규칙적으로 파형을 이루는 작품들을 예로 들면 다음과 같다.

<時大 1699> 白髮魚樵 江渚上에 慣看秋月 春風이로다
一壺濁酒로 喜相逢하야 古今 多小事 都付笑談中이로다山空夜靜ᄒᆞᆫ듸
잇다감 蜀魄이 울 제면 不勝慷慨 ᄒᆞ여라.

<時大 2522> 紫扉에 개 즛거늘 님이신가 반기 녁여
倒着衣裳ᄒᆞ고 傾側望見ᄒᆞ니 狂風이 陣陣ᄒᆞ야 捲簾ᄒᆞ는 소릐로다
含笑코 出門看ᄒᆞᆫ이 慙鬼慙天 ᄒᆞ여라.

<時大 2825> 言語도 不可不愼 飮食도 不可不節
言語로 文字에 미뤄 보고 飮食으로 財祿의 미뤄 보라
녯 聖人 頤卦 大象이니 우리 先訓 더옥 죠타.

<時大 2122> 三春色 ᄌᆞ랑 마소 花殘 後ㅣ면 蝶不來이라
昭君 玉貌 胡城土ㅣ오 貴妃 花客은 馬嵬塵이라 蒼松 綠竹은 千古節이나 碧桃 紅杏은 一年春이로다
져 님아 光陰은 本是 無情之物이니 앗겨 무슴 ᄒᆞ리오.

위 작품들은 중장이 파형을 보이고 있는 예들이다. <時大 1699>는 기준음보에서 1음보가 파격을 이룬 예로 제4구가 3음보를 이루고 있다. <時大 2522>의 제4구인 '狂風이~소릐로다'가 4음보를 취하면서 파형을 보이고 있는데, 중장 전체는 2음보가 3번 중첩된 규칙성을 띠고 있다. <時大 2825>는 제3구와 제4구에서 각각 1음보씩 파격된 형태로 3음보의 중첩되는 규칙성을 띠고 있다. <時大 2122>는 제3구는 2음보의 율격을 이루고 있으나 제4구는 6음보로 4음보가 파격을 보이고 있다. 하지만 전체적으로는 2음보가 4번 중첩된 규칙성을 띠고 있다. 이처럼 중장에서 파격을 보이는 작품들은 일정한 율격적 특성을 보이면서 파형을 보이는 것도 있다.

다음은 음보의 불규칙성이 크게 나타나는 대표적 작품들이다.

<時大 105> 간밤의 불든 바람 金聲이 宛然하다
孤枕 單衾에 相思夢 훌처 찌여 竹窓을 半開하고 默然히 안자 보니 萬里長空에 夏雲은 흐터지고 千仞 巖上에 찬 기운 어려 잇다 庭前에 蟋蟀聲은 離恨을 아뢰난 둣 秋菊에 맷치인 이슬 別淚를 먹음은 둣 殘流 南橋에 春鶯은 已歸하고 素月 東嶺의 秋猿이 슬피 운다
任 여흰 이 내 마음 이 밤새우기 어려워라.

<時大 2705> 陽春이 布德ᄒᆞ니 萬物이 生光輝라
우리 聖主는 萬壽無疆 ᄒᆞᄉᆞ 億兆ㅣ願戴己ᄒᆞ고 群賢은 忠孝ᄒᆞ야 愛民至治ᄒᆞ고 老少에 벗님네도 無故無恙커늘 名妓歌伴期會ᄒᆞ야 細樂을 前導ᄒᆞ고 水陸珍味 五六駄에 金剛山 도라 들어 絶對名勝 求景ᄒᆞ고 醉ᄒᆞᆫ 잠이 꿈을 ᄭᅮ니 꿈에 ᄒᆞᆫ 늙은 즁이 邀我引導ᄒᆞ야 吳楚 東南景과 齊州九點烟을 歷歷히 盤迴ᄒᆞ며 其間의 英雄豪傑들의 ᄌᆞ최를 무를 ᄶᅥᆨ에 夕鐘聲에 ᄭᅵ고거나 朝飯을 ᄌᆡ촉ᄒᆞ야 望月 懷陵으로 正菴齋室 霽月光風 水落山寺 玉流川에 塵纓을 씨슨 後에 文殊菴 中興寺에 軟泡 杯酒ᄒᆞ고 晴日에 登臨 白雲峰ᄒᆞ니 咫尺 天門을 手可摩ㅣ라 萬里 江山 遠近 風景이 眠底에 森羅ᄒᆞ야 丈夫의 胸襟에 雲夢을 삼켯는 둣 브른 ᄇᆡ 나려 오니 簫鼓는 暄天하야 洞壑이 울히는 둣 山影樓 올라 안ᄌᆞ 花煎에 點心ᄒᆞ고 伽倻ㄱ고 검은 고에 가즌 嵇笛 섯겻는ᄃᆡ 南歌女唱으로 終日토록 노니다가 扶王寺 긴 洞口에 軍樂으로 드러간 이 左右에 섯는 將丞 分明이 반기는 둣 往來 遊客들은 못ᄂᆡ 부러 ᄒᆞ돗드라
암아도 壽域春臺에 太平閒民은 우리론가 ᄒᆞ노라.

위의 예는 중장의 파격이 가장 심한 작품들이다. 중장의 자수나 음보가 초장과는 달리 상당히 확장될 수 있음을 단적으로 보여주는 예라 하겠다. 그렇기 때문에 이러한 유형의 장시조에서 일정한 규칙을 찾아내는 것은 불가능하다고 본다. 비교적 짧은 형태에서는 일정한 율격적 특성을 띠고 수 있으나

장형화될수록 율격은 불규칙적으로 나타나고 있다는 것이다. 220수나 되는 작품이 이를 방증해 준다.

끝으로 終章만 破型인 形態이다. 종장이 파형을 보이는 작품은 중장에 비해 상대적으로 그 빈도수가 적다. 종장은 초구 3자를 확보해야 하는 규칙과 가곡집에서 종장 종구를 부르지 않는다는 특성으로 인해 4음보가 아닌 3음보로 끝나게 되는 경우가 종종 발생한다. 그렇다 보니 종장의 특성을 이야기할 때면 몇 가지 조건들이 따라 붙게 된다. 그런데 여기서는 파형에 관한 논의이므로 종장 초구의 3자에 대한 형식적 제약은 제외하기로 한다. 또한 일부 가집의 경우 종장 종구를 생략하여 부르지 않으므로 그것의 기준이 모호하다. 그러므로 종장이 3음보인 경우도 정격으로, 5음보이상인 것을 파형으로 삼았다. 이는 두 장이 파형인 경우와 삼장 모두가 파형인 경우에도 해당된다.

<時大 537> 今生 百年 다 놀고셔 來生 百年 다시 노셰
桑田 碧海 다 되도록 世世 生生 이여 노셰
아모리 天荒코 地老ᄒᆞᆫ들 ᄂᆡ 情죠ᄎᆞ ᄭᅳᆫ흘 쥴이 잇스랴.

<時大 1696> 白馬는 欲去長嘶ᄒᆞ고 青娥는 惜別 牽衣ㅣ로다
夕陽은 已傾西嶺이오 去路는 長程 短程이로다
아마도 이 님의 離別은 百年 三萬 六千日에 오ᄂᆞᆯ ᄲᅮᆫ인가 ᄒᆞ노라.

<時大 26> 가ᄆᆞ귀 가ᄆᆞ귀ᄅᆞᆯ 좃ᄎᆞ 들거고나 뒷 東山에
느러진 고향남게 휘느느니 가ᄆᆞ귀로다
ᄉᆡᄂᆞᆫ 날 뭇 가ᄆᆞ귀 ᄒᆞᆫᄃᆡ ᄂᆞ려 뒤덤벙 덤벙 두루 덥져겨 ᄡᆞ흐니
아모 그 가ᄆᆞ귄줄 몰ᄂᆡ라.

위의 예는 종장이 파형을 보인 작품들이다. <時大 537>는 제6구에서 1음보의 파격을 가진다. '天荒코 地老ᄒᆞᆫ들'은 7음절로 과음절이지만 전체적으로는 1음보인 것이다. 이와 같이 제6구에서 1음보의 파격을 보이는 것이 종장 파형의 특징이다. <時大 1696>는 제6구가 2음보, <時大 26>는 제6구가 4음보로

각각 파격을 띤다. 이중 <時大 26>는 종장의 파형이 가장 긴 작품이다. 종장의 파형은 이와 같이 1음보 내지는 2음보가 파격을 보이는 경우가 주를 이루고 있다.

② 두 장이 破型인 形態

두 장이 파형인 장시조는 초·중장, 초·종장, 중·종장의 세 가지 형태로 나타난다. 이 경우는 각 장에서 한 장만 시조의 형식을 유지하고 나머지 장에서 파형을 보이는 형태라 하겠다. 전체 작품 중에서 351수가 여기에 속하며 구체적으로 초·중장은 131수, 초·종장은 17수, 중·종장은 203수로 두 장의 파형에서는 중·종장이 많은 빈도수를 보이고 있다.

먼저 初·中章이 破型인 形態이다.

<時大 4494> ᄒᆞᆫ 희도 열두 달이오 閏朔 들면 열 석달이 ᄒᆞᆫ 희오니
ᄒᆞᆫ 달도 셜흔 날이오 그 달 적으면 스므 아흐릐 그으느니
밤 다섯 낫 일곱 씩의 날 볼 할니 업스랴.

<時大 2968> 玉도츼 돌도츼 니 무되든지 月中 桂樹ㅣ 나남기니 시위도다
廣寒殿 뒷 뫼헤 잔 다복솔 셔리여든 아니 어득 져뭇ᄒᆞ랴
져 달이 김뮈곳 업스면 님이신가 ᄒᆞ노라.

<時大 206> 건곤이 유의ᄒᆞ여 남ᄌᆞ를 내이시고 세월이 무정ᄒᆞ여 장부 간장 다 녹인다
우리도 이리 져리ᄒᆞ여 어듸로 가ᄌᆞ더냐 듁장을 집고 망헤를 신어 천리 강산 드러 가니 폭포도 장이 조타마는 려산이 여긔로다 비류직하 삼천쳑은 녯말노 드럿더니 의시은하 락구텬은 듯든 말보다 셩ᄒᆞᆫ 비라 그 골이 깁고 메ᄂᆞᆫ 놉하 별유건곤이오 인간은 아니로다 긔암 긔석이 졀승ᄒᆞᆫ 듸 쳐다 보니 만학이오 굽어 보니 빅시디라 허리 굽은 늙은 장송 광풍을 못이 긔어 우줄 우줄ᄒᆞ는구나 가다 오다 오다 가다 일간 초옥 앙정ᄒᆞᆫ 곳에 아랑ᄒᆞᆫ 부인이 침ᄌᆞ를 ᄒᆞ누나 슈견안이 화견접이오 견슈홍안 이제 죽엇구나 물 본 기

력기 산 넘어가며 쏫 본 나뷔가 담 넘어 갈가 님 본 쟝부는 쏙 죽어구나 쟝부의 심ᄉᆞ가 별우러워 와락 달녀 드러 셤셤옥수를 뷔여잡고 ᄒᆞᄂᆞᆫ 말이 여보 마루러 이 내 말숨 드러 보소 옛날 로인ᄒᆞᄂᆞᆫ 말숨이 사ᄅᆞᆷ의 싱ᄉᆞ지권이 열시왕님 명부뎐 좌하에 쏙 미왓다더니 금시로 당ᄒᆞ여 마루러님 좌하에 쏙 미왓구나
춤아 진정 네 화용 ᄀᆞᆫ졀ᄒᆞ여 못살갓구나.

위의 예는 초·중장이 파형인 작품들이다. 초·중장이 파형인 작품은 위에서 보는 바와 같이 일정한 자수와 음보를 갖춘 것은 드물다. 여기서는 다만 형식적 특징을 살피기 위하여 초장과 중장이 동시에 파형인 경우를 예로 들었다. <時大 4494>는 초장과 중장의 제2구와 제4구가 각각 1음보씩 파형을 이루고 있다. <時大 2968>는 초장의 제1구와 제2구가 각각 1음보의 파형을 보여 3음보, 중장의 제3구는 2음보로 된 경우이다. <時大 206>는 초장과 중장이 파형을 보인 작품 중 가장 긴 경우다. 초장은 제1구와 제2구에서 2음보씩의 파형을 보이고 있으며, 중장은 총 음보가 83음보로 79음보나 파형 되었다. 그런데 이와 같이 장형의 파형을 보이는 경우 대부분 중장에서 큰 폭으로 나타남을 알 수 있다.

다음은 初·終章이 破型인 形態이다.

<時大 5546> 뉘라 壯士라던고 楚覇王 당적하리 뉘 잇스리
江東子弟 八千人의로 江을 건네 오랴 할 졔
吳馬入江 項壯士라 英雄節士 一世雄이 이 ᄲᅮᆫ인가.

<時大 657> 洛陽 東村 梨花亭에 麻姑仙女 집의 술 닉단 말 반겨 듯고
青驢에 鞍裝 지어 金돈 싯고 드러가 가셔
兒孩也 淑娘子 계신야 門밧긔 李郎 왓다 살오라.

<時大 1606> 바ᄅᆞᆷ은 안아 닥친 드시 불고 구진 비는 담아 붓 드시 오는 날
밤에 님 차져 나선 양를 우슴 이도 잇건이와
비바ᄅᆞᆷ 안여 天地 飜覆ᄒᆞ야든 이 길리야 아니 허고 엇지 하리오.

위의 예는 초장과 종장이 파형을 보인 작품들이다. <時大 5546>는 초장과 종장의 제2구와 제6구가 1음보씩 파형으로 3음보가 되었다. 두 장이 파형인 작품 중에서 비교적 짧은 형태라 할 수 있다. <時大 657>는 초장은 제2구가 4음보로, 종장은 제6구가 3음보로 각각 파형된 경우이다. <時大 1606>도 초・종장이 파격인 작품으로 초장은 제1구와 제2구가 각각 1음보, 종장은 제6구가 3음보로 1음보의 파형을 보이고 있다.

초・종장이 파형인 작품들은 이상에서 보는 바와 같이 다른 두 장이 파형을 보이는 작품에 비해 짧은 형태를 띤다. 또한 빈도수에 있어서도 중장의 파형을 포함하고 있지 않기 때문에 상대적으로 적게 나타난다. 이는 내용을 확대시켜 나가는 중장이 개입되지 않아서 생기는 현상이라 할 수 있다. 그러나 비록 적은 수의 파형의 모습이기는 하지만 파형의 또 다른 단면을 보여주고 있는 예라 하겠다.

끝으로 中・終章이 破型인 形態이다.

<時大 352> 공명이 갈건야복으로 남병산 상봉에 올나
칠셩단 모고 동남풍 빈 년후에 단하로 ㄴㅣ려가니
히즁에 일엽 소션 타고 안저 기다리ᄂᆞᆫ 장사는 조자룡인가

<時大 353> 공명이 갈건야복 남병산 상상봉에 올라
칠셩단 도두 뭇고 하ᄂᆞ님 젼의 비ᄂᆞ이다 동남풍 빌어낸지 삼일만에 졍긔황긔ᄂᆞᆫ 셔북으로 펄펄 날아셔 셩셩 뎡봉의 니마 눈썹을 근질너 내니 뎡봉이 필마 단긔로 남병산 샹샹봉에 올나 셰셔 보니 다만 잇ᄂᆞᆫ 거슨 동ᄌᆞ 뿐이라 야야 동ᄌᆞ야 너희 션싱이 계신가 보아라 그 동ᄌᆞ ᄃᆡ답ᄒᆞ되 우리 션싱님은 앗가 단하로 ᄂᆡ려 갓ᄉᆞ오니 쇼동은 아지 못ᄒᆞᄂᆞ이다 뎡봉이 분긔를 춤지 못ᄒᆞ여 필마 단창으로 남병산 ᄂᆡ려 강변을 당도ᄒᆞ니 다만 잇ᄂᆞᆫ 군ᄉᆞᄂᆞᆫ 슈군 장졸뿐이로다 이야 슈군 장졸아 이지 공명이 일노 ᄂᆡ려 왓스니 네가 간 곳을 ᄌᆞ셰히 ᄃᆡ지 아니 ᄒᆞ면 내 ᄒᆞᆫ 창에 잔명을 보젼치 못 ᄒᆞᆯ 터이니 네 빨리 ᄃᆡ여라 그 군ᄉᆞ ᄒᆞᄂᆞᆫ 말이 이지 공명 션싱이 발 싯고 산발ᄒᆞ

여 일엽 쇼션 타고 강샹으로 둥둥 ᄯᅥ나 갓ᄂᆞ이다 셔셩은 륙디로 ᄯᆞ르며 뎡봉은 ᄇᆡ를 타고 ᄯᆞ를 ᄌᆞ음에 압헤 가ᄂᆞᆫ 져긔 져 ᄇᆡ야 그 ᄇᆡ에 공명이 ᄐᆞᆺ거든 거긔 잠간 닷 노와라 ᄌᆞ룡이 내다보니 좃ᄎᆞ오ᄂᆞᆫ 쟝슈ᄂᆞᆫ 뎡봉이라 ᄌᆞ룡이 텰궁에 왜젼을 먹여 좌궁을 쏘ᄌᆞᄒᆞ니 우궁으로 졋고 우궁을 쏘ᄌᆞ ᄒᆞ니 좌궁으로 져즐가 즁 압흘 놀가 즁 뒤를 놀가 망셜이다가 ᄶᅡᆨ지 손을 진듯 발마 노으니 비거공즁에 번긔 ᄀᆞᆺ치 ᄀᆞᄂᆞᆫ 살이 뎡봉탄 ᄇᆡ 돗ᄃᆡ 즁동을 와ᄌᆞ직근 맛쳐 부러치니
ᄇᆡᆺ머리 빙빙 돌아 갈 졔 비ᄂᆞ이다 비ᄂᆞ이다 공명과 ᄌᆞ룡은 텬위탄 쟝슈요 셔셩과 뎡봉은 다만 졔 분긔 ᄲᅮᆫ이로다.

위의 예는 중장과 종장이 각각 파형을 보인 작품들이다. <時大 353>는 중장의 제3구가 1음보의 파형을 보여 3음보로 되었으며, 종장도 제6구가 1음보 파형을 보여 3음보로 된 경우로 단형에 해당한다. <時大 353>는 중·종장이 파형을 보이는 작품 중 가장 긴 형태의 것으로 중장이 112음보로 장형을 띠고 있으며, 종장은 제6구가 10음보로 8음보가 파형을 보이고 있다. 이는 중장이 길어질 경우 종장의 형태에도 영향이 미칠 수 있음을 보여주는 것이라 할 수 있다.

③ 세 장이 破型인 形態

세 장이 파형인 장시조는 초·중·종장을 모두 포함하는 것으로 전체 작품 중에서 121수가 여기에 속한다. 한 장과 두 장의 파형에 비해서 적은 수라 할 수 있지만 한편으로는 시조의 모습에서 가장 벗어난 형태로 장시조의 형태적 개방성을 확연하게 보여주는 경우라 할 수 있다.

<時大 2741> 어와 게 누옵신고 거넌 佛堂 동녕僧이 내올너니
홀 居士 혼ᄌᆞ 가시ᄂᆞᆫ 방 말독 겻희 내 숑낙 걸나 와ᄉᆞᆸ더니
오냐야 걸기ᄂᆞᆫ 거러라커니와ᄂᆞᆫ 훗말 업시 ᄒᆞ여라.

<時大 4640> 紅塵을 이믜 下直ᄒᆞ고 桃源을 차자 누엇스니 六十年 世外 風浪

꿈이런듯 可笑롭다

이 몸이 閑暇ᄒᆞ야 山水의 遨遊헐 제 一小舟의 不施篙艫ᄒᆞ고 風帆 浪楫으로 任其所之ᄒᆞ올 져긔 水涯에 觀魚ᄒᆞ며 沙際에 鷗盟ᄒᆞ야 飛者 走者와 浮子 躍者로 形容이 익어스니 疑懼홀 ᄇᆡ 잇슬 것가 杏亶의 ᄇᆡ를 ᄆᆡ고 釣坮에 긔여올나 고든 낙시 드리우고 石頭에 조으다가 漁夫의 낙근 고기 柳枝예 ᄢᅦ여 들고 興치며 도라올 제 園翁野叟와 樵童 牧豎를 溪邊의 邂逅ᄒᆞ야 問桑麻 說杭稻할 제 杏花村 바라보니小橋邊 쓴 술집이 靑帘酒 날니거날 緩步로 드러가셔 ᄭᅩᆺ츠로 籌 노으며 酩酊이 醉한 후의 東皐의 긔여 올나 슈파람 ᄒᆞᆫ 마듸를 마음ᄃᆡ로 길게 불고 다시금 뇌여 ᄂᆡ려 臨淸流而賦詩고 ᄒᆞ고 撫孤松而盤桓타가 黃精을 ᄶᅡ여 들고 집으로 도라 들 제 芳逕의 나는 ᄭᅩᆺ츤 衣巾을 침노ᄒᆞ고 碧樹의 우는 ᄉᆡ는 流水聲을 화답ᄒᆞᆫ다 문 압페 다다라는 막ᄃᆡ을 의지ᄒᆞ야 四面을 살펴보니 夕陽은 在山ᄒᆞ고 人影이 散亂이라 紫綠이 萬狀인데 變幻이 頃刻이라 松影이 參差여늘 禽聲은 上下로다 山腰의 兩兩笛聲 쇠 등의 아희로다 俄已오 日落西山ᄒᆞ고 月印前溪ᄒᆞ니 羅大經의 山中이며 王摩詰의 網川인들 여긔와 지날 것가 뜰 가온ᄃᆡ 드러셔니 셤ᄯᅳᆯ 밋테 어린 蘭草 玉露의 눌녀 잇고 울 가의 셩긘 ᄭᅩᆺ츤 淸風의 나붓긴다 房안의 드러가니 期約 둔 黃昏月이 淸風과 함긔 와셔 불거니 비취거니 胸襟이 灑落ᄒᆞ다 瓦盆의 듯는 술을 匏樽으로 바다니야 任과 홈긔 마조 안져 드러셔로 勸할 져게 黃精菜 鱸魚膾는 山水를 가츄미라 嗚嗚咽咽 洞簫聲을 ᄂᆡ 能히 부러스니 淸風七月 赤壁勝遊ㅣ 여긔와 彷佛ᄒᆞ다 거문고 잇그러셔 膝上의 빗겨 놋코 鳳凰曲 ᄒᆞᆫ바탕을 任 시켜 불니면셔 興ᄃᆡ로 집허스니 司馬相如 鳳求凰이 여긔와 미츨것가 竹窓을 밀고 보니 달이 거이 나지여늘 밤은 ᄒᆞ마 五更이라 솔 그림ᄌᆞ 어린 곳의 鶴의 꿈이 깁허거늘 ᄃᆡ슈풀 우거진데 이슬 바람 션을ᄒᆞ다 玉手을 잇쓸고셔 枕上의 나아가니 琴瑟友之 깁흔 情이 뫼 갓고 물 갓타야 連理에 翡翠여늘 綠水의 鴛鴦이라 巫山의 雲雨夢이 여긔와 엇텃턴고 문노라 벗님네야 安周翁의 悅心樂志 이만ᄒᆞ면 넉넉ᄒᆞ야

이 後란 離別을 아조 離別ᄒᆞ고 桃源의 길이 숨어 任과 함긔 즐기다가 元命이 다 ᄒᆞ거든 同年同月 同日時에 白日昇天 ᄒᆞ오리라.

위의 예는 초・중・종장이 파형인 작품들이다. <時大 2741>는 초장 제2구,

중장 제4구, 종장 제6구에서 각각 1음보의 파형을 보여 3음보를 띠고 있는 경우이다. <時大 4640>는 초장이 8음보로 4음보, 중장은 196음보로 192음보, 종장은 10음보로 6음보가 각각 파형을 보이는데, 중장으로 인해 장형을 이루고 있다. 초·중·종장이 파형을 보이는 경우는 위에서 보는 바와 같이 단형과 장형이 동시에 나타나는 특징을 보인다. 이처럼 장시조는 시조 삼장의 형태를 유지하면서 삼장 전체가 파형을 보이는 개방적 특성을 보이게 된다. 또한 일부 작품에서는 시조의 형식을 유지하고 있지만 장 구분을 달리하면 다른 장르로 편입할 수 있는 장르상의 가변성도 함께 지니고 있음을 알 수 있다.

지금까지 파형의 다면성을 고찰해 보았다. 장시조 가운데 단형의 파형은 대개 1음보나 2음보의 확장을 보이면서 파격되어 단시조와 유사함을 보이고 있으나 장형의 파격일수록 그 율격적 특성이 불규칙하게 나타나고 있어 장시조의 율격을 규정하기가 쉽지 않다. 다만 지금까지의 형태로 볼 때 한 장이 파형인 경우는 나머지 장에서 단시조의 형태를 찾아볼 수 있었다. 또한 삼장이 모두 파형인 경우에서는 단시조의 모습을 찾아볼 수 없었다. 그러므로 장시조의 형태를 의미 맥락이나 음보수로 파악하는 것은 재고의 여지가 있다 하겠다. 이는 지금까지의 통계로도 확인되는데, 장시조를 음보로 나눌 경우 초장이 최저 2음보에서 최대 46음보, 중장은 최저 2음보에서 최대 196음보, 종장 역시 최저 2음보에서 최대 40음보까지 활용이 가능하다. 따라서 장시조에 나타난 파형의 다면성은 결국 형식상의 개방적 특성으로 볼 수 있으며, 이러한 개방적 특성이 장시조의 성격을 규정한다고 하겠다.

4) 終章 初句와 終句의 變轉性

시조의 형식적 특성 중 3분단의 특성만큼이나 절대적 규칙을 부여받고 있는 것이 종장 초구이다. 이러한 초구의 특성은 시조 삼장과 더불어 다른 장르의 시가문학과 구분되는 이유라 하겠다. 또한 종장 종구는 시상이 집약되는 곳으로 어떠한 종구를 사용했느냐에 따라 전체적 시상을 결정짓는 요소라 할 수 있다. 다만 단시조에서는 종구에 무의미한 어휘를 사용함으로써 가창하지 않는 경우도 있으나 일부 가집을 제외하고는 대부분의 가집에 생략하지 않고 기록하고 있다. 이러한 기록들은 시조의 종구가 무의미성을 지니고 있음에도 불구하고 그 나름의 역할을 수행하고 있기 때문이라 하겠다. 하지만 이러한 단시조의 종장 초구와 종구는 장시조로 넘어오면서 그 절대성이 일정부분 와해되는 현상을 보이고 있으며, 또한 어휘는 물론 자수와 의미에 있어서도 상당부분 변전하고 있음을 알 수 있다. 즉 이러한 초구와 종구의 변전은 장시조의 형식적 특성에서 개방의 한 현상으로 볼 수 있는 것이다. 따라서 장시조에 나타난 초구와 종구의 변전성을 살펴 장시조의 개방적 양상을 밝혀보도록 하겠다.

(1) 初句의 語彙와 字數

시조를 시조답게 만드는 결정적인 단서는 종장구조에서 찾을 수 있다. 지금까지의 연구 성과만 보더라도 시조 종장구조의 중요성이 입증되는 셈이다[24]. 종장 초구가 시조 전체의 중심점이 된다[25]는 조윤제의 지적은 이에 대한 단적인 언급이라 하겠다. 뿐만 아니라 종장 초구는 종장 內句語 第2句는 詩意的 전제가 되고, 종장 內句語 第2句는 初句에 의해서 주제의 방향이 결정된다는 지적 역시 시조 종장구조의 중요성을 부각시키는 것에 다름 아니다. 이러한 시조 종장 초구의 자수에 대한 분석은 서원섭에 의해서 가능해졌다. 그는『校本 歷代時調全書』에 수록된 단시조 2,759수의 종장 초구를 분석하면서 3자가 여기에 사용된 자수 중 절대적 우세를 나타내고, 어휘로는 '아마도'가 가장 많이 사용되고 있음을 밝혀냈다.[26] 한편 정주동과 유창식도 珍

24) 양주동(1968),『古歌硏究』, 일조각, 129쪽.
김사엽(1962),『李朝代의 歌謠硏究』, 학원사, 124쪽.
최동원(1980),『古時調 硏究』, 100쪽.

25) 조윤제(1948),『朝鮮詩歌의 硏究』, 乙酉文化社, 266쪽.

本『青丘永言』에서 종장 초구로 '아마도'와 '두어라'가 제일 많은 빈도수를 보여주고 있다[27]고 하였다.

---

26) 서원섭(1982), 『時調文學研究』, 형설출판사, 442쪽. 그는 『校本 歷代時調全書』에 수록된 3335수의 시조 중 2,759수의 단시조에 사용된 각 음보의 자수를 분석하였다. 그 중 종장만을 인용해 보면 다음과 같다.

章	音步 音節	第1音步	第2音步	第3音步	第4音步
終章	2	22	1	29	39
	3	2,698	7	109	1,966
	4	24	108	2,470	586
	5	1	1,119	105	22
	6		869	21	2
	7	1	507	9	

이로써 단시조에서 종장 초구가 3자인 경우는 2,698수로 전체 98%를 차지하고 있음을 밝혔으며 대표 어휘와 시조수를 자음의 순서대로 정리 해 놓았다.

계열별	대표어휘	시조수	어휘수
ㄱ	그밧긔	238	137
ㄴ	뉘라셔	148	102
ㄷ	童子야	209	47
ㄹ	來日은	4	2
ㅁ	每日의	96	57
ㅂ	밤中만	128	76
ㅅ	世上에	225	137
ㅇ	아마도	1,141	232
ㅈ	至今에	285	90
ㅊ	출하로	127	64
ㅌ	太白이	6	5
ㅍ	平生에	39	17
ㅎ	ᄒᆞ물며	102	55
계		2,748	1,021

27) 정주동・유창식(1987), 『珍本 青丘永言』, 1987, 68쪽. 어휘와 빈도수를 살펴보면, 아마도(25), 두어라(21), 아희야(19), 어즈버(19), 엇덧타(17), 우리도(17), 眞實로(14), ᄒᆞ물며(12), 어듸셔(12), 이몸이(9), 출하리(6), 夕陽에(6), 平生에(5), 이밧긔(5), 每日에(5), 아모나(5), 잇다감 (4), 이後란((4), 아므리(4), 醉ᄒᆞ고(4), 님向ᄒᆞᆫ(4), 至今히(3), 므스일(3), 江湖에(3), 一生에(3), 이즁에(3), 고은님(3), 모쳐라(3), 님아님아(3), 기타(2)

그런데 지금까지 시조 종장 초구에 대한 연구는 대부분 단시조에 한정되어 왔다. 그 결과 장시조의 종장 초구에 대한 논의[28]는 미미할 수밖에 없었다. 그나마 서원섭의 논의가 있어 장시조의 종장 초구에 대한 기준을 설정할 수 있었다. 그는 장시조의 경우 자수에 있어서는 84.5%를 차지하고 있어 단시조보다는 조금 떨어지나, 어휘에 있어서는 250수에 148개를 사용하고 있으며, 이 중 2회 이상 사용된 것이 127수에 30개로 1회만 사용된 118개의 어휘와 거의 백중세[29]임을 밝혀내었다. 하지만 해당 작품의 수가 너무 적어 장시조 전반에 대한 분석이라고 하기에는 아쉬운 감이 없지 않다.

시조에서 종장 초구는 형식상 매우 중요한 의미를 갖는다. 따라서 장시조에 나타난 종장 초구의 어휘 및 자수를 살펴 성격 및 특성을 파악하는 일 역시 매우 중요하지 않을 수 없다. 따라서 장시조에 나타난 초구가 단시조의 것과 어떻게 달라지고 있는지를 살피는 것은 장시조의 형식과 내용의 특성을 밝히는 작업의 하나라 할 수 있다. 이를 통해 장시조의 초구가 단시조와 달리 어떠한 개방적 양상을 보이고 있는지를 밝히고자 한다.

여기서는 편의상 장시조의 초구에 대한 논의는 어휘와 자수로 나누어 고찰해 보도록 하겠다.

① 語彙

먼저 장시조 850수에 나타난 종장 초구의 어휘와 빈도수를 살펴보면 다음과 같다.

≪表 10≫ 初句의 語彙와 頻度數

番號 \ 語彙	語 彙	頻度數	番號 \ 語彙	語 彙	頻度數
1	아마도	112	42	아모나	3

28) 졸 고(2004), 「蔓橫淸類의 硏究」, 목원대 석사논문, 22~27쪽.

29) 서원섭(1982), 앞의 책, 452쪽.

2	우리도	31	43	그나마	3
3	진실노	23	44	우리	2
4	둣다가	18	45	차라로	2
5	兒孩야	17	46	날다려	2
6	지금에	16	47	증점의	2
7	엇더타	13	48	이몸이	2
8	우리는	12	49	다만	2
9	동자야	10	50	비느니	2
10	흐물며	10	51	너나히	2
11	아모리	9	52	뭇죠아	2
12	밤中만	9	53	大醉코	2
13	져님아	8	54	글짓고	2
14	춤으로	8	55	가기는	2
15	그중에	7	56	이후란	2
16	잇다감	6	57	우리의	2
17	平生에	6	58	이제야	2
18	춤아	6	59	每日에	2
19	아희야	6	60	그곳디	2
20	어듸셔	6	61	추라리	2
21	님아님아	5	62	그려도	2
22	네부모	5	63	어긔야	2
23	이슥고	5	64	一生에	2
24	그곳에	4	65	야속타	2
25	이中에	4	66	아서라	2
26	門밧긔	4	67	紗窓의	2
27	人生이	4	68	아므려	2
28	千古에	4	69	蒼天이	2
29	모쳐라	4	70	죽은後	2
30	장사야	4	71	저근너	2
31	져건너	3	72	청춘지년을	2
32	世上에	3	73	님그려	2
33	萬一에	3	74	그르사	2
34	夕陽에	3	75	엇그제	2
35	그밧게	3	76	져듕아	2
36	그러나	3	77	그제야	2
37	언제나	3	78	네져리	2
38	어즈버	3	79	이後란	2
39	각시너	3	80	이너	2
40	이튼날	3	81	져중아	2

41	丈夫의	3			
合計	491				

다음은 단 1회만 사용된 어휘들이다.

≪表 11≫ 1回 使用된 初句

번호	어휘	번호	어휘	번호	어휘	번호	어휘	번호	어휘
1	歸蜀道	71	고기낙는	141	琴瑟이	211	길아릐	281	이때에
2	南陽	72	人間七十	142	美哉라	212	진회를	282	ᄂᆡ뒤에
3	江山	73	空山落月	143	陶淵明	213	아미나	283	人命이
4	若今摩詰로	74	一身이	144	밤이면	214	明天이	284	ᄒᆞᆫ지븨
5	내잡아	75	가ᄯᅳᆨ에	145	갑주고	215	夜長코	285	果然的
6	平生銀屛	76	敎化	146	百年이	216	그건너	286	人性은
7	歲歲年年의	77	보션	147	百里도	217	귤닉ᄌᆞ	287	仁旺山
8	日慘慘兮여	78	이둘	148	百姓이	218	네져리	288	져아기
9	청춘홍안을	79	ᄧᅥ단니다	149	벗님ᄂᆡ	219	二八青春	289	인ᄌᆡ야
10	春風	80	가ᄃᆞᄀᆞ지	150	唐詩에	220	임이라	290	ᄒᆞᆨᄂᆞᆯ긔
11	ᄉᆞ랑	81	내보니	151	邊利란	221	車치고	291	출하로
12	일쌍	82	東行萬里	152	病드러	222	구룸이	292	聖代에
13	妾이	83	여바라	153	보내고	223	그곳지	293	淸風과
14	업는	84	三時出望	154	달삭여	224	어인지	294	ᄒᆞᄂᆞᆯ이
15	그즁	85	未信人間	155	不得已	225	저장수	295	任여흰
16	일라	86	前春三月	156	不成功	226	저ᄀᆡ야	296	朝廷이
17	生前富貴와	87	寒泉	157	데례도	227	뭇쳐로	297	空山이
18	青春之年을	88	그ᄇᆡ	158	비바ᄅᆞᆷ	228	돌ᄯᅳᄌᆞ	298	終古로
19	天外	89	ᄎᆞᆷ진정	159	그너머	229	언의제	299	어희야
20	글노	90	鸗雀도	160	그뉘가	230	언저긔	300	자ᄂᆡ들
21	人生	91	寒衣處處	161	그남은	231	牽牛織女	301	ᄒᆞ라고
22	말잘하는	92	南枝發	162	드러가	232	天君이	302	愛婢
23	無情하고	93	누고셔	163	사ᄅᆞᆷ은	233	ᄂᆞᆷ의의	303	情이
24	이포	94	금강수	164	山堂에	234	多病所須	304	청상에

25	가고	95	글르ᄉᆞ	165	山학이	235	우리갓ᄒᆞᆫ	305	後生에
26	萬古	96	女中君子	166	살롬도	236	萬古遺經	306	어어라
27	님의	97	님으로	167	南山의	237	박랑ᄉᆞ중	307	張子房
28	나를	98	玉顔滿堂	168	네엇지	238	吳馬入江	308	쟝창은
29	이슐	99	楚襄王의	169	湘水上	239	回首落霞	309	존약ᄒᆞᆫ
30	즘셰	100	그제야	170	상직야	240	열ᄒᆞ고	310	너짐즛
31	和尙	101	그중이	171	男兒의	241	옛날에	311	天下에
32	地下	102	져개야	172	年豊코	242	잠씌여	312	欸乃曲
33	千峰	103	오늘도	173	西山에	243	오냐야	313	天下의
34	문을	104	來日은	174	舒州ᄉᆞ	244	거아희놈	314	前後의
35	나의	105	긔아희	175	君修德	245	져상직중	315	홀居士
36	어부	106	당ᄉᆞ야	176	녯聖人	246	寄語人間	316	丁寧이
37	謀計	107	五花馬	177	先人의	247	長相思	317	峽裏에
38	어와	108	오늘은	178	그것도	248	玉盤에	318	제敢이
39	殘柳	109	ᄒᆞ건이와	179	聖德이	249	家傳에	319	行人도
40	접홀	110	來年도	180	君不見	250	희중에	320	孤臣兮
41	금됴	111	日暮鄕關	181	다ᄆᆞᆫ당	251	져달이	321	含笑코
42	盞觴	112	百八念珠	182	世人이	252	碧空에	322	아무도
43	너와	113	江南에	183	셔씨넌	253	우리가	323	風塵에
44	요너	114	洞庭湖	184	셕양에	254	不遇에	324	져러툿
45	오날에	115	네부터	185	셩닌의	255	崇禮門	325	何事로
46	할니나	116	十一二月	186	셰샹의	256	우읍다	326	가다가
47	俄已오	117	듀소로	187	小僧은	257	雲宵의	327	ᄆᆡ일에
48	勸홀젹에	118	生逢堯舜	188	손아래	258	雲梯를	328	東方에
49	月態花容	119	들고도	189	水上에	259	願컨대	329	그젓틔
50	먼듸님	120	놉흐나	190	그리든	260	月沈沈	330	ᄉᆡᄂᆞᆫ날
51	아홉다	121	九月山中	191	十年을	261	이後란	331	舟子야
52	獨守空房ᄒᆞ여	122	그뒤에	192	葛巾에	262	貧寒코	332	ᄭᅮᆷ인지
53	自今爲始ᄒᆞ야	123	柯枝란	193	아마릐	263	이밧긔	333	지ᄉᆡᆨ는
54	爵祿不及門을	124	늙게야	194	아모나	264	어ᄂᆞ째	334	가득히
55	聞道河陽이	125	져런병의	195	인제ᄂᆞᆫ	265	이왕에	335	進進코
56	ᄉᆡᆼ각ᄒᆞ면은	126	무셥고	196	귀ᄒᆞ고	266	光陰이	336	草臺에
57	總爲浮雲이	127	泰平키는	197	아므나	267	광쇠은	337	하널히

58	듀야쟝쳔에	128	님이야	198	萬山에	268	쉰밥이	338	픠기ᄂᆞᆫ
59	青鶴白鶴은	129	나도야	199	그대를	269	ᄒᆞᆫ달이	339	밤다섯
60	前前에	130	기럭이	200	갓독에	270	四時에	340	沛然히
61	鰍生不才로	131	門前에	201	俄而오	271	가련타	341	퍽안즌
62	出師未捷身先死ᄒᆞ니	132	狂風에	202	나죵의	272	건밧틔	342	人不同
63	況彌天下公物이라	133	그지야	203	漢南에	273	이날을	343	千載後
64	夕陽中騎牛笛童이	134	億兆蒼生	204	그러헌	274	이도리	344	平生의
65	秋風吹不盡ᄒᆞ니	135	冬셧달	205	아기씨	275	졉ᄒᆞᆯ곳	345	十里에
66	花不待二三之月	136	네졀이	206	俄已오	276	이뒤란	346	놉이셔
67	醉時歌無人知我心ᄒᆞ니	137	三九二十	207	水朴에	277	遠近에	347	어릴샤
68	醉翁牧老ㅣ空文藻ᄒᆞ니	138	青春少妾	208	슬푸다	278	殷民이	348	座中이
69	南郭隱几聞地籟ᄒᆞ니	139	그아리	209	莫德의	279	짝ᄉᆞ랑의		
70	閣中帝子今安在ㅣ고	140	旅館에	210	내몸이	280	암은		
合計	348								

≪表 10≫과 ≪表 11≫은 장시조의 종장 초구를 정리한 것이다. 이를 보면 839수에 사용된 어휘는 총 429개임을 알 수 있다. 이 중 2회 이상 사용된 어휘도 78개로 전체 작품의 59%로 491수이며 1회만 사용된 어휘는 348개로 41%에 달한다.

위 표를 중심으로 장시조에 나타난 종장 초구의 어휘 분포를 정리하면 다음과 같다.

첫째, 어휘 수는 429개의 다양한 어휘들이 사용되었다.

둘째, 가장 많이 사용된 어휘는 '아마도'고, 그 다음은 '우리도'이다.

셋째, 단 1회만 사용된 어휘는 총 348개이다.

넷째, 한자구로 된 어휘는 모두 46개이다.

다섯째, 유의미적 어휘가 많이 사용되었다.

장시조에 가장 많이 사용된 어휘는 '아마도'로 112회이며, 그 다음이 '우리도', '진실로', '듯다가' 순이다. 이와 같이 '아마도'가 단시조와 장시조에 공통적으로 가장 많이 사용된 것은 장시조가 단시조의 작품경향에 영향을 받은 것이 아닌가 한다. 한편 장시조에 사용된 초구는 단시조보다는 다양한 어휘들이 나타나고 있으며, 무의미한 초구보다는 유의미한 것들이 상당수 사용되었음을 위 표를 통해 확인 할 수 있다.

이러한 현상은 사실적인 내용들을 표현하고자하는 작자의 의도와 다양한 장르의 원사가 수용되었음을 짐작하게 한다. 따라서 장시조는 단시조의 초구에서 상당부분 변전하였음을 알 수 있다. 구체적인 작품들을 통해 앞서 언급한 특성들을 살펴보고자 한다.

<時大 4281> 七年之旱과 九年水에도 人心이 淳厚터니
　國泰民安ᄒᆞ고 時和歲豊ᄒᆞ되 人情은 險陟千層浪이오 世事ᄂᆞᆫ 危登百尺竿이로다
　아마도 古今이 다른 줄을 못ᄂᆡ 슬허 ᄒᆞ노라.

<時大 4299> 콩 밧틔 드러 콩 닙 쓰더 먹ᄂᆞᆫ 감은 암쇼 아므리 이라타 ᄧᅩ츤들 제 어듸로가며
　니불 아래 든 님을 발로 툭 박ᄎᆞ 미젹 미젹ᄒᆞ며셔 어셔 가라 ᄒᆞᆫ들 날 ᄇᆞ리고 제 어드로 가리
　아마도 빠호고 못 마를 슨 님이신가 ᄒᆞ노라.

위 두 작품은 종장 초구에 '아마도'를 사용한 예이다. <時大 4281>는 초장과 종장이 4음보로 정격인데 반해 중장만 6음보로 2음보의 파형을 보이는 작품이다. 장시조의 전형적인 형태인 이러한 유형의 작품들에서 드러나는 공통점은 초장과 중장이 漢字句에 토만 단 형식을 취한다는 것이다. 이는 단시조 또는 한시의 영향을 받아서 나타난 현상이라 할 수 있다. <時大 4299>는 초

장과 중장에서 3음보의 파격을 보이는 것에 반해 종장은 4음보를 취하고 있다. 그런데 전체적인 표기 형태가 순 한글로 한자어나 한자구는 그 어디에도 없으며 내용 또한 서민적인 내용을 담고 있다. 이는 서민적인 가사에 단시조의 초구를 모방적으로 수용한 것이 아닌가 한다.

<時大 1825> 鳳凰臺上 鳳凰有ㅣ러니 鳳去臺空 江自流ㅣ로다
　吳宮花草 埋幽逕이오 晋代衣冠 成古邱ㅣ라 三山은 半落靑天外여ᄂᆞᆯ 二水中分 白鷺洲ㅣ로다
　摠爲浮雲이 能蔽日ᄒᆞ니 長安을 不見 使人愁ᄅᆞᆯ ᄒᆞ더라.

<時大 179> 개를 여라믄이나 기르되 요 개ᄀᆞᆽ치 얄믜오랴
　뮈온 님 오며ᄂᆞᆫ ᄭᅩ리를 홰홰 치며 ᄯᅱ락 ᄂᆞ리ᄯᅱ락 반겨서 내ᄃᆞᆺ고 고온 님 오며ᄂᆞᆫ 뒷발을 버동버동 므르락 나으락 캉캉 즈져셔 도라가게 ᄒᆞᆫ다
　쉰밥이 그릇 그릇 난들 너 머길 줄이 이시랴.

위의 예는 종장 초구로 한번밖에 사용되지 않은 작품들이다. <時大 1825>의 작품에서 '摠爲浮雲'은 4자로 이루어진데다가 한자구로 되어 있다. 그리고 초·중·종장 모두가 한자어에 토를 단 형태를 취하고 있다. 이를 통해 작자층을 단정할 수는 없으나 적어도 한자의 식견이 있는 식자층임은 짐작할 수 있다. <時大 179>는 개를 등장시켜 불륜을 해학적으로 노래하고 있거니와 종장 초구에서도 '쉰밥이'를 사용함으로써 서민적 분위기를 한층 드러낸다. 종장 초구에서 이와 같은 유의어를 사용하고 있다는 사실은 단시조와 구분되는 장시조만의 특색이기도 하다.

요컨대 장시조는 단시조와 달리 다양한 어휘 및 유의미적 어휘가 사용된 것이 특징이다. 따라서 단시조에 나타난 어휘의 특성에서 일정부분 변전되고 있음을 확인할 수 있다.

② 字數

앞에서 여러 번 언급한 바와 같이 시조 종장 초구의 자수가 3음절임은 절대적이다. 그렇다면 장시조에서도 이 같은 현상이 그대로 적용되는지를 밝히는 일은 그 형식적 특징을 규정짓는 데 있어 반드시 필요한 절차라 할 수 있다. 장시조에 나타난 종장 초구의 자수에 대한 분석결과는 다음과 같다.

≪表 12≫ 初句의 字數와 頻度數

區分 / 番號	字數	頻度數
1	2	53
2	3	709
3	4	51
4	5	14
5	6	3
6	7	2
7	8	2
8	9	4
9	10	1
合計		839

≪表 12≫에 나타난 초구의 특징을 정리하면 다음과 같다.

첫째, 자수는 최소 2자부터 최대 10자까지 분포되어 있다.

둘째, 가장 많은 빈도수를 보이는 자수는 3자인데, 이는 전체 709수로 85%에 해당하며 그 다음은 2자, 4자로 각각 53수, 51순이다.

셋째, 종장 초구가 3자가 아닌 것도 130수나 있다.

단시조의 경우 종장 초구가 3자인 작품은 『歷代 時調全書』에 수록된 3,335수 중 98%이상[30]에 해당한다. 그러나 장시조는 이와 같은 규칙을 적용받는

30) 서원섭(1982), 앞의 책, 442쪽.

작품이 85%로 단시조보다 11%가량 떨어짐을 알 수 있다. 또한 자수의 분포에 있어서도 다양하게 분포되고 있음을 알 수 있다. 결국 장시조는 단시조 종장 초구의 형식적 특성에서 일정부분 일탈하게 되었으며, 이것은 결국 장시조가 형식적 특성에서 개방적 양상을 보이고 있음을 의미하는 것이라 하겠다.

<時大 2588> 아마도 太平ᄒᆞᆯ ᄉᆞᆫ 우리 君親 이 時節이야
聖主ㅣ 有德ᄒᆞ샤 國有風雲慶이오 雙親이 有福ᄒᆞ니 家無桂玉愁ㅣ로다
億兆蒼生이 年豊을 興계워 白酒 黃鷄로 喜互同樂 ᄒᆞᄂᆞᆺ다.

<時大 4247> 醉時 歌此曲을 無人聞 我不要 醉花月이요
我不要 樹功勳 樹功勳도 也是浮雲 醉花月도 也是浮雲이로다
醉時歌無人知我心ᄒᆞ니 只願長劍 奉明君ᄒᆞ노라.

<時大 538> 금셰상에 못ᄒᆞᆯ 거슨 ᄂᆞᆷ의 집 님ᄭᅴ다 졍 드려 놋코 말 못ᄒᆞ니 ᄋᆡ연ᄒᆞ고 ᄉᆞ졍치 못ᄒᆞ니 나 죽갓고나
ᄭᅩᆺ이라고 ᄯᅳᆺ어 내며 닙히라고 훌터 내며 가지라고 휘여 ᄂᆡ며 희동청 보라ᄆᆡ라고 제밥을 가지고 구게낼가 눈만 썸벅 고ᄀᆡ만 ᄊᆞᆫ듯 츄파 여러번에 님 후려 내여 안닌 밤즁에 딥신에 감발ᄒᆞ고 월장 도쥬로 담 넘어 가니 ᄉᆡ아비 귀먹장 화냥잡년석은 ᄂᆞᆷ의 속ᄂᆡᄂᆞᆫ 아지도 못ᄒᆞ고 아닌 밤즁에 밤사ᄅᆞᆷ 왓다고 휘날릴 젹에 이 내 삼촌 간장이 츈셜이로구나
ᄎᆞᆷ아 진졍 가산 뎡쥬 가로 막혀서 나 못 살갓네.

<時大 182> 개야미 불개야미 준등 부러진 불개야미
앞 발에 疔腫 나고 뒷발에 죵귀 난 불개야미 廣陵 십재 너머드러 가람의 허리를 ᄀᆞ르 무러 취혀 돌고 北海를 건너닷 말이 이셔이다
님아님아 온 놈이 온 말을 ᄒᆞ여도 님이 짐작 ᄒᆞ쇼셔.

<民謠 1> 님아님아 정든님아 날버려라 날버려라

네가싫어 날버리면 말도없고 숑도없고
내가싫어 널버리면 말도많고 숑도많다
님아님아 정든님아 싫은듯이 날버려라 (「韓民集 Ⅱ-1266」)

위의 예는 종장 초구가 3자가 아닌 작품들이다. <時大 2588>는 종장 초구가 5자인 '億兆蒼生이'이며, 한자구에 토를 단 형식을 취하고 있다. <時大 4247>는 종장 초구가 10자인 '醉時歌無人知我心ᄒᆞ니'로 장시조 중 종장 초구가 가장 긴 작품이다. 이처럼 한시에 토를 달아 장시조화한 경우는 대부분 종장 초구가 3자를 넘는 경우가 많다. 단시조가 한시를 수용할 경우 초장과 중장에 각각 배치하고 종장은 종장 초구를 맞추면서 새로운 내용을 추가하는 반면 장시조는 그러한 형식적 조건을 갖추지 않고 원시 그대로를 원용하는 형식의 자유로움을 보인다. 또한 자수와 어휘에 있어서도 단시조와 달리 변전하고 있음을 알 수 있다. 더불어 장시조가 한시를 수용하는 한 예라 하겠다.

<時大 538>는 종장 초구가 2자인 '춤아'인 예이다. 이는 <時大 2588>와 <時大 4247>와 달리 구어체 방식을 취하고 있는 점이나 내용상으로 보더라도 서민적인 분위기를 느낄 수 있는 작품임에 틀림없다. <時大 182>는 종장 초구가 4자인 '님아님아'이다. 일부 논자는 '님아님아'를 중장의 끝에 붙여 읽고 종장 초구를 '온 놈이'로 하여 형식적으로 3자를 맞추는 경우도 있으나 문맥의 흐름상 이는 적절치 못하다. 왜냐하면 '님아님아'는 호격으로 쓰였기 때문에 대상을 불러 환기한 다음 본격적인 내용을 전개하는 것이 일반적이기 때문이다. 또한 시조뿐만 아니라 다른 시가장르인 고려속요나 민요에서 이러한 호격은 각 장의 앞에 오는 것이 일반적이다. 따라서 '님아님아'는 중장의 끝이 아닌 종장의 앞의 초구로 사용하는 것이 타당하다 하겠다. 한편 장시조가 단시조와 마찬가지로 종장 초구 3자의 절대규칙을 지키는 장르였다면 '님아님아' 대신에 '저님아' 정도로 바꾸는 융통성을 발휘할 수 있었을 것이다. 그러나 그렇게 하지 않은 것은 <民謠 1>에 보는 바와 같이 민요의 어휘를

그대로 사용하다 보니 굳이 자수를 맞출 필요가 없었기 때문이라 할 수 있다. 즉 장시조가 유연한 형태를 지향했음을 말해주는 것이다. 또한 민요의 가사를 수용하면서 나타난 현상임도 짐작할 수 있다.

곧 종장 초구가 3자가 아닌 2자 또는 4자 이상인 경우가 130여 수나 된다는 사실은 장시조가 형식적 특성에 구애받지 않는 장르라는 점을 보여는 것이다. 다시 말하면 종장 초구의 3자 규칙이 장시조의 창작에 영향을 미치지 않았다는 점이다. 오히려 타 장르의 사설을 율격에 구애받지 않고 사용하였다. 실제로 앞에서 보인 한시나 민요적인 내용을 장시조화한 것은 이를 확인시켜 주는 예라 하겠다.

(2) 終句의 語彙와 文型

시조의 종장 종구는 詩意 구조상 큰 의미를 갖지는 않는다. 시조를 唱할 때는 종구를 부르지 않고, 그렇기 때문에 歌集의 記寫에 있어서도 이 종구를 생략하는 것[31]으로 되어 있다. 이에 대해 이태극 교수는 통계숫자를 제시하면서 오히려 끝을 생략하므로 여운이 있고 호소력이 더해지는 것[32]이라고도 하였지만, 이것만으로 시조 종구에 대한 기능 연구를 부추기지는 못했다.[33] 그러나 장시조의 경우는 이와 사뭇 다르다. 어떠한 종구로 종결했느냐에 따라 그 성향이 달라지기 때문이다. 즉 사대부적 성향의 일반적인 종구를 썼는가 아니면 민요풍의 종구를 썼는가에 따라 시적 화자의 심정이나 작품의 성

---

31) 김동준(1980), 「時調終章의 詩語構造論」, 『韓國文學研究』 第3卷, 동국대 한국문학연구소, 100 ~101쪽.

32) 이태극은 4·3조 구성으로 된 1,831수 중 'ᄒᆞ노라'가 834개, '하여라'가 142개, 'ᄒᆞ더라'가 83개로 도합 1,059개가 해당되는 원작품들은 이 끝 3자가 없어도 무방하며, 오히려 끝을 생략함으로써 여운이 있고 호소력이 더해지는 것이라고 하였다. (「古時調의 終章終句의 構造的 研究」, 1978. 참조)

33) 시조의 형식적 측면에서 종장 종구에 대한 연구는 많이 이루어졌으나, 의미기능에 대한 연구는 많지 않은 실정이다. 그것도 초기 종구에 대한 연구결과를 따르는 추세에 있다.

격 및 작자층의 성향까지도 파악이 가능하다는 것이다. 그러므로 장시조 종구의 형식상 특성과 의미기능에 대한 고찰은 중요하다 하겠다. 이러한 사실은 장시조에 나타난 어휘와 문형을 살피는 가운데 드러날 것으로 본다.

① 語彙

장시조에 나타난 종구의 어휘와 그 빈도수를 살펴보면 다음과 같다.

≪表 13≫ 終句의 語彙와 頻度數

番號	語 彙	頻度數	番號	語 彙	頻度數	番號	語 彙	頻度數
1	하노라	199	21	ᄒᆞᄂᆞ니	4	41	노씀네	2
2	하리라	40	22	ᄒᆞᆯ랏다	3	42	엇더리	2
3	하여라	35	23	ᄒᆞ노이다	3	43	ᄒᆞᆯ손가	2
4	허더라	22	24	살오라	3	44	ᄒᆞ시다	2
5	하리오	17	25	살고	3	45	ᄒᆞ로라	2
6	살갓네	15	26	보세	3	46	ᄒᆞ소라	2
7	이스랴	12	27	몰ᄂᆡ라	3	47	놀셰	2
8	이로다	11	28	누리소셔	3	48	알네라	2
9	업새라	9	29	擔當허옴셰	3	49	쌔우느냐	2
10	하오리라	7	30	기다린다	2	50	무엇하리	2
11	ᄒᆞ소셔	7	31	업더라	2	51	늘그랴	2
12	어려왜라	7	32	ᄒᆞᄂᆞ다	2	52	ᄒᆞ노매	2
13	호괘라	7	33	ᄉᆞᆫ야	2	53	엿주어라	2
14	어이리	6	34	가리라	2	54	ᄒᆞ니라	2
15	하시소	6	35	살가고나	2	55	삼기도다	2
16	놀니라	6	36	주리라	2	56	다르랴	2
17	이스리	5	37	쥬리라	2	57	하오리	2
18	모로리라	5	38	무엇ᄒᆞ리	2	58	보ᄂᆡ리라	2

19	완월장취	5	39	ᄒᆞ오소셔	2	59	잡으시오	2
20	하리	4	40	노라보세	2	60	大事ㅣ로다	2
合計	515[34]							

다음은 단 1회만 사용된 종구의 어휘와 빈도수를 살펴본 것이다.

≪表 14≫ 1回 使用된 終句

番號	語 彙	番號	語 彙	番號	語 彙
1	가넌구나	73	못라겟네	145	長醉不醒
2	가오	74	못ᄒᆞ고	146	전혀업다
3	가잣구나	75	뫼셧거다	147	第一인고
4	가쟈	76	무르시쇼	148	조차로오리
5	가트뇨	77	발근신고	149	죠타
6	가트신져	78	防備ᄒᆞ리	150	죠홰라
7	가ᄂᆞ니	79	보내소	151	죽ᄂᆞᆫ다데
8	가ᄃᆞ라	80	보리라	152	줄소냐
9	가ᄌᆞ	81	보소	153	즘셰
10	가ᄌᆞ세라	82	보시쇼	154	즑기리라
11	감샤ᄒᆞ야이다	83	보왓노라	155	지거
12	건너리라	84	부르랴	156	지라
13	게야	85	不備餘라	157	질기더라
14	계시드라	86	부소	158	집일세
15	苦待	87	분다	159	擅恣安徐向事
16	曠百代之尙感이라	88	分明코나	160	出將入相
17	그지이시리	89	불사이자사로다	161	츈셜이로고나

---

34) 종구가 생략된 작품 115수, 결손작품 4수는 제외하고 장 구분이 모호한 작품 7수는 여기에 포함하여 분석하였다. 또한 표기는 다르게 되었으나 동일 어휘로 볼 수 있는 것은 함께 다루었다. 예를 들어 '하노라'와 'ᄒᆞ노라' 또는 'ᄒᆞ더라'와 '하더라' 등은 같은 어휘로 분류하여 함께 다루었다.

18	今世上의	90	불우리라	162	치ᄂᆞ니
19	긔리워라	91	뷔ᄂᆞ이다	163	친다
20	기로리라	92	살나	164	파로시쇼
21	끈치리라	93	삼기샷다	165	편케
22	나가보마	94	相考施行向事	166	하다
23	나구나	95	새오리라	167	허소
24	나렷세라	96	書房이	168	헐소야
25	나리시다	97	松竹梅菊이러라	169	호리이다
26	나무대비관세음보살	98	愁心일네	170	화목ᄒᆞ리
27	나샤쟈	99	쉬우랴	171	후정화라
28	南無阿彌陀佛	100	슈밍쏭이냐	172	흘노오너라
29	낫보도다	101	時節인져	173	힘쓰시소
30	내여라	102	실는고	174	ᄂᆡ여라
31	너기더라	103	아는야	175	ᄃᆞ외리라
32	너무리라	104	아니냐	176	ᄇᆞ라노라
33	너흐라	105	아시리	177	ᄉᆞ오리다
34	넉이들아	106	아ᄂᆞ이다	178	ᄉᆞᆯ니라
35	녀흘노	107	안고	179	ᄉᆞᆯ와라
36	노더라	108	兩難이라	180	ᄉᆞᆷ겻도다
37	勞倕	109	어드리	181	싱겻ᄯᅩ다
38	노흘세라	110	어이ᄒᆞ리	182	씌와라
39	노ᄌᆞ	111	업슬노다	183	킈더니라
40	녹는다	112	업ᄂᆞ니	184	ᄑᆞᆯ라시랴
41	놉셰다	113	업ᄂᆞ니라	185	ᄒᆞ갓구나
42	놋카구	114	업ᄂᆞᆫ고	186	ᄒᆞ갓소
43	늙으리오	115	없다	187	ᄒᆞ거다
44	니으리라	116	엇더료	188	ᄒᆞ노나라
45	니ᄅᆞ리로다	117	엇더ᄒᆞ료	189	ᄒᆞ놋다
46	다라스라	118	엇디리	190	ᄒᆞ느니
47	當ᄒᆞ리	119	엇제오	191	ᄒᆞ는다
48	對面하리	120	엇지할고	192	ᄒᆞ더고나
49	도라든다	121	念慮로다	193	ᄒᆞ도다
50	되고라쟈	122	오라	194	ᄒᆞ려뇨

51	되리로다	123	오리라	195	ᄒᆞ렴은
52	되엇구나	124	오시쇼	196	ᄒᆞ로이다
53	되여스라	125	와ᄂᆞᆫ니	197	ᄒᆞ리로다
54	되올소냐	126	완는가	198	ᄒᆞ시도다
55	두리라	127	宛然하다	199	ᄒᆞ시ᄂᆞᆫ고
56	두시소	128	왓노라	200	ᄒᆞ신이라
57	드리더라	129	왓소	201	ᄒᆞ얘
58	드리이다	130	우노라	202	ᄒᆞ어이다
59	드쟈ᄂᆞ다	131	우을ᄂᆞᆺ다	203	ᄒᆞ여
60	든니ᄂᆞ니	132	月印前溪矣러라	204	ᄒᆞ연고
61	들니ᄂᆞᆫ다	133	有所思로다	205	ᄒᆞ엿더라
62	듬네	134	宜當向事	206	ᄒᆞ오리이다
63	듯나니	135	의지ᄒᆞᆯ넌고	207	ᄒᆞ올소냐
64	마오려니	136	이갓던야	208	ᄒᆞ이셰라
65	막키소	137	이거라	209	ᄒᆞ혀라
66	만나괘라	138	이로구나	210	ᄒᆞᄂᆞᆫ고나
67	말찌	139	인ᄂᆞᆫ이라	211	ᄒᆞᄂᆞᆫ요
68	먹엇씀네	140	잇는고	212	ᄒᆞᄂᆡ
69	먹엇쏘다	141	잇다	213	ᄒᆞᄌᆞ
70	모로나	142	자ᄂᆞᆫ고	214	ᄒᆞᆯ샤
71	모로너냐	143	잠시로다	215	ᄒᆞᆯ셰라
72	모르련이	144	잡으리라	216	ᄒᆞᆯᄂᆞᆺ다
合計	216수				

≪표 13≫와 ≪표 14≫은 장시조에 나타난 종구의 어휘를 살펴 본 것이다. 총 276개의 종구를 확인할 수 있는데, 2회 이상 사용된 어휘는 60개로 514수이며 단 1회만 사용된 어휘가 216개나 된다. 가장 많이 사용된 종구는 '하노라(ᄒᆞ노라, 허노라)'이고, 그 다음은 '하리라(ᄒᆞ리라)', '하여라(ᄒᆞ여라)', '하리오(ᄒᆞ리오, ᄒᆞ리요)' 순이다. 이를 정리하면 다음과 같다.

첫째, 어휘는 276개의 다양한 어휘들이 사용되었다.

둘째, 가장 많이 사용된 어휘는 '하노라'로 작품 수는 199수이다.

셋째, 단 1회만 사용된 어휘는 216개이다.

넷째, 종구가 생략된 작품은 115수로 전체 14%이다.

다섯째, 종구가 한자구로 되어 있는 작품이 16수이다.

여섯째, 종구가 민요의 종구와 유사한 작품은 37수이다.

일곱째, 유의미적 어휘가 많이 사용되었다.

위 표를 통해 장시조에 나타난 종구의 특징을 통해 변전성 및 개방성을 살펴보고자 한다.

<時大 49> ᄀᆞ을 비 긔똥 언마 오리 雨裝直領 내지 마라
十里ㅅ길 긔똥 언마치 가리 등 알코 빅 알코 다리 저는 나귀를 크나큰 唐채로 쾅쾅 쳐 다 모지 마라
가다가 酒家에 들너든 쉬여 가려 ᄒᆞ노라

<時大 490> 귓도리 져 귓도리 에엿부다 져 귓도리
어인 귓도리 지는 돌 새는 밤의 긴 소릐 쟈른 소릐 節節이 슬픈 소릐 제 혼자 우러녜여 紗窓 여윈 좀을 술드리도 씨오는고야
두어라 제 비록 微物이나 無人洞房에 내 뜻 알 리는 저 쁜인가 ᄒᆞ노라.

위의 예는 'ᄒᆞ노라'를 종구로 선택한 작품들이다. <時大 49>는 사대부가의 한가로움을 담고 있는 작품이다. 그러나 형식상으로 초장과 종장에서는 4음보격을 유지하고 있지만 중장은 파격되고 있다. 즉 단시조의 율격과 종구를 유지하면서도 장시조의 형태를 취하고 있는 것이다. 이는 단시조의 종구를 공유하면서도 형식상 변전하고 있음을 의미하는 것이라 할 수 있다. 한편 <時大 490>는 초장에 민요에서 주로 보이는 'AABA'[35]형을 취하고 있는 것이나 '귀뚜라미'를 소재로 선택하고 있다는 점에서 민요풍의 작품임을 짐작할

35) 김대행(1999), 『노래와 시의 세계』, 역락출판사, 27쪽.

수 있다. 이 또한 'ᄒᆞ노라'의 종구를 사용하면서도 형식과 내용상 변전을 통해 공유되고 있음을 할 수 있다. 따라서 단시조에서 많이 나타나는 'ᄒᆞ노라'도 장시조에서 형식과 내용상으로 다양하게 변전되고 있다.

다음은 단 1회만 사용된 작품들이다.

<時大 3485> 立馬沙頭 別意遲ᄒᆞᆯ 제 生憎楊柳 最長枝를
　　佳人緣薄 含新態오 蕩子情多 問後期라 桃李落落 寒食節이오 鷓鴣ᄂᆞᆫ 飛去夕陽風이라
　　江南에 草綠 春波潤ᄒᆞ니 欲採蘋花로 有所思로다.

<時大 4364> 티미러 도라보니 分明히 上帝로쇠
　　ᄂᆞ리미러 술펴 보니 진살로 慈母로다 中間 萬物이 긔 아니 同生이랴
　　ᄒᆞᆫ 지븨 ᄒᆞᆫ 셰간 되여 同樂ᄒᆞᆯ 엇더료.

<時大 3485>는 종구가 '有所思로다'로 유의어 '有所思'에 어미 '~로다'가 결합된 한시현토체 장시조다. 장시조에서 유의어와 어미가 결합한 종구의 사용은 이와 같이 1회만으로 그치는 경우가 대부분이다. 그리고 문체나 형식을 통해 볼 때 화자는 한문지식인들의 이별에 대한 감회가 반영된 것임을 알 수 있다. <時大 4364>의 종구 '엇더료'는 단시조에서 쉽게 찾아 볼 수 있는 어휘로 대개 민요에서 자주 사용되는 종구 중의 하나다. 이처럼 한자구나 민요풍에서 따왔을 이러한 종구의 활용은 장시조가 식자층을 비롯하여 서민계층을 동시에 수용하는 특성을 그대로 드러내 주는 것이라 하겠다.

다음은 종구가 생략된 작품들이다. 이러한 형태의 작품들은 대체로 19세기 후기에 간행된 가집들에서 빈번히 보이는데, 대표적인 가집으로 『南薰太平歌』를 들 수 있다. 이와 같은 현상은 종장 종구가 歌意에 큰 영향을 주지 않을 뿐만 아니라 시조창으로 불리면서 의미의 함축을 위해서 생략하거나 여운을 주기 위한 것이기도 하다.

<時大 1362> 씌오리라 씌오리라 셰빅사 눅모 얼레 당ᄉᆞ쥴 감아 씌오리라
반공 운무즁에 써엿고나 구머리 장군의 홍능화 긴코
그 즁에 짓거리 잇고 말 잘 듯고 토김톡 잘 밧는 년은 ᄂᆡ 년인가.

<時大 2800> 漁村에 落照ᄒᆞ고 水天이 一色인 제
小艇에 그물 싯고 十里 沙汀 나려가니 滿江 蘆荻에 霞鶩은 셧거
날고 桃花流水에 鱖魚ᄂᆞᆫ 살졋ᄂᆞᆫᄃᆡ 柳橋邊에 ᄇᆡ롤 ᄆᆡ고 고기 쥬고
술을 사셔 酩酊케 醉ᄒᆞᆫ 後에 오ᄋᆡ聲 부르며 달을 씌여 도라오니
아ᄆᆞ도 江湖 至樂은 이 ᄲᅮᆫ인가 ᄒᆞ노라.

<時大 1362>는 『南薰太平歌』에 종장 종구가 생략된 채 수록된 작품이다. 이에 반해 <時大 2800>는 六堂本 『靑丘永言』에 ‘ᄒᆞ노라’가 종장 종구로 사용된 경우이다. 그런데 여기서 주목할 점은 <時大 2800>가 『南薰太平歌』에 종구가 생략된 채 수록되었다는 것이다. 따라서 이를 통해 알 수 있는 것은 『南薰太平歌』를 비롯한 후기 시조집들에서 종구 생략에 대한 일정한 규칙이 확인된다는 사실이다. 다음 작품들을 보자.

<時大 76> 閣氏內드리 여러 層이올네 松骨매도 갓고 줄에 안즌 제비도 갓틔
百花 叢裡에 두루미도 갓고 綠水 波瀾에 비오리도 갓고 짜희 퍽
안즌 쇼로 ᄀᆡ도 갓고 석은 등걸에 부헝이도 갓데
그려도 다 各各 任의 思郞이니 皆一色인가 ᄒᆞ노라.

<時大 552> 金化ㅣ 金城 슈숫대 半 단만 어더 죠고만 말마치 움을 뭇고
조죽 니죽 白楊箸로 지거 자내 자소 나ᄂᆞᆫ 매 서로 勸ᄒᆞᆯ만졍
一生에 離別 뉘를 모로미 긔 願인가 ᄒᆞ노라.

<時大 563> 기러기 ᄯᅦ ᄯᅦ 마니 안진 곳에 포슈야 총을 함부로 노치 마라
식북 강남 오구 가는 길에 임의 소식을 뉘 젼ᄒᆞ리
우리도 그런쥴 알기로 아니 노씀네.

<時大 76>은 六堂本 『靑丘永言』과 <時大 552>는 珍本 『靑丘永言』에 각각

실려 있는 작품으로 'ᄒᆞ노라'의 종구가 사용되었다. 이처럼 '~인가'가 종구 바로 앞에 오는 경우 대부분 'ᄒᆞ노라'가 사용[36]되는 예를 확인할 수 있다. 그러나 『南薰太平歌』에 수록된 작품 전부에서 종장 종구가 생략된 것은 아니라는 점이 눈길을 끈다. <時大 563>는 『南薰太平歌』에 수록된 작품으로 유의미적인 종구 '노씀네'가 사용되었는데 이는 생략되지 않았다. 이를 풀이하면 '쏘지 않습니다'가 되는데 이를 생략할 경우 화자의 의도를 정확히 전달할 수 없게 된다. 이로써 볼 때 『南薰太平歌』에서 종구 생략의 일정한 규칙이 적용됨을 알 수 있다. 즉 『南薰太平歌』에 수록된 종구 생략의 경우 무의미한 종구는 생략되는 반면 유의어는 생략하지 않는다는 규칙이 적용된다는 것이다.

<時大 3881> 天君 衙門에 仰呈所志爲白去乎 依所訴題給 ᄒᆞ오쇼셔
　人間 白髮이 平生에 게엄으로 ᄎᆞ마 못볼 老人광대 靑春少年들을 미러 가며 다 띠오대 그中의 英雄豪傑으란 부듸 몬져 늙게 ᄒᆞ니 右良辭緣을 細細參商ᄒᆞ야 白髮禁止爲白只爲
　天君이 題辭를 ᄒᆞ오샤듸 世間公道를 白髮로 맛져이셔 貴人頭上段置撓 改치 못ᄒᆞ거든 너ᄯᅳ려 分不得이라 相考施行向事

<時大 2055> 山靜ᄒᆞ니 似太古ㅣ오 日長ᄒᆞ니 如少年이라
　蒼蘚은 盈堦ᄒᆞ고 落花ㅣ滿庭흔듸 午睡ㅣ初足커놀 讀周易 國風左氏傳 離騷 太史公書 陶杜詩와 韓蘇文 數篇ᄒᆞ고 興到則出步溪邊ᄒᆞ야 邂逅 園翁溪友ᄒᆞ야 問桑麻 說杭稻 相與劇談 半晌타가 歸而倚杖柴門下ㅣ러니
　이윽고 夕陽이 在山헌더 紫綠萬狀이라 變幻頃刻에 悅可人目이라 牛背 笛聲이 兩兩歸來흘 졔 月印前溪矣러라.

<時大 3881>는 이두혼용체 작품으로 종장 종구는 '施行向事' 이다. 이를 풀이하면 '시행하는 일'정도가 될 것이다. <時大 2055>는 漢文懸吐體 작품으로

36) '~인가' 다음에 'ᄒᆞ노라'가 사용된 작품의 종구를 몇 작품 인용하면 다음과 같다.
아마도 非人非鬼 亦非仙은 孫悟空인가 ᄒᆞ노라. <時大 4644>
아마도 金刀創業은 四傑인가 ᄒᆞ노라. <時大 4481> 이 외에도 다수의 작품들이 있다.

종장 종구는 '月印前溪矣러라'이다. 이 두 작품에서 알 수 있는 바와 같이 종장 종구가 한자구로 되어 있는 경우 대부분 이두혼용체나 구결의 표기 형태를 취하고 있다는 것이다. 이를 통해 장시조의 종구가 다양한 형태로 변전하고 있음을 알 수 있다. 다음은 민요풍의 종구를 사용하고 있는 작품들이다.

<時大 4170> 쵸당에 춘슈족ᄒᆞ니 쵸당 압헤다 국화를 심으고 국화 속에다 술 비져 넛코 기다린다 기다린다 그 술이 넉기를 기다린다
　술이 넉ᄌᆞ 돌이 ᄯᅳ고 돌이 ᄯᅳᄌᆞ 님이 온다 목이 길다고 황ᄉᆡᆨ병이며 목이 짤라 ᄌᆞ라병이며 쳥유리병에다 황소주 넛고 황유리 병에다 쳥소쥬 넛코 홍유리 병에다 듁엽쥬 넛코 ᄇᆡᆨ유리 병에다 감홍노 넛코 픗고츄 져리김치 문어 젼복 겻딜너라 쬐쬐 우ᄂᆞᆫ 쬔계탕이며 쩨쩨우ᄂᆞᆫ ᄉᆡᆼ치찜이며 포두둑 나난 뫼퓨리찜을 이리져리 버려놋코 노ᄌᆞ쟉 잉무ᄇᆡ에 쏠우루 ᄒᆞᆫ잔 술을 가득 부어 시호시호 부지러ᄂᆞᆫ 잡숩다 졍실커든 이내게로 돌니시오 ᄇᆡ행도군이 막뎡슈라 일ᄇᆡ일ᄇᆡ 부일ᄇᆡ ᄒᆞᆯ젹에 셰상만ᄉᆞ가 다 파데로다
　돌 ᄯᅳᄌᆞ 오신 님이 돌이 지니 형용이 간곳 업구나 ᄎᆞᆷ말가지로 셜어셔 못 살갓네.

<時大 2540> 식불감미ᄒᆞ고 침불안셕ᄒᆞ니 뎐뎐불ᄆᆡᄒᆞ고 경경반측ᄒᆞ야 누어슨들 님이 오고 안ᄌᆞ슨들 님이 올가
　독슈공방 홀노 누워스니 ᄃᆡᄒᆞᄂᆞ니 눈물이오 지ᄂᆞ니 한숨이라 님이 아모리 무정ᄒᆞᆯ지라도 셔ᄉᆞ왕복이라도 이슬거시지 어히 그리 니졋든가 텬하 영웅 진시황이 만권시셔를 불살을 젹에 리별에 멧 ᄌᆞ를 왜 내여 두엇ᄂᆞᆫ가 리라는 리ᄌᆞᄂᆞᆫ 리별리ᄌᆞ오 ᄉᆞ라ᄂᆞᆫ ᄉᆞᄌᆞᄂᆞᆫ ᄉᆡᆼ각ᄉᆞᄌᆞ요 수라ᄂᆞᆫ 수ᄌᆞᄂᆞᆫ 수심수ᄌᆞ로구나
　박랑ᄉᆞ중 쓰고 남을 텰퇴 텬하 쟝ᄉᆞ 항우를 맛겨 졔 힘ᄶᅳ지 들너메고 리별에 멧 ᄌᆞ를 씨쳐스면 리별 업시 다 상봉 ᄒᆞ갓구나.

위 두 작품은 단시조에서조차 쉽게 찾아 볼 수 없는 민요풍의 종구를 사용하고 있다. <時大 4170>의 종구 '못 살갓네'의 '-네'는 보통 하게체와 높임법과 상관없는 반말투에 두루 사용되어 대화체가 흔한 민요에 가장 적합한

종결어[37])이다. 이러한 종구는 장시조 전체 작품 중에서 15수 가량이 나타나고 있으며, 종구가 아닌 문장의 종결어로 사용된 예는 초장과 중장에 빈번하게 나타나고 있다. <時大 2540>의 종구 'ᄒᆞ갓구나' 역시 의미면에서는 <時大 4170>의 것과 유사하지만 종결어미가 '-나'로 끝난다는 점에서 민요적이라 하겠다. 이러한 예들은 두 가지 점을 확인시켜 준다. 그 하나는 장시조 종장 종구에는 단시조에서조차 사용하지 않는 어휘를 사용한다는 사실이다. 그리고 다른 하나는 그것이 주로 민요풍의 어휘라는 점이다. 이는 앞에서도 언급한 바와 같이 장시조가 개방적 양상을 보이는 것이며, 구체적으로 민요의 가사를 수용하였음을 입증시켜주는 것이 된다.

장시조에 사용된 종구의 또 다른 특징은 有意語의 사용이다. 장시조의 유의어 종구 사용은 단시조의 그것과 사정이 사뭇 다르다. 단시조에서 사용되는 종구의 경우 의미 없는 어휘가 사용되거나 음악적 측면이 고려되어 생략되는 경우가 많다. 하지만 장시조에서 사용되는 종구의 경우 많은 작품들에서 유의어가 사용되고 있다. 그러므로 종구를 생략하게 되면 뜻이 제대로 전달되지 않을 뿐만 아니라 의미가 완결되지 않는다. 장시조의 유의어 발생은 대부분 종결 어미 '이다'·'이라'·'로다' 등의 어미 앞에 유의어들이 오는 경우이다.

<時大 1579> 바독바독 뒤 얽근 놈아 졔발 비ᄌᆞ 네게 닉가의란 셔지 마라
눈 큰 준치 허리 긴 갈치 츤츤 가물치 두루쳐 메오기 넙젹ᄒᆞᆫ 가ᄌᆞ미 부리 긴 공지 등 곱은 식오 겨레 만흔 권졍이 그물만 너겨 풀풀 쒸여 다 다라ᄂᆞ는듸 여럽시 싱긴 烏賊魚 둥긔ᄂᆞᆫ고나
아ᄆᆞ도 너 곳 와 셔잇시면 고기 못 줍아 大事ㅣ로다.

<時大 3724> 酒色을 마자 하고 山水間의 집을 짓고 구름 속의 밧 갈기와 달 아레 고기 낙기 以終餘年 하잿드니
靑天有月 未幾時에 金樽美酒 겻테 두고 아니 취키 어려우며 旅

37) 고순희(1998), 「民謠 終結語 文體 '-네'와 開花期 詩歌」, 『韓國詩歌硏究』 第4輯, 韓國詩歌學會, 1쪽.

館寒灯 獨不眠에 絶代佳人 겻헤 두고 아니 犯키 어려워라
아마도 술 두고 안니 醉코 色 두고 아니 犯키 사람마다 兩難이라.

위 예들은 유의어를 종구로 사용하고 있는 작품들이다. <時大 1579>의 종구 '大事ㅣ로다'는 유의어 '大事'에 종결어미 '~로다'가 결합된 것이다. 여기서 '못 좁아'로 종구를 삼을 경우 작자의 시적 의미가 제대로 전달되지 못하게 된다. <時大 3724>의 종구 '兩難이라' 역시 유의어 '兩難'에 어미 '~이라'가 결합된 것이다. 이 작품도 마찬가지로 '사람마다'로 종구를 삼았다면 시적 화자의 심정이 충분히 전달되지 못하는 한계를 드러낸다. 그러므로 장시조의 종구는 유의어를 사용할 수밖에 없는 특징을 가진다. 만약 종구를 생략하게 되면 시적화자의 정서나 상황을 제대로 읽어낼 수 없다는 제약에 부딪치게 될 것이다.

이처럼 장시조에 나타난 어휘를 통해 장시조가 단시조와 달리 다양한 어휘와 형식적 변화를 가져왔음은 물론 민요를 비롯하여 타 장르와의 영향관계가 있음을 알 수 있다 하겠다.

② 文型

종장 종구에서 사용된 문형은 사용빈도수가 2회 이상인 것만을 대상으로 살펴보고자 한다. 1회만 사용된 것을 대상으로 할 경우 장시조의 표현이 너무 다양하기 때문에 종장 종구의 특성을 찾아내기 어렵다는 한계 때문이다.

≪表 15≫ 終句의 文型과 頻度數

番號	文型	語 彙(例)	頻度數	比率(%)
1	感歎形	오노미라, 부치도다, 업세라, 우노라, ᄒᆞ노메, 마르리, 노노라, ᄒᆞ여라, 몰래라, 보왓노라, ᄒᆞ노라, 놀리라, 어려왜라, 몰니라, ᄒᆞ도다, 가노라, ᄒᆞᄂᆞ니, 오더라	273	53

2	敍述形	ᄒᆞ리다, 누리리라, 들린다, 이샷다, 업ᄂᆞ니, 알패라, ᄒᆞᆷ이라, 아네라, 이시니라, ᄒᆞ오리라, 보리라, 알리라, 온다, ᄒᆞᄃᆞ라, 노로리라, ᄒᆞ리이다, 보와다, 지내리라, 가리라, ᄒᆞ더라, ᄒᆞ노라, ᄒᆞ여라, ᄒᆞ도다, ᄒᆞᄂᆞᆫ다, ᄒᆞᆷ이라, ᄊᆞᆽᄂᆞ니, 오ᄂᆞ니, ᄋᆞᆯᄂᆞ니, 알리라, 놀리라, 보리라, 가리라, 글노라	141	28
3	疑問形	엇더리, 머그랴, 아니랴, 살리, 면ᄒᆞ랴, 바치려뇨, ᄒᆞᄂᆞ다, 갈소니, ᄒᆞᄂᆞ니, ᄀᆞᆺᄂᆞ니, 돕ᄂᆞ니, 쉬울가, 지내리, 부르랴, 업스랴, 어이리, ᄒᆞ리, 이시랴, ᄒᆞ리오, 다르랴	57	11
4	請誘形	ᄒᆞ쟈스라, 가쟈스라, 마라스라, ~업고쟈, ~어질과쟈, ~ᄒᆞ새, ~쇼셔, ~읍(ㅂ)셔, ~자이다, ~고지고, ~시고, ~마, ~옴ᄉᆡ, ~로(오)려	24	4
5	命令形	잇거라, 져시소, 보지마라, 도고려, ᄉᆞ뢰라, 닐러라, 나여라, 바다라, 보와라, ~어라, ~거라,	15	3
6	其 他	완월장취	5	1
合計			515	100

위 ≪표 15≫는 2회 이상 사용된 장시조 종구를 문형에 따라 정리한 것이다. 이를 살펴보면 감탄형 종구가 273개, 서술형이 141개, 의문형이 57개, 청유형이 24개, 명령형이 15개, 기타가 5개로 각각 나타나고 있다. 감탄형은 시적 화자가 어떤 사실에 대하여 강한 감흥을 나타내는 것으로 '-다'와 '-라'가 주조를 이룬다. 서술형은 시적화자가 어떤 사실을 판단하여 말하는 것으로 '-ㄴ다, -리라, -라, -더라, -다, -라' 등의 종결어미가 많이 사용된다. 이것은 미래의지형인 '리라'와 회상형인 '-더라'가 서술형 종장 종구에 많이 쓰이는 것은 앞으로의 의지를 나타내거나 과거를 회상하는 회고조의 내용이 많기 때문이다. 의문형은 무엇을 묻거나 의문을 나타내는 것으로 청자에게 대답을 요구하는 경우에 사용되는데, '-니, -리, -고' 등의 종결어미가 주로 쓰인다. 명령형은 상대방에게 무엇을 하도록 시키는 것으로 '-여라, -렵은' 등의 종결어미가 사용된다. 청유형은 무엇을 같이 하자고 권유하는 것으로 '-쇼셔, -되고라쟈' 등의 종결어미가 활용된다.

그런데 초기 가집인 『珍本 靑丘永言』에 수록된 580수의 경우 의문형이 263, 감탄형이 149, 서술형이 103, 원망형이 33, 명령형이 30수 나타나고[38] 있다. 이처럼 의문형 종구가 많이 사용된 것은 『珍本 靑丘永言』의 특성이자 단시조의 특성이라고 할 수 있다. 그런데 장시조에도 이러한 의문형 종구가 적지 않게 사용되고 있다는 것은 단시조에 영향을 받았다는 구체적인 증거가 된다. 한편 서술형이 감탄형 다음으로 많이 사용되었다는 수치상의 기록은 시적 화자가 어떠한 사실을 확인하고 판단하는 사실성이 부각된 형태임을 말해주는 것으로 장시조가 단시조와는 다른 내용적 특징을 가지고 있음을 증명해주는 것이다.

이상에서 살펴본 바와 같이 장시조에 나타난 형식상의 개방적 양상은 단순히 단시조와의 유관성에서만 거론해서는 안 된다. 장시조는 여러 장르의 복합적 성분이 내재된 시가여서 단시조에서 확장된 것만을 가리키는 것이 아니기 때문이다. 이는 위에서 논의된 것을 통해 이미 확인된 셈이다. 그러므로 장시조의 형식상의 개방성을 인정하고 이를 확대 논의하는 시도가 계속되어야 한다고 본다.

한편 위의 표들에서 드러나는 여러 가지 분석의 결과는 다음과 같은 의미를 보여준다. 첫째, 장시조의 장르적 속성은 어느 특정한 장르에 종속성이 아니라 개방적이라는 것이다. 이는 앞에서도 여러 번 언급한 바와 같이 장시조는 단시조와의 동일한 맥락도 인정되지만 독자적인 성격도 언급되어야 하는 양면성이 존재하기 때문이다. 둘째, 장시조 형성의 틀이 자유롭다는 점이다. 단시조의 경우 음악이나 자수의 규칙이 비교적 엄격한 정형성을 띠고 있는 것에 비해 장시조는 음악이나 자수의 정형에서 비교적 자유롭다는 것을 알 수 있다. 셋째, 장시조는 사회현상의 측면에서 개방적이라는 점이다. 이는 단시조가 사대부의 사상적 기류나 기풍 같은 것을 담아내는 도구적 기능을 보여주는 것에 비해 그 폭이 현저히 넓다는 데서 가능하다. 즉 장시조는 시대

38) 金東俊(1980), 앞의 논문. 102쪽.

적 변화를 충분히 반영할 수 있는 수용의 폭이 용이하다는 것이다. 다시 말해 조선후기 사회변화와 민중들의 욕구분출 및 중류계층의 풍류를 담아내는 틀을 형성할 수 있었다는 점이다.

2. 內容上의 開放的 樣相

단시조가 유교적 관념을 토대로 일관된 내용을 담고 있는 반면, 장시조는 내용상 어느 장르보다도 다양성과 개방성을 보이고 있다. 장시조의 초기 연구자인 고정옥은 내용적 성격을 ①具體性 乃至 形而下的인 性質을 가진 이야기와 譬喩의 大膽한 導入, ②强烈한 愛情의 表出, ③肉欲의 忌憚 없는 詠發, ④語戱, 才談, 辱說의 導入, ⑤赤裸裸한 自己暴露, ⑥非詩的 事物의 無思慮한 詩化 企圖[39] 등으로 그 특징을 정리하였다. 이후 장시조의 내용적 연구는 이를 근거로 '性'과 관련한 연구들이 주를 이루었으며, 한편으로는 풍자·골계·해학 등에 많은 관심을 갖게 되었다. 또한 김동욱은 장시조의 계층이 兩班·平民·妓女 등을 포함하기 때문에 중세적이고 유교적 교양에서 나온 화조월석의 자연미 諷詠으로부터 경제력과 정치력으로 遊離된 계급들의 상호인력에 의한 육체적 쾌락의 대담한 노출[40]이라고 하였다. 이후 이능우·김동준·이태극·서원섭 등을 비롯한 여러 논자들에 의해 서민적인 내용들을 중심으로 다양한 특징들을 제시[41]하였다.

---

39) 고정옥(1949), 앞의 책, 10쪽.

40) 김동욱(1952), 「辭說時調 發生考」, 『國語國文學』 第1號, 國語國文學會, 10쪽.

41) 장시조를 독립된 장르로 주장한 이능우는 장시조의 내용에 대해 언급한 바가 있는데, 자신이 수집 한 약 400여 수의 내용상의 성격을 1. 남녀 문제를 다룬 것들 2. 中國 문화에 적셔져 있는 것들 3. 人生 虛無를 노래하고 있는 것들 4. 人事問題에 모티프가 있는 것들(처첩·구부·파계승·곰보·병신들·노처녀 등을 5. 物象 및 生物을 테마로 한 것들(연지분·갈고장이·자리·문방구·상선들·과실·비파 등), 생물(두꺼비·가마귀·곤충류·개고리·어류·조류·게젓 등), 식물, 문자, 그리고 추상물(삼숨·소박·원리·필설·병 등)로 나누고, 수효로는 남녀 문제를 다룬 것이 가장 많고, 다음으

한편 장시조가 서민적인 내용만을 담고 있는 장르가 아니라 단시조에서 볼 수 있는 내용들이 담겨 있음을 지적한 논의들이 함께 다루어지고 있다. 김제현은 장시조의 유형을 애정(愛慾)의 悲歌, 인생무상과 풍류, 연군지사와 인사[42]로 분류하여 고찰하였다. 실제로 장시조에는 단시조에서 주로 다루어지는 사대부적 성향의 작품들이 적지 않다. 특히 경서의 교훈적인 내용을 인용하여 장시조화한 작품[43]들도 적지 않게 나타나고 있으며, 나아가 장시조의 장르적 속성의 다양성을 엿볼 수 있다.

본 장에서는 단시조에서 다루어지지 않았던 장시조만의 내용적 개방양상을 엿볼 수 있는 것들을 중심으로 살펴보고자 한다. 이를 크게 서민들의 생활상 반영과 적나라한 육욕의 표출, 그리고 풍자의식의 고양으로 분류하여 논하고자 한다. 이는 단시조를 모태로 한 장시조에 이러한 내용들이 수용된 것은 결국 내용상의 개방적 양상에서 기인한 것이기 때문이다.

로는 중국 문화에 적셔져 있는 것들이 많다고 하였다. 나머지는 비교적 적으나 심히 특성적인 바가 있는 것으로 예를 들어 4와 5 같은 것은 거의 다른 문학에서 찾아 볼 수 없는 것이며, 이러한 내용적 특성이 시조에서는 쉽게 찾아 볼 수 없는 장시조만의 특성이라고 하였다. 그러면서 남녀 문제를 다룬 것들을 다시 세분화하여 "1. 淫放에 모티프가 있는 것, 2. 痴情들, 3. 相愛 以前 以後에 모티브가 있는 것, 4. 相悅, 5. 相思戀慕, 6. 待人, 7. 離別"로 나누었다. 특히 1과 2는 단시조에서는 없는 것으로 단시조와는 전연 세계가 다른 고장에서 생성되고 계승된 것으로 보고 수효에 있어서도 1이 제일 많다고 하였다. (앞의 책, 297-336쪽)

김동욱은 내용상의 성격을 ① 空虛한 權威主義에의 挑戰. ② 重商主義의 標榜. ③ 階級主義의 打破. ④ 封建的 大家族制度에의 反撥. ⑤ 近代的 市民精神의 鼓吹. ⑥ 女性의 人間主義的 解放 등을 들었다. (앞의 논문, 10쪽)

이태극은 내용상의 특징으로 ① 솔직, 담백한 생활 기록이 대부분인데 폭로적 서술이 많고 ② 才　談, 회담, 弄談 등이 내용 자료로 된 것이 많으며, ③ 비유와 諷刺, 해학과 골계, 낭만과 아이러니가 있는가 하면 생경한 한담이나 잡담으로 그친 것도 있다고 하였다. (『時調槪論』, 새글사, 1961, 335-336쪽.)

42) 김제현(1997), 앞의 책, 102쪽.

43) 장시조에 인용된 경서는 『論語』·『孟子』·『荀子』·『莊子』 등이며 작품으로는 <時大4409>·<時大2896>·<時大 358>·<時大 659> 등이 있다.

1) 庶民들의 生活相 反映

장시조에는 서민들의 생활상을 담고 있는 작품이 많다. 이것은 조선후기 도시 상공업의 발달과 서민의식이 성장, 나아가 작자층의 확대 등으로 그들의 생활상이 장시조에 담겨 있기 때문에 가능한 것이라 하겠다. 장시조에는 단시조에서 볼 수 없는 다양한 측면에서 서민들의 생활상을 담고 있다는 점에서 계층적 개방성을 띠고 있다. 이를 구체적으로 살펴 장시조의 내용상의 개방적 양상을 확인해 보도록 하겠다.

(1) 日常的 삶의 表現과 葛藤

단시조의 내용들은 대부분 전원생활의 한가로움이나 忠·孝를 노래한 것들이 많다. 그런데 장시조는 내용상의 특성으로 서민들의 일상적 삶을 사실적으로 담아내고 있다는 점에서 차이를 보이고 있다. 특히 일상적 삶을 표현하거나 인간사에서 느낄 수 있는 갈등을 표현하고 있다는 점에서 단시조와는 그 성격을 달리한다.

먼저 일상적 삶을 표현한 경우이다.

<時大 923> 논 밧 가라 기음 ᄆᆡ고 뵈잠방이 다임 쳐 신들 메고
낫 가라 허리에 ᄎᆞ고 도ᄭᅴ 벼려 두러 메고 茂林 山中 드러가셔
삭ᄯᅡ리 마른 셥흘 뷔거니 버히거니 지게에 질너 집팡이 벗쳐 노코
ᄉᆡ옴을 ᄎᆞᄌᆞ 가셔 點心도슭 부시이고 곰방ᄃᆡ롤 톡톡 ᄯᅥ러 닙 담ᄇᆡ
퓌여 물고 코노ᄅᆡ 조오다가
夕陽이 ᄌᆡ 너머 갈 졔 엇ᄭᅵ롤 추이즈며 긴 소ᄅᆡ 져른 소ᄅᆡᄒᆞ며
어이 갈고 ᄒᆞ더라.

<時大 3569> 재 너머 莫德의 어마네 莫德이 쟈랑 마라
내 품에 드러셔 돌겻좀 자다가 니 ᄀᆞᆯ고 코 고오고 오좀 ᄊᆞ고 放
氣 ᄲᅱ니 盟誓개지 모진내 맛기 하 즈즐ᄒᆞ다 어셔 ᄃᆞ려 니거라 莫
德의 어마

莫德의 어미년 내ᄃᆞ라 發明ᄒᆞ야 니르되 우리의 아기ᄯᆞᆯ이 고림
症 비아리와 잇다감 제症 밧긔 녀남은 雜病은 어려셔브터 업ᄂᆞ니.

위 작품들은 서민들의 일상적 삶을 작품으로 형상화한 것들이다. <時大 923>은 촌부의 소박한 하루 일상을 사실적으로 표현하고 있는 작품이다. 작품의 소재도 일상생활에서 접할 수 있는 '뵈잠방이 · 낫 · 도끼 · 삭다리 · 마른 섶 · 지게' 등의 어휘는 단시조에서 찾아보기 힘든 서민적 소재들이다. <時大 3569>는 사위가 장모에게 아내의 추악한 모습을 토로하고 있는 작품이다. 이 역시 부부가 살아가면서 있을 수 있는 일상적 삶을 표현하고 있다 하겠다. 특히 사위가 말하는 '돌겻좀 자다가 니 ᄀᆞᆯ고 코 고오고 오좀 ᄉᆞ고 放氣 ᄯᅱ니'도 인간의 일상적 삶에서 있을 수 있는 것들을 담고 있다.

다음은 일상적 삶에 대한 갈등을 표현한 경우이다.

<時大 3645> 져 건너 月仰바희 우희 밤즁마치 부엉이 울면
넷 사ᄅᆞᆷ 니론 말이 ᄂᆞᆷ의 ᄉᆡ앗 되야 ᄌᆞᆺ밉고 양ᄆᆡ와 百般巧邪하는
져믄 妾년이 急殺 마자 죽ᄂᆞᆫ다 ᄒᆞᆫ데 妾이 對答하되
안해님 겨오셔 망녕된 말 마오 나ᄂᆞᆫ 듯ᄌᆞ오니 家翁을 薄待ᄒᆞ고
妾 새옴 甚히 ᄒᆞ시ᄂᆞᆫ 늘근 안ᄒᆡ님이 몬져 죽ᄂᆞᆫ다데.

이 작품은 부엉이가 울면 사람이 죽는다는 속설을 바탕으로 본처와 첩이 아전인수 격의 대화를 나누고 있다. 질투와 시기의 감정을 여과 없이 표현한 것이 특징이다. 처첩간의 갈등이 해학적으로 표현되고 있다는 점에서 사회적 부조리마저 일상적 삶의 소재가 된다.

<時大 2509> ᄉᆡ어마님 며느라기 낫바 벽 바흘 구루지 마오
빗에 바든 며ᄂᆞ린가 갑세 쳐온 며ᄂᆞ린가 밤나모 서근 들걸에 휘
초리 나니 ᄀᆞᆺ치 알살픠선 ᄉᆡ아바님 볏 뵌 쇠ᄯᅩᆼ ᄀᆞᆺ치 되죵고신 ᄉᆡ
어마님 三年 겨론 망태에 새 송곳부리 ᄀᆞᆺ치 쑈족ᄒᆞ신 ᄉᆡ누으님
당피 가론 밧틔 돌피 나니 ᄀᆞᆺ치 ᄉᆡ노란 욋곳 ᄀᆞᆺ튼 피ᄯᅩᆼ 누ᄂᆞᆫ 아ᄃᆞᆯ

ᄒᆞ나 두고
건 밧틔 멋곳 ᄀᆞ튼 며ᄂᆞ리를 어듸를 낫바 ᄒᆞ시ᄂᆞᆫ고.

이 작품은 고부간의 갈등을 표현한 것이다. 초장에서는 시어머니의 시집살이를 표현하고 중장에서는 다양한 비유법을 사용하여 시댁 식구들을 열거하고 있다. 이러한 비유는 시댁 식구들을 비하하거나 조롱하는 방법으로 묘사하고 있다. 화자는 며느리의 입장에서 시댁식구들을 부정적으로 설정하여 며느리를 두둔하고 있다. 이는 며느리가 제3자의 입을 통해 시집살이의 고통과 가족제도의 모순 속에서 오는 삶에 대한 갈등을 표현하고 있다 하겠다. 이러한 시집살이의 고통과 갈등을 표현한 것은 민요에서 쉽게 찾아 볼 수 있는데 그 예를 보면 다음과 같다.

<民謠 2> 오리도리 삿갓집에 울도 담도 없는 집에
헝글헝글 시어머님 부지끌덕 네 아들에
반달같은 네 며느리 머그글러 그러나노
시어머니 낮짝도 빤빤하지
저런 것을 나 놓고 날 다려왔네[44)]

<民謠 2>은 시집살이의 고통을 노래한 것이다. 화자는 며느리로 고부간의 갈등을 표현한 작품으로 위의 장시조와 내용이 상통한다. 민요는 인간이 느끼는 원초적인 심성을 진솔하게 표현하는 장르다. 그것은 삶에서 느끼는 갈등을 노래로 담아내면서 해소하고자 하는 욕구의 발로이다. 장시조도 마찬가지로 이와 같이 서민들의 직설적인 발언들을 담을 수 있는 것은 단시조에서 다룰 수 없었던 의미들이 사회적 변화와 더불어 장시조의 개방성과 맞물리면서 가능했던 것이다. 그러므로 이러한 서민적인 내용들이 장시조에 다수 나타나고 있는 것은 민요풍의 작품과 긴밀한 상관관계가 있음을 짐작할 수 있는 구체적 사례이다.

---

44) 고정옥(1947), 앞의 책, 210쪽.

(2) 商去來에 대한 口述

조선후기가 도시 상공업이 발달하던 시기임은 앞에서 살펴보았다. 이러한 시대적 상황으로 말미암아 조선후기는 상행위에 대한 구체적 관심과 진술이 확대된다. 도시 발달의 모습은 장시조의 여러 작품에서도 엿볼 수 있다.

<時大 63> 各道各船이 다 올라올 졔 商賈 沙工이 다 올나 왓ᄂᆡ
　助江 석골 幕娼드리 ᄇᆡ마다 ᄎᆞ즐 제 ᄉᆡ너 놈의 먼정이와 龍山 三浦 당도라며 平安道 獨大船에 康津 海南 竹船들과 靈山 三嘉ㅣ 地土船과 메육 실은 濟州 ᄇᆡ와 소곰 실른 瓮津 ᄇᆡ드리 스르를 올나 갈 제
　어듸셔 各津 놈의 나로ᄇᆡ야 ᄶᅬ야나 볼 쥴 이스랴.

위 작품은 각 도의 상선들이 모여드는 포구의 광경을 묘사하고 있는 것으로 상거래가 활발하게 이루어지고 있는 도시의 역동적인 모습을 담고 있다. 한편 큰 배들이 속속 밀려오는 생기 넘치는 교역의 장 뒤에는 나룻배를 슬쩍 병치시킴으로써 도시의 양적 확대, 규모의 증가에 밀려나는 과거의 잔영을 인상적으로 포착[45]하고 있다.

<時大 1209> 쎳쎳 常 평ᄒᆞᆯ 平 통ᄒᆞᆯ 通 보ᄇᆡ 寶字
　구멍은 네모지고 四面이 둥그러셔 ᄉᆡᆨ더글 구으러 간 곳마ᄃᆞ 반기ᄂᆞᆫ고나
　엇더타 죠고만 金 죠각을 두챵이 닷토거니 나ᄂᆞᆫ 아니 죠홰라.

<時大 1209>는 상평통보의 글자 풀이와 외형을 묘사하고 있다. 특히 중장에서는 상평통보가 굴러간 곳마다 반긴다는 표현을 통해 당시 화폐가 상거래의 주된 역할을 하고 있음을 알 수 있으며, 나아가 화폐가 널리 통용되는 초

45) 박애경(2000), 「朝鮮後期 時調에 나타난 都市와 都市的 삶」, 『時調學論叢』 第16輯, 韓國時調學會.

기 자본주의의 발달, 그리고 배금주의의 속물적 근성 등 사회 전반적 인식의 틀까지도 짐작하게 한다. 이러한 도시상공업과 화폐의 발달은 상거래의 발달을 가속화하였는데, 장시조에는 이러한 상거래의 모습을 담고 있는 작품들이 다수 보인다.

<時大 1198> ᄃᆡᆨ들에 나모들 사오 져 쟝ᄉᆞ야 네 나모 갑시 언매 웨ᄂᆞᆫ다 사쟈
ᄡᆞ리 남게ᄂᆞᆫ ᄒᆞᆫ 말 치고 검부 남게ᄂᆞᆫ 닷 되를 쳐서 合ᄒᆞ야 혜면 마 닷되 밧습ᄂᆡ 샷 대혀 보으소 잘 붓슴ᄂᆞ니
ᄒᆞᆫ 적곳 사 ᄶᅡ혀보며ᄂᆞᆫ ᄆᆡ양 사 ᄶᅡ히쟈 ᄒᆞ리라.

<時大 1201> 宅쓰레 臙脂粉들 사오 뎌 匠事야 네 臙脂粉 곱거든 ᄉᆞ쟈
곱든 비록 아니ᄒᆞ되 바르면 네 업든 嬌態 절노 나고 臙脂粉이 오니
眞實노 그러 곳 ᄒᆞ량이면 닷말 아치 나샤쟈.

이 작품은 행상인과 아낙네가 물건을 사고파는 흥정의 과정을 장시조화한 것이다. 먼저 행상인이 팔고자 하는 물건을 외치고, 아낙네가 이에 응답하여 물건의 종류나 값을 묻는 형태로 이루어진다. 이에 대해 고정옥은 “賣買問答體노래는 民謠精神의 승리”[46]라고까지 하였다. 또한 신은경은 이러한 거래를 통한 장시조에 대하여 작가를 서민이라고 단정할 수는 없겠지만 서민들의 일상적 삶의 현실을 사실대로 그리고 있다는 점에서 장시조가 지니는 庶民文學的 特性이 잘 드러나 있다고[47] 보았다.

이처럼 상거래를 구술한 장시조는 <ᄃᆡᆨ들에요>라는 하나의 유형[48]을 만들어 내었는데, 대부분 상거래 현장의 한 단면을 포착하여 담아내고 있다. 즉 서민들의 일상적 삶의 한 부분인 상거래의 장면을 장시조 속에 수용한 것이라 할 수 있다.

---

46) 고정옥(1947), 앞의 책, 76-78쪽.

47) 신은경(1992), 앞의 책, 121-122쪽.

48) <時大> 74, 181, 1199, 1200, 1201, 1202, 1203, 1577, 3834.

(3) 임에 대한 渴望

장시조에는 임을 소재로 한 작품들이 많다. 임에 대한 애정의 표현은 인간 성정의 가장 근본적인 발로이며 인간의 영원한 관심의 대상이다. 그러나 단시조의 임에 대한 갈망은 대부분 군주나 부모를 대상으로 한다. 하지만 장시조에서의 임은 남녀의 대상으로 변질된다. 장시조가 개방되어 남녀의 애정을 담기 전에 이를 대신했던 것은 민요이다. 민요에는 사랑과 이별, 그리움 등의 애정류가 하나의 유형으로 존재한다. 이러한 민요에서 다루어지던 애정류 노래들이 점차 장시조에 수용되면서 시조문학에서 금기시 되던 남녀의 과감한 사랑이 표면화 되고 표현 또한 대담해진다. 이를 민요와 대비하여 살펴보도록 하겠다.

<時大 1059> 님이 오마 ᄒᆞ거ᄂᆞᆯ 져녁 밥을 일지어 먹고
　中門 나서 大門 나가 地方 우희 치ᄃᆞ라 안자 以手로 加額ᄒᆞ고 오ᄂᆞᆫ가 가ᄂᆞᆫ가 건넌 山 ᄇᆞ라보니 거머흿들 셔 잇거ᄂᆞᆯ 져야 님이로다 보션 버서 품에 품고 신 버서 손에 쥐고 곰븨님븨 님븨곰븨 쳔방지방 지방쳔방 즌듸 ᄆᆞ른듸 ᄀᆞᆯ희지 말고 워렁충창 건너가셔 情엣 말 ᄒᆞ려 ᄒᆞ고 겻 눈을 흘긧 보니 上年 七月 사흔날 ᄀᆞᆯ가 벅긴 주추리 삼대 ᄉᆞᆯ드리도 날 소겨다
　모쳐라 밤일싀만졍 힝혀 낫이런들 ᄂᆞᆷ 우일번 ᄒᆞ괘라.

<時大 1393> 萬古 離別 ᄒᆞ던 中에 누고 누고 더 셟던고
　項羽의 虞美人은 劍光에 놉은 곳에 香魂이 나라 ᄂᆞ고 漢公主 王昭君은 胡地에 遠嫁ᄒᆞ여 琴琵絃 鴻鵠歌에 遺恨이 綿綿ᄒᆞ고 石崇의 金谷 繁華로도 綠珠ᄅᆞᆯ 못 진혀ᄂᆞ니
　우리ᄂᆞᆫ 連理枝 幷蔕花ᄅᆞᆯ 님과 나와 것거 쥐고 鴛鴦枕 翡翠衾에 百年同住ᄒᆞ리라.

이 작품들은 임에 대한 사랑을 내용으로 하는 것들이다. <時大 1059>는 저녁밥을 일찍 먹고 임을 기다리고 있는데 검은 빛과 흰 빛이 뒤섞인 모습을 보고 좇아 나갔으나 자세히 보니 삼대의 줄기였음을 보고 아쉬워하는 여인의

모습을 담고 있다. 특히 여인이 기뻐 다급한 모습을 표현한 '곰븨님븨 님븨곰븨 쳔방지방 지방쳔방' 등의 의태어나 여인이 착각한 주추리 삼대 등은 단시조에서는 볼 수 없는 생동감 있는 일상 소재이며, 구체성을 획득한 표현기법이라 할 수 있다. 한편 <時大 1393>은 金默壽의 작으로 애정의 생활을 읊고 있으며 사랑하는 임과 '百年同住'하고자 하는 갈망을 표현하고 있다. 특히 김묵수는 영조 때 사람으로 字는 時慶이고 신분은 胥吏이며 歌客이다. 장시조를 3수 남겼는데 나머지도 애정류의 작품들이다. 이 점에서 가객들이 애정류의 작품들을 많이 창작하고 불렀음을 짐작할 수 있다.

<時大 1984> ᄉᆞ랑 ᄉᆞ랑 고고히 ᄆᆡ친 ᄉᆞ랑 왼 바다흘 두루 덥는 그믈 ᄀᆞᆺ치
　　　　ᄆᆡ친 ᄉᆞ랑
　　　　　往十里라 踏十里 춤외 너출 수박 너출 얽어지고 틀어져셔 골골
　　　　이 버더 가는 ᄉᆞ랑
　　　　　아마도 이 님의 ᄉᆞ랑은 슷간 ᄃᆡ 몰ᄂᆞ ᄒᆞ노라.

이 작품은 朴文郁의 작으로 임에 대한 지고지순한 사랑을 담고 있다. 초장의 'ᄉᆞ랑 ᄉᆞ랑 고고히 ᄆᆡ친 ᄉᆞ랑'은 사랑가의 한 대목을 듣는 듯하고 작품 속에 사용된 시어들 중 답사리・참외・수박 등은 서민적인 성향을 보이며 골골이 뻗어 가는 끝없는 사랑을 표현하고 있다. 한편 박문욱은 英祖朝의 사람으로 字는 *汝大*이고 신분은 書吏이며 歌客이다. 시조작품으로 12수를 남겼는데 대부분 이러한 애정류나 서민적인 내용을 담고 있는 것이 많다.

한편 민요에서도 임에 대한 갈망을 표현한 작품을 쉽게 접할 수 있는데 몇 작품을 보면,

<民謠 3> 날아가는 원앙새야 너와 나와 동행하자
　　　　노류장화 꺾어 쥐고 누를 잡고 희롱할고
　　　　느실느실 곱게 핀 꽃 너와 나와 섧게 지네

<民謠 4> 이별도 셟다ᄒᆞᄃᆡ ᄉᆞ라 ᄉᆡᆼ니별은 ᄉᆡᆼ초목의 불이로다

이별이야 이별의 원수로다 남문의 군신이별 역노의 형제이별 말리의 쳐ᄌ 이별
아모리 셟다ᄒᆞᆫ덜 우리갓치 셜운 이별 ᄯᅩ어ᄃᆡ 잇슬손가
답답ᄒᆞᆫ 이셔음을 어이ᄒᆞ리

이 작품들은 임에 대한 갈망을 보이고 있는 것들이다. <民謠 3>은 헤어진 임에 대한 원망이 체념적으로 나타나고 있다. 즉 홀로 남은 자신의 처지를 원앙과 꽃에 비유하여 自慰하고 있는 것이다. 이 작품도 이별의 아픔을 노래하고 있으며 헤어진 임에 대한 그리움과 갈망이 물씬 풍긴다. <民謠 4>도 임과의 이별의 정한을 노래한 것으로 열거법을 통해 자신이 처한 이별의 서러움을 강조하고 있는 작품이다. 반면 이별의 서러움의 정도는 결국 헤어진 임에 대한 갈망의 표현으로 나타나고 있다.

요컨대 장시조는 일상적 삶을 그리면서 상거래에 대한 관심이 증가되고 민요적 내용이 수용되는 등의 개방적 성격을 드러내고 있다. 특히 남녀의 애정을 내용으로 하는 작품들이 대거 등장하게 된다.[49] 그 원인으로 전문가객의 역할을 들 수 있는데 이들은 신분상 자신들의 삶과 친숙한 서민들의 性情을 자신들의 작품 속에 반영하여 담아내게 되었다. 그리고 연행의 현장에서 이러한 애정류들이 청자들에게 좋은 반응을 얻을 수 있었기 때문이라 할 수

---

49) <時大> 27, 42, 48, 76, 100, 105, 109, 115, 118, 152, 217, 233, 251, 257, 5503, 496, 458, 464, 490, 518, 552, 563, 5670, 572, 571, 744, 769, 819, 600, 604, 607, 628, 647, 682, 702, 718, 743, 786, 915, 1024, 1026, 1027, 1028, 1036, 1052, 1059, 1131, 1064, 1085, 1091, 1103, 1172, 1174, 1215, 1217, 1246, 1263, 1317, 1366, 1374, 1524, 1546, 1549, 1587, 1608, 1606, 1591, 1597, 1623, 1648, 1696, 1716, 1765, 1875, 1984, 1989, 1990, 2176, 2156, 2008, 2051, 2084, 2092, 2122, 2208, 2307, 2363, 2366, 2392, 2435, 2523, 2522, 2540, 2549, 2690, 2698, 2723, 2772, 2774, 2785, 2803, 2845, 2910, 5659, 2924, 2839, 2941, 2957, 2968, 2988, 3018, 3027, 3054, 3147, 3211, 3245, 3319, 3334, 3345, 3351, 3398, 3420, 3419, 3469, 3471, 3491, 5692, 3535, 3574, 3583, 3650, 3651, 3672, 5696, 3700, 3769, 3770, 3822, 3829, 3834, 3842, 3857, 3859, 3898, 3922, 3969, 4056, 4057, 4117, 4144, 4158, 4161, 4170, 5726, 4201, 4216, 4290, 4305, 4319, 4364, 5491, 4406, 4413, 4492, 4494, 4554, 4521, 4552, 4569, 4640, 4664, 4668, 4667, 4712. 그 외 252(無名時調가本 78), 海一 631, 無名時調가本 56, 海一 478이 있음.

있다. 즉 이러한 가객들의 등장으로 서민들의 애정과 삶을 담고 있는 작품들이 장시조 속에 담길 수 있는 기회가 제공되었던 것이다. 이것이 장시조에 서민문학이 반영된 개방적 양상이라 하겠다.

2) 果敢한 肉慾의 表出

조선조를 지배하던 유교이념의 지향점은 중세적 위계질서를 견고히 하는 것이었다. 이러한 도덕적 경건주의는 인간의 본성을 억압하고 자아의 노골적인 발현을 허용하지 않았다. 그러나 조선후기는 이러한 억압과 통제에서 벗어나 자유로운 세계를 지향하고자 하는 개방적 성격을 보이게 된다. 그 원인으로는 조선조를 유지했던 성리학의 와해와 새롭게 대두된 실학사상, 그리고 서민의식의 성장을 들 수 있을 것이다. 장시조는 이러한 억압과 통제로 다스려지는 공식적인 삶을 벗어나 이와는 어긋나는 자유로운 세계를 지향하고자 하는 개방적 성격을 띠게 된다. 결국 폐쇄적인 당시 사회에서, 특히 은폐가 심하던 인간의 본능적 행위를 대담하게 표출했다는 것은 미의식 존재여부를 논하기 전에 '도덕적 당위'의 부정과 '인간적 존재'의 긍정이라는 측면을 감안할 때 논할 만한 가치가 있다.[50] 이러한 과감한 육욕 표출은 서민들의 진면목이요, 그들의 솔직담백한 표현이었으며, 조선사회의 윤리 도덕에 대한 부정이고 저항의식의 발로라고 할 수 있다.

이러한 과감한 육욕을 표출한 작품은 경우에 따라서는 은유적 표현을 사용하기도 하였으나 한편으로는 사실적인 내용을 그대로 담고 있는 작품들도 있어 단시조와는 그 내용적 성격을 달리하고 있다 하겠다. 이는 고려속요에서 표출된 음란성과 어느 정도 맥락을 같이 하고 있다. 한편 고려속요가 은유와 비유를 통해 담아내고 있다면 장시조는 여기서 한발 더 나아가 직설적인 표현을 통해 과감하고 적나라한 애정을 표출하면서 성에 대한 개방성을 보이게 된다.

---

50) 조규익(1982), 「長時調에 나타난 滑稽美 分析」, 『論文集』 第3輯, 해군사관학교, 54쪽.

장시조에 나타난 과감한 육욕 표출도 그 양상에 따라 적극적인 성욕 분출과 노골적인 성행위 묘사, 그리고 의도적인 불륜의 발원과 암시 등으로 나눌 수 있다. 작품 수만으로 본다면 성욕을 적극적으로 분출한 것이 더 많이 나타난다. 이러한 분류를 통해 장시조에 나타난 과감한 애정의 표출 양상을 개방적 차원에서 접근하여 살펴보고자 한다.

(1) 積極的인 性慾의 噴出

성욕은 인간본능의 하나이다. 겉으로 쉽게 드러낼 수 있는 것은 아니지만 누구에게나 잠재되어 있는 욕구라 할 수 있다. 다만 어느 시대를 막론하고 이를 표면적으로 드러내는 것을 금기시해 왔다. 이러한 성욕의 표출은 서민들의 문학으로 자리 잡게 되어 민요에 드러나게 된다. 그런데 이러한 성을 내용으로 한 문학들이 장시조를 통해 표면화 되는 것은 역시 사회적 변화 중에서도 서민의식의 성장에 기인한 것이라 할 수 있다.

<時大 249> 高臺廣室 나ᄂᆞᆫ 마다 錦衣玉食 더옥 마다
　銀金寶貨 奴婢田宅 緋緞 치마 大緞 쟝옷 密羅珠 겻칼 紫芝鄕織 져고리 ᄯᅳᆫ머리 石雄黃 오로다 ᄭᅮᆷ자리 ᄀᆞᆺ고
　眞實로 나의 平生 願ᄒᆞ기ᄂᆞᆫ 말 잘ᄒᆞ고 글 잘ᄒᆞ고 얼골 ᄀᆞ자ᄒᆞ고 품자리 잘ᄒᆞᄂᆞᆫ 져믄 書房이로다.

<時大 2221> 石崇의 累鉅萬財와 杜牧之의 橘滿車風采라도
　밤 일을 ᄒᆞᆯ 저긔 제 연장 零星ᄒᆞ면 ᄭᅮᆷ자리만 자리라 그 무서시 貴ᄒᆞᆯ소냐
　貧寒코 風度ㅣ 埋沒ᄒᆞᆯ지라도 제 거시 무즑ᄒᆞ여 내 것과 如合符節 곳ᄒᆞ면 긔 내 님인가 ᄒᆞ노라.

위 두 작품은 성욕을 적극적으로 분출한 것들이다. <時大 249>의 화자는 여성으로 초장과 중장에 걸쳐 다양한 부귀영화를 늘어놓고 있다. 예를 들어 고대황실이나 金銀寶貨와 奴婢田畓・緋緞치마・大緞장옷・密羅珠・겻칼・紫

芝鄕織 저고리 · 石雄黃 등은 모두 꿈같은 삶의 부귀영화에 대한 동경을 강조하기 위해 나열된 것들이다. 하지만 종장에서 자신이 평생 원하는 것은 이 모든 부귀영화가 아니라 '말 잘ᄒᆞ고 글 잘하고 얼골 ᄀᆞ자하고 품자리 잘ᄒᆞᄂᆞᆫ 져믄 書房'이 최고라고 말한다. 즉 화자는 자신의 호사보다 능력 있고 잘생긴 배우자를 염원하고 있는 것이다. 또한 젊은 서방을 통해 자신의 성욕을 분출하고 있음을 알 수 있다.

<時大 2221>은 앞의 작품보다 적극적으로 성의 중요성을 설파한다. 즉 석숭의 많은 재산과 두목지의 풍채도 밤일을 잘 하지 못하면 아무 소용이 없으며, 또한 그러한 풍채나 재산보다도 자신과 잘 맞으면 그것이 내 님이요 최고의 배필임을 역설하고 있는 것이다. 결국 화자는 성에 대한 긍정과 적극적인 표현을 통해 남녀의 관계를 규정한다. 이처럼 장시조에는 대담하게 성욕을 표출한 작품이 상당수 나타나고 있다.[51]

> <時大 1041> 님으란 淮陽 金城 오리남기 되고 나ᄂᆞᆫ 三四月 츩너출이 되어
> 그 남게 그 츩이 낙거믜 나뷔 감 듯 이리로 츤츤 져리로 츤츤 외호 감아 올히 풀쳐 얼거져 트러져셔 밋부터 ᄭᅳᆺ가지 ᄒᆞᆫ 곳도 뷘 틈 업시 ᄎᆞᆫᄎᆞᆫ 구븨ᄂᆞ게 휘휘감겨 晝夜 長常 뒤트러져 얼키엿다가
> 冬 셧달 바ᄅᆞᆷ비 눈셔리ᄅᆞᆯ 아모만 마즌들 푸러질 줄 이실랴.

> <時大 2176> ᄉᆡᆼ미 갓튼 져 閣氏 남의 肝腸 그만 긋소
> 몃 가지나 ᄒᆞ여 쥬료 緋緞당옷 大緞치마 구름 ᄀᆞ튼 北道다릐 玉빈혀 竹節빈혀 銀粧刀 金粧刀 江南셔 나온 珊瑚柯枝쟈ᄀᆡ 天桃 金가락지 石雄黃 眞珠 당긔 繡草鞋ᄅᆞᆯ ᄒᆞ여 쥽셰
> 져 閣氏 一萬兩이 ᄭᅮᆷ자리라 곳 갓치 웃ᄂᆞᆫ 드시 千金 ᄊᆞᆫ 言約을 暫間 許諾ᄒᆞ시소.

---

51) <時大> 67, 72, 74, 78, 179, 206, 249, 255, 601, 602, 606, 809, 948, 949, 950, 1041, 1198, 1199, 1203, 1202, 1216, 1265, 1362, 1393, 1542, 1577, 1580, 1701, 1924, 2164, 2326, 2481, 2778, 2784, 2830, 2927, 3096, 3119, 3142, 3569, 3622, 3639, 3663, 3652, 5704, 3839, 4416.

이 작품들은 조선후기 문신으로 대제학과 예조판서까지 지낸 李鼎輔(1693-1766)의 작으로 장시조 작가를 분명히 알 수 있는 몇 안 되는 작품 중 하나이다. <時大 1041>은 임과 함께 사랑을 나누고 욕망을 푸는 과정을 표현한 작품이고, <時大 2176>도 천만금을 지불하고서라도 아리따운 각시를 차지하겠다는 적극적인 성욕을 표현한 작품이다. 한편 이러한 적극적인 욕망을 사대부가의 입에서까지 노골적으로 표출된 것은 전시대의 사대부 문학과 일정 부분 차이를 보여준다. 이외도 이정보의 작으로 23수[52]의 장시조가 전해지고 있는데 대부분 성을 소재로 하는 것이 많다. 그런데 이렇듯 대담한 성욕의 표현이 이정보의 작이라고 단정하기는 쉽지 않다. 아마도 이러한 내용을 담고 있는 가사들을 수집하여 시조의 형태로 재창작한 것이 아닌가 한다. 다만 간과하지 말아야 할 것은 이러한 내용을 담고 있는 작품들이 사대부의 손에 의해 음지에서 양지로 드러날 수 있었다는 점이다. 따라서 사대부 계층에서도 의식적으로 이러한 내용들을 표현해도 무방하리만큼 사회적 풍토가 개방되었음을 짐작하게 한다.

(2) 露骨的인 性行爲 描寫

장시조에는 단순히 성욕을 분출하는 내용으로만 끝나는 것이 아니라 노골적인 성행위를 묘사한 작품들이 있어 주목된다. 장시조는 남녀의 기탄없는 육정을 토로한 작품이 많으며, 이러한 작품의 내용에는 남녀 사이의 적극적인 애정 표현, 성희 등이 묘사되어 있다.[53] 특히 애정의 묘사는 육감적이고 노골적인 표현이 많이 나타나고, 그 유형은 대부분이 비논리적인 경향을 띠고 있다. 서원섭은 장시조의 주제에 대한 특색으로 率直한 愛情의 表出과 大膽한 情事場面의 描寫를 뽑았다.[54] 이러한 특징은 민요와도 연관된다고 할

---

52) <時大> 106, 233, 248, 726, 939, 967, 1041, 1141, 1175, 1392, 1546, 1552, 2105, 2176, 3351, 3390, 3437, 3761, 3883, 3931, 4372, 4481, 4517.

53) 전규태(1986), 『韓國詩歌 硏究』, 고려원, 486쪽.

54) 서원섭(1977), 앞의 책, 356쪽.

수 있다.

<時大 1636> 半여든에 첫 계집을 ᄒᆞ니 어렷 두렷 우벅 주벅 주글번 살번 ᄒᆞ다가

와당탕 드리 ᄃᆞ라 이리 져리ᄒᆞ니 老都令의 ᄆᆞ음 흥글 항글

眞實로 이 滋味 아돗던들 긜젹보터 ᄒᆞᆯ랏다.

<時大 1345> 드립더 ᄇᆞ득 안으니 셰 허리지 ᄌᆞ늑ᄌᆞ늑

紅裳을 거두치니 雪膚之豊肥ᄒᆞ고 擧脚蹲坐ᄒᆞ니 半開한 紅牧丹이 發郁於春風이로다

進進코 又 退退ᄒᆞ니 茂林山中에 水春聲인가 ᄒᆞ노라.

위 시조들은 성행위 장면을 표현한 작품들이다. <時大 1636>은 노도령이 첫 날 밤을 겪은 느낌을 다양한 의성어와 의태어를 통해 사실적으로 표현하고 있는 작품이다. <時大 1345>는 한자를 이용하여 속되지 않게 성행위를 묘사한 것이 특징이다. 구체적으로 紅牧丹·茂林山中·水春聲 등 여성의 성기를 비유하는 재치가 해학적이다.

<時大 2830> 얽고 검고 킈 큰 구레나룻 그것조차 길고 넙다

쟘지 아니 놈 밤마다 ᄇᆡ에 올라 죠고만 구멍에 큰 연장 너허 두고 흘근할젹 ᄒᆞᆯ 제ᄂᆞᆫ 愛情은 ᄏᆞ니와 泰山이 덥누로ᄂᆞᆫ 듯 ᄌᆞᆫ 放氣 소릐에 졋 먹던 힘이 다 ᄡᅳ이노미라

아므나 이 놈을 ᄃᆞ려다가 百年同住ᄒᆞ고 永永 아니 온들 어ᄂᆡ 개ᄯᆞᆯ년이 싀앗 새옴 ᄒᆞ리오.

<時大 106> 간 밤의 ᄌᆞ고 간 ᄉᆞ람 아마도 못 니즐노다

瓦얏놈의 아들인지 ᄌᆞᆫ 흙의 ᄲᅳᆷᄂᆡ 드시 두더쥐 靈식인지 국국히 뒤지 드시 沙工의 成營인지 ᄉᆞ어써로 지르 드시 平生에 쳐음이오 凶增코도 야로제라

前後의 나도 무던이 겪거시나 참 盟誓ㅣ치 간 밤 그 놈을 참아 못 이즐가 ᄒᆞ노라.

이 경우는 지난밤에 있었던 성행위를 회고하는 작품들이다. <時大 2830>은 한 여자가 자신과 동침한 남자의 성기가 매우 커서 전일의 흐뭇한 房事를 잊을 수 없는 심정을 육두문자를 섞어가면서 회고하고 있다. <時大 106>도 지난밤에 자신과 동침을 했던 사내의 갖가지 행동들을 회상하고 있다. 그런데 공통적인 특징은 두 작품의 화자가 여자라는 것이다. 조선시대를 지배하고 있는 유교적 관념상 여자의 정조는 절대적 가치를 부여한다. 七去之惡에서도 婦道의 악행 중 으뜸을 무엇보다 음탕한 여자로 보았다. 그런데 이러한 부정이 장시조를 통해 드러난다는 것은 여성들의 성윤리에 대한 변화의 양상이 일어났음을 의미한다.

이처럼 장시조는 단시조에서 다룰 수 없었던 도덕적 관념을 타파하고 성행위 장면을 거침없이 묘사하고 있다. 이를 통해 자신들의 억압된 감정을 발산하는 도구로 장시조를 선택했던 것이다. 즉 서민을 비롯하여 사대부에 이르기까지 도덕적 억압에서 벗어나 성적 개방을 추구했던 것이다. 이러한 변화는 노골적인 성행위를 묘사한 작품이 다수 나타나고 있음을 통해 확인된다.[55)]

(3) 不倫의 發願과 暗示

불륜은 어느 시대 어느 사회에서도 용납될 수 없는 파행이다. 그런데 장시조에는 전례 없이 이러한 불륜을 발원하거나 암시하는 작품들이 빈번하게 나타난다. 이는 어느 한 개인의 부정을 넘어 엄격한 도덕률로 여성을 억압하던 제도를 조롱함으로써 금기타파의 의지를 보여주기도 한다. 즉 장시조에 나타난 불륜에 대한 거침없는 표현은 성에 대한 개방적 의식의 수준을 보여주는 것이다.

먼저 불륜의 발원을 담고 있는 경우이다.

---

55) <時大> 70, 80, 106, 99, 538, 577, 816, 771, 1013, 1346, 1345, 1373, 1484, 1636, 1738, 1898, 2165, 2221, 2385, 2822, 3571, 4299.

<時大 1584> ᄇᆞ른갑이라 ᄒᆞᄂᆞᆯ로 ᄂᆞᆯ며 두더쥐라 ᄯᅡ흐로 들랴
　　금죵달이 鐵網에 걸려 플덕플덕 프드덕이니 ᄂᆞᆯ다 긜다 네 어드
로 갈다
　　우리도 새님 거러두고 플더겨 볼가 ᄒᆞ노라.

<時大 1577> 밋난편 廣州ㅣ ᄡᅡ리뷔 쟝ᄉᆞ 쇼대 난편 朔寧 닛뷔 쟝ᄉᆞ
　　눈경에 거론 님은 ᄯᅮᄯᅡᆨᄯᅮᄯᅡᆨ 두드려 방망치 쟝ᄉᆞ 돌호로 가마 홍
도ᄭᅢ 쟝ᄉᆞ 뷩뷩도라 물레 쟝ᄉᆞ 우물젼에 치다라 ᄀᆞᆫ댕ᄀᆞᆫ댕 ᄒᆞ다가
위렁충창 풍 ᄲᅡ져 물 ᄃᆞᆷ복 ᄯᅥ내ᄂᆞᆫ 드레곡지 쟝ᄉᆞ
　　어ᄃᆡ가 이 얼골 가지고 뇨ᄅᆡ 쟝ᄉᆞ를 못 어드리

유교적 도덕률과 인간의 본성이 충돌할 때 유교적 도덕률은 무시되고 인간의 본성이 긍정되는 것이 장시조의 특징이다. <時大 1584>는 남의 임과 함께 하고 싶은 욕망을 표현한 작품으로 '새 님'은 남의 임을 대칭하는 용어이다. 즉 불륜을 통해서라도 자신의 욕정을 해결하고자 하는 노골적이고 적나라한 발원인 것이다. <時大 1577>은 여인의 입을 통해 다양한 장사꾼들이 묘사되고 있다. 여기서 열거된 장사꾼을 다양한 성기의 상징으로 볼 때[56], 시적 화자의 성적 쾌락에 대한 욕구를 읽을 수 있다. 이는 결국 불륜을 저지르고 싶어 하는 화자의 발원이 담긴 것이라 할 수 있다.

다음은 불륜을 암시하는 경우이다.

<時大 2771> 어이려뇨 어이려뇨 ᄉᆡ어마님아 어이려뇨
　　쇼대 남진의 밥을 담다가 놋쥬걱 잘을 부르쳐시니 이를 어이
ᄒᆞ려뇨 ᄉᆡ어마님아
　　져 아기 하 걱정 마스라 우리도 져머신 제 만히 것거 보왓노라.

<時大 74> 閣氏네 더위들 ᄉᆞ시오 일른 더위 느즌 더위 여러 ᄒᆡ포 묵은 더위
　　五六月 伏 더위에 情의 님 만나이셔 달 밝은 平床 우희 츤츤 감
계 누엇다가 무음 일 ᄒᆞ엿던지 五腸이 煩熱ᄒᆞ여 구슬 ᄯᆞᆷ 흘니면셔

56) 조규익(1996), 『蔓横清類』, 박이정, 51쪽.

헐썩이넌 그 더위와 冬至쌀 긴긴밤의 고은님 다리고 다스훈 아름묵과 돗가온 니불 속의 두 몸이 훈 몸되야 그리져리 ᄒᆞ니 手足이 답답ᄒᆞ며 목궁이 타올 젹의 웃묵의 찬 숙융을 벌쩍 벌쩍 켜난 더위를 閣氏네 사려거든 소견ᄃᆡ로 ᄉᆞ오시쇼
당ᄉᆞ야 네 더위 여럿 中의 님 만나는 두 더위야 뉘 아니 조아ᄒᆞ리 남의게 파지 말고 너게 부ᄃᆡ 파로시쇼.

<時大 2771>는 고부간의 대화체로 이루어진 작품인데 며느리가 '쇼대 남진'의 밥을 담다 주걱을 부러졌다고 말하자 이에 자신도 젊었을 때 많이 그랬다며 태연하게 며느리를 위로하는 내용이다. 며느리의 불륜을 야단쳐야 할 시어머니가 오히려 며느리를 위로하고 있는 장면에서 아이러니를 느낄 수 있다. 또한 작품 속에 불륜의 노골적인 표현은 없었지만 결과론적으로 이미 불륜이 이루어진 상황에서 서로간의 불륜을 묵인하고 있다.

<時大 74>는 더위를 팔고 있는 장사꾼과 이를 사겠다고 하는 아낙네의 대화로 이루어진 작품이다. 이 작품은 申獻朝(1729-1791)의 『蓬萊樂府』에 수록되어 있는데 실제 이 작품이 그의 작이라고 단정할 수는 없다. 비록 시대가 변했다고는 하나 관직이 관찰사에까지 오른 사대부가 이러한 작품을 지었다고는 쉽게 단정할 수는 없다. 왜냐하면 이 작품은 표면상으로는 더위를 사고 팔고 있는 상황을 노래하고 있지만 실제 작품 속의 더위는 대부분 남녀의 성행위의 장면을 암시적으로 표현하고 있기 때문이다. 또한 성행위의 대상이 부부간의 정상적인 관계가 아닌 불륜을 암시하고 있다. 따라서 신헌조가 직접 창작한 작품이라기보다는 민간들 사이에서 떠돌고 있는 내용을 자신의 문집을 엮으면서 수록된 것이 아닌가 한다. 또한 이러한 작품의 내용이 표면적으로 노골적이고 적나라한 성적 표현이 아니라 암시적이고 은유적으로 표현되고 있기 때문에 가능했다고 할 수 있다.

이처럼 장시조에는 불륜에 대한 발원과 암시를 담고 있는 작품들이 많이 나타난다.[57] 이는 단시조에서 다루어지는 애정이 대부분 부부나 군신을 대상

57) <時大> 150, 178, 710, 1201, 1217, 1389, 1563, 1576, 1584, 1581, 1787, 1956, 2828, 3138,

으로 하고 있는 반면 장시조는 부부 이외의 이성 즉 불륜을 대상으로 하고 있다는 점에서 이질적이라고 할 수 있다. 또한 대부분 서민적인 내용을 담고 있으며 이러한 내용들이 장시조로 불리게 된 것은 민간에 떠돌고 있던 가사 또는 민요들을 전문 가객이나 사대부의 문집 속에 들어가면서 장시조화 된 것이라 할 수 있다. 다시 말하면 장시조의 개방성을 통해 다른 장르의 문학들이 들어갈 수 있게 된 것이라 하겠다.

3) 諷刺意識의 高揚

풍자란 문학을 표현하는 한 방법으로 국가나 사회, 계층 간의 모순이나 불합리한 일들을 해학적으로 풀어내는 문학의 한 표현기교라 할 수 있다. 또한 풍자는 현실적 모순에 대한 부정과 비판적 태도를 취하므로 반어적 방법을 사용하며 대상은 상층계급에 대한 것이 주종을 이룬다. 풍자의 대상은 개인 공격의 저급한 풍자·정치권력을 비판하는 정치적 풍자·인류전체를 조소하는 고급한 풍자·자기가 스스로를 해부하고 비판하는 자기풍자 등 네 가지로 분류할 수 있다.[58] 어느 경우도 풍자는 시정과 교정의 의미를 갖고 새로움과 발전을 희구하는 신념이 있을 때 참의미가 있다. 따라서 풍자는 개인의 풍자에서 시대와 국가 또는 인류에 대한 비판에 이르기까지 그 대상의 폭이 넓다. 풍자의 목적은 독자에게 호소하여 비판하는 것이며, 이를 위하여 독자의 감정을 자극하고 조롱·분노·증오에 이르도록 감동시켜야 하는 것이다.[59]

장시조에 풍자의식을 담고 있는 작품은 52수[60]로 풍자의 대상에 따라 파

3149, 3222, 3407, 4054.

58) 이정태(1989), 「李朝 時調文學上에 나타난 諷刺」, 『論文集』 第11輯, 대림공전, 11쪽.

59) 김종환(1992), 「辭說時調의 諷刺 樣相」, 『論文集』 第35輯, 3사관학교, 2쪽.

60) <時大> 35, 63, 181, 182, 218, 276, 906, 1014, 1200, 1329, 1330, 3758, 1209, 1392, 1548, 1578, 1579, 1615, 2021, 2200, 2347, 2509, 2556, 2586, 2664, 2716, 42741, 2771, 2802, 2829, 2844, 3150, 3294, 3390, 3437, 3547, 3644, 3761, 3759, 3760, 3833, 3987, 4295, 4045, 4106, 4313, 4439, 4488, 4489, 4671.

계승에 대한 풍자·지배층의 위선 풍자·서민생활의 곤궁 풍자·인간의 세태 풍자 등으로 나누어 볼 수 있다. 이를 몇 작품을 통해 확인해 보도록 하겠다.

(1) 人物諷刺

인물풍자의 대상은 지배층이나 승려를 풍자한 것이 대부분이다. 특히 승려에 대한 풍자로 여러 요인을 들 수 있겠으나 먼저 조선시대에 들어 유교가 사상적 근간을 이루면서 불교가 천시된 것이 주된 원인이라고 할 수 있으며, 또한 왜곡된 성의 표현을 위한 타락한 현장의 흥미를 배가시키기 위한 희생양일 수도 있다. 즉 서민들은 지배층에서 받은 사회적 불만을 승려들을 끌어들여 풀고자했던 것이다. 이에 대해 계급 격차가 엄존한 조선사회에서 귀족들과 맞서 싸울 수도 없는 처지였기에 서민문학은 자연 그 불만이 완곡하게 표현될 수밖에 없거나 서민문학으로 흐를 수밖에 없어서 자칫 적극성이 결여될 수 있었기에 장시조에서 남녀승의 타락상이 노골적으로 표현되어 있고, 그들을 '중놈·중년·승녀' 등 거침없이 욕설을 퍼붓고 있는 것은 서민들이 양반들로부터 받아 온 압박과 수모를 승려에게 돌려 그들의 억압된 감정과 욕구 불만을 발산해 보려고 했던 것[61]으로 해석하기도 한다. 따라서 장시조에는 승려의 탈선과 파계를 폭로하기 위한 작품들이 많이 등장한다.

<時大 3833> 窓 밧기 어른어른 ᄒᆞᄂᆞ니 小僧이 올소이다
어제 져녁의 動鈴ᄒᆞ랴 왓든 중이 울ᄂᆞ니 閣氏님 ᄌᆞᄂᆞᆫ 房 독도리
버셔 거ᄂᆞᆫ 말 그ᄐᆡ 이 ᄂᆡ 쇼리 숑낙을 걸고 가자 왓소
져 듕아 걸기ᄂᆞᆫ 걸고 갈지라도 後ㅅ말이나 업게 ᄒᆞ여라.

위 작품은 불가에서 엄격히 금하고 있는 일을 아무런 거리낌 없이 행하는 승려의 행태를 대화형식을 통해 풍자하고 있다. 불가에 입문한 승려에게 금욕은 가장 중한 의무이며 계율인데 그런 것에 아랑곳하지 않고 서슴없이 파

61) 전규태(1986), 앞의 책, 496쪽.

계를 행하고 있다. 또한 어제 저녁에도 왔었다는 말에서 승려의 타락상은 극에 달하고 있다. 한편 각시도 자연스럽게 승려의 제안을 받아들이고 있다. 이를 통해 당시 불가의 타락상을 풍자하고 있으며, 더 나아가 억압된 성에 대한 여성의 개방성을 보인다고 하겠다. 장시조에 나타난 불가의 파계는 승려에서 끝나는 것이 아니라 여승의 타락상도 풍자의 대상이 되었다.

<時大 2820> 어흠아 긔 뉘옵신고 건넌 佛堂에 動鈴僧이 내 울너니
홀 居師 홀노 ᄌᆞ시ᄂᆞᆫ 방안에 무스 것 ᄒᆞ랴 와겨 오신고
홀 居師내 노감탁이 버셔 거ᄂᆞᆫ 말 곗틔 내 곡갈 버셔 걸너 왓노라.

이 작품은 여승인 '동령승'과 '홀거사'의 성관계를 은유적으로 표현하며 불교의 타락상을 폭로하고 있는 작품이다. 그런데 앞의 작품과 달리 여승의 타락상이 밝혀진다. 즉 홀거사의 불당에 찾아간 것은 동령승으로 파계승에 대한 풍자는 승려나 여승 모두 풍자의 대상이 되었다는 것이다.

<時大 3758> 듕과 승이 萬疊山中에 만나 어드러로 가오 어드러로 오시넌게
山 죠코 물 죠흔듸 곳갈시름ᄒᆞ여 보셰 두 곳ᄀᆞᆯ 혼듸 다하 너픈
너픈 넘느ᄂᆞᆫ 양은 白牧丹 두 퍼귀가 春風에 興을 계워 흔들흔들
휘드러셔 넘느ᄂᆞᆫ 듯
아마도 山中 시름은 이 둘 ᄲᅮᆫ인가 ᄒᆞ노라.

이 작품은 영조조의 가객인 朴文郁의 작으로 『靑丘歌謠』에 실려 전한다. 특히 김수장은 書를 통해 박문욱을 '塵世間豪傑君子'라 극찬하고 작품에 대해서는 '所述諸曲中 僧尼交脚之歌 千古一談'[62]이라고 격찬하였다. 작품의 내용은 남녀 승이 산중에 만나 성욕이 분출하여 성관계를 맺는 장면을 묘사한 것이다. 노골적이고 적나라한 성행위를 묘사한 것만으로도 성적 개방을 짐작할

62) 『靑丘歌謠』 <朴文郁作品後書> (前略)……此誠塵世間豪傑君子也 所述諸曲中 僧尼交脚之歌 千古一談 ……(後略)

수 있을 뿐만 아니라 불가의 사람을 대상으로 풍자하고 있다는 점에서도 주목된다. 또한 이러한 작품들이 하나의 작품군을 이루고 있다는 것은 당대 파계승의 실상을 여실이 보여주는 것이라 하겠다.

<時大 1216> 都련任 날 보려 ᄒᆞᆯ 제 百番 남아 달ᄂᆡ기를
　　高臺廣室 奴婢田畓 世間汁物을 쥬마 판쳐 盟誓ㅣᄒᆞ며 大丈夫ㅣ
　혈마 헷말ᄒᆞ랴 이리 져리 조ᄎᆞᆺ쩌니 至今에 三年이 다 盡토록 百無
　一實ᄒᆞ고 밤마다 불너ᄂᆡ야 단잠만 ᄡᅵ이오니
　　自今爲始ᄒᆞ야 가기난 커니와 눈 거러 달희고 닙울 빗죽 ᄒᆞ리라.

위는 도련님의 허풍에 속아 농락당한 자신을 노래하고 있는 작품이다. 이 작품에서 도련님은 사대부가의 자제로 지배층의 인물이며 화자는 하층민의 여성임을 짐작할 수 있다. 도련님은 고대광실·노비전답·세간즙물 등을 주겠다고 약속하고 자신을 농락하였으나 아무리 시간이 지나도 무엇 하나 이루어진 것이 없이 밤마다 자신을 농락하는 사대부가의 타락한 인물을 풍자하고 있는 것이다. 이처럼 인물에 대한 풍자는 승녀와 지배층인 사대부가의 타락한 삶을 담고 있는 것이 대부분으로 단시조에서 다루지 않았던 내용들이 수용된 것이라 할 수 있다.

(2) 世態諷刺

다음은 세태를 풍자한 경우이다. 임·병 양란의 국치를 겪고 난 후 지배층은 무능과 위선을 드러냈고 농정책의 실패로 백성들의 생활은 점점 더 궁핍해져 갔다. 여기에 부가하여 조선후기 사회적 병폐를 더욱 극심하게 했던 요인 중의 하나는 탐관오리의 등장이다. 그들은 백성들의 궁핍한 생활은 안중에도 없이 오직 자신들의 사리사욕을 채우기 위해 급급했다. 그러나 피지배계층인 서민들은 그들의 횡포를 직접적으로 비난할 수 없었으므로 우회적인 방법으로 풍자의 기법을 사용할 수밖에 없었다. 이러한 시대인식과 역사인식으로 장시조는 지배층에 대한 무능력과 탐관오리의 횡포를 사실적이고 날카로운 시각으로 풍자하게 된다.

<時大 1784> 丙子丁丑 亂離時예 訓練院坐 건너 븕은 복닥이 쓴 놈 간다
압픠는 蒙古요 뒤헤 可達이 白馬탄 眞達이는 사슈리 살 ᄎᆞ고 騮月乃馬鐵鐵驄이 탄 놈 兩鼻裂이 탄 놈 아라마 쵸쵸 마리 베히라 가ᄌᆞ
어즙어 崔瑩곳 잇쓧쓰면 석은 풀치 듯 홀랏다.

이는 김수장의 작으로 丙子·丁丑 양란으로 사회질서가 혼란하고 외적들의 침입이 빈번해도 이를 막을 수 없는 지배층의 무능력을 풍자하고 있다. 특히 종장에서 고려 말 충신이며 무장인 최영장군을 그리워하며 당대 현실에서 지배층의 무능력을 우회적으로 풍자하고 있다.

다음은 탐관오리에 대한 풍자를 노래한 것이데, 앞의 작품과는 달리 탐관오리들이 우의적으로 표현된다.

<時大 26> 가ᄆᆞ귀 가ᄆᆞ귀를 좃ᄎᆞ 들거고나 뒷 東山에
느러진 고향남게 휘느느니 가ᄆᆞ귀로다
싀는 날 뭇 가ᄆᆞ귀 ᄒᆞᆫ듸 ᄂᆞ려 뒤덤벙 덤벙 두루 덥져겨 ᄡᅡᄒᆞ니
아모 그 가ᄆᆞ권 줄 몰너라.

이 작품은 까마귀를 등장시켜 탐관오리의 부조리를 풍자하고 있는 것인데 까마귀를 반복해 등장시키고 '뒤덤벙 덤벙'의 의성어를 사용하고 있다. 장시조에서는 동물 중 까마귀와 솔개는 탐관오리로, 백로와 거미는 모함자로 은유되고 있는가 하면, 물고기는 청백리로, 봉황은 高士賢人, 황새는 智者로 은유된다.63) 이 작품에서도 까마귀는 탐관오리를 빗댄 부정적 의미로 사용되었다. 특히 까마귀 떼가 싸우는 모습은 탐관오리들이 자신의 이익을 차지하게 위해 싸우는 모습을 우의적으로 빗댄 것이라 할 수 있다. 이처럼 탐관오리에

63) 이정탁(1979), 『한국풍자문학연구』, 이우출판사, 211쪽.

대한 우의적 풍자를 통한 표현은, 자칫 직접적 비판이 가져 올 신분에 대한 위험을 감쇄하는 안전장치로 활용될 수 있을 뿐만 아니라 대중들에게는 더욱 흥미 있는 요소로 작용할 수 있다.

<時大 3437> 一身이 사쟈 ᄒᆞ니 물것 계워 못 살리로다
　피겨 ᄀᆞ튼 가랑니 보니알 갓튼 슈통니 잔벼록 굴근 벼록 쒸ᄂᆞᆫ 놈 긔ᄂᆞᆫ 놈에 琵琶 ᄀᆞ튼 빈ᄃᆡ삿기 使令 ᄀᆞ튼 등에 아비 어이 갈ᄶᅡ귀 ᄉᆞ뮈약이 셴박휘 누른박휘 바금이 거져리 부리 ᄲᅩ족ᄒᆞᆫ 모긔 다리 기다ᄒᆞᆫ 모긔 살진 모긔 야윈모긔 그리마 ᄲᅧ록이 晝夜로 뷘 틈 업시 물거니 ᄲᆡᆯ거니 ᄡᅳᆺ거니 甚ᄒᆞᆫ 唐비루에 어려 왜라
　그 中에 ᄎᆞᆷ아 못 견될 ᄉᆞᆫ 五六月 伏더위에 쉬파린가 ᄒᆞ노라.

위 시조는 서민생활을 착취하고 수탈해가는 탐관오리들을 해충에 빗대어 풍자한 작품이다. 이에 대해 조동일은 갖가지 수탈이 더욱 가혹하게 이루어져 그대로는 살 수 없는 세태를 절감하고 있었기에, 갖가지 소임을 맡고 수탈의 방도를 교묘하게 차리는 아전들의 모습을 하나씩 대응시켜보는 쾌감을 자연스럽게 누렸을 만하다[64]고 하였다. 즉 세상을 살아가는데 여러 가지 물것들이 쏘아대는데 이・벼룩・빈대・등애・사마귀・바퀴벌레・바구미・고자미・모기・당버리 등이 열거되고 있으며, 그 중에서도 가장 참기 어려운 것은 오뉴월 쇠파리라 하여 강한 어조로 비판하고 있는 것이다. 이는 사회비판에 대해 문학적 대응이 강화되고 있음을 의미 하며 소재나 주제 면에서 장시조의 개방양상을 보여준다.

이로써 장시조에만 드러나는 내용상의 특징들을 밝힐 수 있었다. 여기서 주목할 것은 단시조에서는 좀처럼 드러나지 않는 내용들이 과감하게 표출되고 있다는 점이다. 즉 민중들의 일상적 삶의 모습이라든지 과감한 육욕의 표출, 그리고 사대부나 승려계층에 대한 풍자 등을 수용하는 것이다. 이는 유교적 기반 아래서 금기시 되던 여러 가지 정황들을 거침없이 쏟아낸다는 점에

---

64) 조동일(1998), 『韓國文學通史 3』, 지식산업사, 332쪽.

서나 내부적으로 단속되었던 계층까지를 포괄적으로 공격하고 있다는 점에서 당시의 시대적 변화추이를 그대로 보여준다는 점에서 장시조의 개방적 양상을 보여준다고 할 수 있다.

3. 表現上의 開放的 樣相

단시조가 갖고 있는 표현상의 특징이라면 사대부 문학의 특성으로 한자어를 비롯한 관념어나 고답적인 내용을 담는 시어를 많이 사용한다는 것이다. 또한 단형에 자신의 시상을 함축하여 담다보니 한자어나 함축된 시어를 많이 사용할 수밖에 없었다. 그러나 장시조는 길이 상으로도 장형을 이루고 있기 때문에 함축적이거나 관념적인 내용보다는 생동하는 일상과 구체적인 표현을 통해 작자의 감정을 표현하였다. 장시조는 장형화 및 산문화를 통하여 사실적인 표현을 함으로써 의미의 전이가 없는 직접적인 진술이나 열거적인 특성이 우세하여, 언어의 기능 중 서술적 기능에 더 기울어져 있다.[65] 특히 사실적인 표현은 장시조가 갖고 있는 표현상의 큰 특징이라고 할 수 있다. 그것은 단시조를 비롯한 사대부 문학에서는 찾아 볼 수 없는 장시조만의 특징이라 하겠다. 따라서 장시조는 표현상 사실적이고 다양한 시어들을 받아들임으로써 장시조만의 개방적 성격을 띠고 있다.

장시조에 나타난 표현상 개방적 양상은 사실적인 표현으로 먼저 평이한 시어로는 비속어, 의성·의태어, 일상소재의 시어화로 나누고, 다변화된 표현기법은 장시조의 특징을 살필 수 있는 수사기법을 중심으로 살펴보고자 한다. 또한 상투어의 사용을 통해 시어의 개방적인 특징을 밝혀보고자 한다.

1) 日常語의 詩語化

---

65) 신은경(1985), 「辭說時調와 歌詞의 敍述方式 對比」, 『西江語文』 第4輯, 서강대학교, 77-80쪽.

장시조에는 시어만으로 본다면 시조가 될 수 없을 만큼 부적절한 어휘들이 많이 사용되었다. 대표적으로 비속어나 비속한 표현, 그리고 지나친 의성·의태어 및 일상소재를 사용한 것을 볼 수 있다. 따라서 단시조에서 볼 수 없는 개방적 양상을 띤 것만을 중심으로 살펴보도록 하겠다.

(1) 卑俗語의 使用

비속어란 속되고 저급한 말을 총칭하는 것으로 여기에는 욕이라든지 저속한 표현들이 포함된다. 또한 비속어에는 비속한 어휘뿐만 아니라 비속한 문장 표현에까지 의미가 확대되어 사용되는 경우가 많다. 따라서 비속어의 개념을 단어에 국한하기보다는 비속적 어감에 관련한 전반적 표현에까지 의미를 확대하여 살펴보고자 한다. 지금까지 장시조에 나타난 비속어에 대한 연구는 주로 작품상의 사실성을 형상화하는 기능에 주목하거나 골계 형상화 기능으로 접근하여 논의를 진행시켰다. 특히 골계적인 측면, 가령 골계의 조건으로 일상적이고 현실적인 소재와 주제 중에서 볼품이 없는 것, 성·장애·추한 것, 그리고 유희적인 것, 장난스런 것[66]을 들 수 있다. 장시조의 골계는 주로 해학으로 이어지며[67] 이러한 해학에 비속어나 비속한 표현은 빠질 수 없는 요소일 것이다. 이처럼 장시조가 일상적 비속어를 시어로 끌어들였다는 점에서 표현상의 개방성을 획득하고 있다.

우선 장시조에 나타난 비속어나 비속적 표현을 정리하면 다음과 같다.

개쏠년, 계대년, 군노놈, 그놈, 긔ᄂᆞᆫ 놈, 기년, 나진 놈, 년놈, 늙은 중, 니빠진 늘글 즁놈, 다라온 년아, 듕놈, 쪼당년, 부정한 년아, 사공놈, 삿벙거지 쁜놈, 승년, 싀앗 년, 시앗년니, 신흥ᄉᆞ 즁놈, 쓴 놈, 아해놈, 아희놈, 아희놈, 아히놈, 아희놈, 양비결이 탄놈, 어느 놈, 어인 놈, 얽은 놈, 열놈, 와얏놈, 응당 쏘와 죽일 테나, 이년아, 잘 밧는 년은 ᄂᆡ 년, 잡녀석, 잡년석, 쟈질 년아, 쟘지 아니 놈, 져

---

66) 정병욱(1977), 『韓國古典詩歌論』, 신구문화사, 169-170쪽.

67) 김학성(1980), 『韓國古典詩歌의 硏究』, 원광대출판부, 202-208쪽.

믄 첩년, 즁놈, 철철총이 탄 놈, 평양 녀기년, 평양녀, 형방놈, 호탕한 밋친 흥, 환양 노ᄂᆞᆫ 년, 환양년, 환양의 ᄯᆞᆯ년, ᄉᆡᄂᆡ놈, ᄡᅱᄂᆞᆫ 놈 등등

이와 같이 다양한 비속어들이 나타나고 있다. 성별로만 본다면 남성을 지칭하는 것보다는 여성을 지칭하는 경우가 많으며 비속어를 사용하는 주체도 남자가 더 많다. 이러한 표현들은 시어로서는 적절한 표현이 아니라고 할 수도 있으며, 나아가 단시조에서는 전혀 찾아 볼 수 없는 장시조만의 특징이라고 할 수 있다. 장시조에 이러한 표현들이 어떻게 형상화 되는지를 살펴보자.

<時大 3222> 이 년아 말 듯거라 굽고 나마 쟈질 년아
처음에 날을 볼 직 百年을 사쟈키에 네 말을 곳지 듯고 집 풀고 텃밧 풀고 가마 풀고 동솟 풀고 紫的馬 찐밤이에 먹기 쇼를 마ᄌᆞ ᄑᆞ라 너를 아니 주엇더냐 무ᄉᆞ 일 뉘 낫바셔 노ᄅᆡ를 노랏ᄂᆞᆫ다
져 님아 님도 나를 쇼겻거든 넌들 아니 쇼길숀야.

이 작품은 여인의 말을 듣고 가산을 팔아 주었더니 여인이 다른 사람과 바람을 피운 것을 사내가 질책하자 당신도 나를 속였으니 자신도 속였다고 여인이 대꾸하는 내용이다. 이는 대화체로 이루어진 작품으로 첫째 화자는 남성으로 초장에서 '이년아', '쟈질 년아' 등으로 부르며 이야기를 시작한다. 내용상으로 본다면 둘 사이는 불륜이나 외도의 관계를 맺고 있다. 특히 여인이 남성을 이용하여 가산을 얻고 다른 사람과 바람을 피우는 것을 들켰고 남자는 그것에 화가 나 욕설을 퍼붓고 있다. 이러한 비속어는 일상적 대화에서라기보다는 속마음의 직설적인 표현이다. 장시조에는 이러한 비속어가 수용된 것은 일상어뿐만이 아니라 비속어조차 시적 어휘가 될 수 있다는 개방적 인식의 발로이다.

<時大 3760> 즁놈은 승년의 머리털 잡고 승년은 즁놈의 샹토 쥐고
두 ᄯᅩ니 맛밋고 이 왼고 져 왼고 쟉쟈공이 쳣ᄂᆞᆫ듸 뭇쇼경이 구슬 보니

어듸셔 귀머근 벙어리ᄂᆞᆫ 외다 올타 ᄒᆞᄂᆞ니.

이 작품은 표면적으로 승려와 여승의 싸움을 담고 있으나 실상은 성행위 장면을 풍자와 해학을 통해 표현한 것이다. 이는 화자의 입장에서 천시된 불가의 사람을 비속어를 통해 표현함으로써 비윤리적이고 타락한 삶을 비꼬기 위한 것이라 할 수 있다.

<時大 3571> ᄌᆡ 너머 싀앗년 두고 손뼉치며 울고 넘어가니

말만ᄒᆞᆫ 草屋에 집덕셕 나노 덥고 년놈이 ᄒᆞᆫ듸 누어 두 손목 마죠 덤셕 뒤고 얽어져 트러젓네 이졔ᄂᆞᆫ 어림쟝이 발노군에 들거고나

두어라 모밀떡에 두 杖鼓를 ᄉᆡ와 무슴 ᄒᆞ리요.

이는 본처의 시각으로 남편과 첩의 행위를 묘사하면서 자신을 한탄하는 내용을 담고 있는 작품이다. 이 작품에서는 '싀앗년'·'년놈' 등의 비속어를 사용하여 그들의 저속한 행동들을 비하하고 있다.

<時大 2828> 얼골 조코 ᄠᅳᆺ 다라온 년아 밋졍조차 不貞ᄒᆞᆫ 년아

엇더ᄒᆞᆫ 어린놈을 黃昏에 期約ᄒᆞ고 거즛 ᄆᆡᆨ바다 자고 가란 말이 입으로 ᄎᆞ마 도와 나ᄂᆞᆫ

두어라 娼條治葉이 本無定主ᄒᆞ고 蕩子之 探春好花情이 彼我의 一般이라 허믈 ᄒᆞᆯ 줄 이시랴.

이 작품은 어린아이와 부정한 관계를 맺고 있는 여인을 비판하는데 남자인 자신도 어린 여자를 밝히는 것은 피차일반이라 말하고 있다. 이 창기가 주인이 없어 바람을 피우는 것은 당연한 것이라며 자신을 합리화하고 있다. 남녀의 관계에 부정적 요소가 있을 경우 비속어 사용은 활발해진다고 할 수 있다. 여기서 '다라온 년'·'부정ᄒᆞᆫ 년'·'어린놈' 등의 비속어가 시어로 사용되었다.

다음은 비속한 표현을 사용한 작품들이다.

<時大 1579> 바독바독 뒤얽근 놈아 졔발 비ᄌᆞ 네게 ᄂᆡ가의란 셔지마라
눈큰 준치 허리긴 갈치 츤츤 가물치 두루쳐 메오기 넙젹ᄒᆞᆫ 가ᄌᆞ미 부리 긴 공지 등곱은 ᄉᆡ오 겨레 만흔 권졍이 그물만 너겨 풀풀 쒸여 다 다라ᄂᆞᆫᄃᆡ 여럽시 ᄉᆡᆼ긴 烏賊魚 둥ᄀᆡᄂᆞᆫ고나
아ᄆᆞ도 너곳 와 셔 잇시면 고기 못ᄌᆞᆸ아 大事ㅣ로다.

<時大 2481> 술이라 ᄒᆞ면 쇼 물혀듯 ᄒᆞ고 飮食이라 ᄒᆞ면 헌 말등에 藥다오 듯
兩 수종 다리 잡조지 팔과 흘긔 눈에 안팟 쫍장이 고쟈 男便을 망셕즁이라 안쳐 두고 보랴
門밧긔 桶 메옵쇼 ᄒᆞ고 웨ᄂᆞᆫ 匠事 네나 자고 이거라.

<時大 3635> 졔 얼골 졔 보와도 더럽고도 슬뮈웨라
검버셧 구름씬 듯 코춤은 장마진 듯 以前에 업든 쌔식 바회 엉덩이에 울근불근
우리도 少年行樂이 어제런 듯ᄒᆞ여라.

위 시조들은 비속한 표현들이 사용된 것들이다. <時大 1579>은 외모를 바둑판처럼 얽어져 있는 모습으로 표현하였고 <時大 2481>는 남편으로서 역할을 하지 못하는 무능한 남편을 흉하게 묘사하고 있는 작품이다. 구체적으로 보면, 부은 '다리·쟁기의 잡좆 같이 생긴 팔·흘긴 눈·곱사' 등은 외모를 비속하게 표현한 것들이다. 또한 자신의 남편을 막석중이라 표현하고 있다. <時大 3635>은 어느새 늙어 버린 자신의 외모를 묘사한 것이다. 즉 얼굴에 핀 구름처럼 낀 검버섯·장마진 듯 흐르는 콧물과 침·엉덩이에 울근불근 불쑥 나온 뼈마디 등의 비속한 표현들을 통해 자신의 늙은 모습을 구체화하고 있는 것이다.

이처럼 장시조는 민요의 중요한 특질인, 비애미를 기조로 한 해학의 표방·직접적인 서술과 일상적 생활정서의 솔직한 표현 그리고 방언·비어·속어·비문명어 등이 사용[68]되었음을 알 수 있다. 이러한 표현들이 시어로 사

용되고 있다는 것은 장시조에 나타나는 시어의 개방적 양상이라 할 수 있고 나아가 민요의 특성들이 수용되었음을 알 수 있다.

(2) 擬聲·擬態語의 使用

의성어는 소리와 그것이 나타내려고 하는 의미 내용 사이에 모종의 일치가 느껴지는 말들을 조합한 음성 상징어이다. 반면 의태어는 소리에 의한 것은 아니지만 의성어와 마찬가지로 사물의 형용을 사실감 있게 전달하는 기능면에서는 유사하다고 할 수 있다. 이러한 의성·의태어에 의한 표현기법은 어떤 행동을 구체적이고 사실감 있게 전달하는 목적으로 사용되며, 그것이 어떻게 사용되는가에 따라 생동감을 부여한다. 이러한 표현은 절제된 언어와 구속적인 윤리의 질곡에 갇혔던 인간의 심성을 풀어놓았다는 점[69]에서 중요하다.

장시조에는 단시조와 달리 의성·의태어가 빈번하게 나타난다. 이는 의성·의태어의 사용을 통해 작품 속에 생동감과 사실감을 심어 주기 위한 표현의 일환이라 할 수 있다. 한편 장시조의 표현양상은 단시조에 더러 사용되는 의성·의태어의 소극적 사용과는 그 양상을 달리 한다. 물론 이러한 의성·의태어의 빈번한 사용으로 장시조의 격이 떨어질 수도 있지만 그러한 사용을 통해 작품 속의 생동감과 사실성, 그리고 장면이 구체화된다. 이러한 표현들은 민요·판소리·잡가 등에서 드러나는 구체적 표현기법들을 수용하는 차원에서 이루진다.

먼저 장시조에 나타나는 의성어를 들어보기로 한다.

> 곡구롱, 골각골각, 귀뚤귀뚤, 기룩기룩, 던더러쿵, 덩더러, 덩덕쿵, 둥덩둥당 딩당, 둥둥, 또드락, 부드덕 쓰더, 부헝부헝, 븽븽, 빙빙, 수루루룩, 쌍쌍, 와당탕, 외용지용, 우루룩쥬루룩, 웨웨쳐, 캉캉, 쾅쾅, 탕탕, 톡톡, 투둥쿵, 투둥퉁 괭괭,

---

68) 오세영(1983), 『韓國浪漫主義詩 硏究』, 일지사, 56쪽.

69) 조규익(1996), 앞의 책, 128쪽.

풍던, 풍덩, 허허허, 홰홰, 짝짝, 괄괄, 꽝꽝, 씰씰, 쑤짝, 씀북씀북, 찡찡 등등

이와 같이 장시조에는 인간의 소리에서 동물이나 악기의 소리까지 다양하게 표현되고 있다. 즉 장시조에 나타난 의성어는 인간의 내면 정서의 자기 표출에 대한 개방적 인식의 발로로 이루어진 것이다.

다음은 의태어로 의성어와 마찬가지로 상징어이다. 다른 언어와 달리 한국어는 의성어와 의태어가 발달되어 있다. 의태어를 사용함으로써 작품의 사실성과 생동감을 부여하는 것은 의성어와 그 기능과 역할이 유사하다고 할 수 있다. 의태어는 의성어와 동시적으로 나타나는 경우가 대부분인데 여기서는 의태어를 중심으로 그 표현의 양상을 살펴보고자 한다. 장시조에 나타나는 의태어를 정리하면 다음과 같다.

골각, 골각골각, 구벅구벅, 굼틀굼틀, 길곡갈곡길곡, 길기길기, 길쭉넙쭉 어틀머틀, 너리너리, 너픈너픈, 덤셕, 덩실, 덩지둥지 둥그러이, 도리도리, 둥게 둥게 둥둥쩌셔, 둥굴둥굴, 둥굴썰썰 썰썰 둥굴 둥굴둥실, 둥둥, 뒤덤벙 덤벙, 듕듕, 드드덕, 무르락 나오락, 물르락 나으락, 뭉게뭉게, 바둥 바둥, 방울방울, 버동버동, 벌쩍 벌쩍, 본동만동, 봉실봉실, 뷕독뷕쳑, 뷧둑 뷔쳑, 빗죽, 빙빙, 산득산득, 살낭살낭, 상금상금, 셩금, 솔낭솔낭, 솰솰, 술넝술넝, 슈근슈근, 슬슬, 어렷두렷, 어리렁출넝, 엇득어득, 오다가다, 오락가락, 우둑, 우벅주벅, 우줄우줄, 우즑우즑, 울근불근, 울긋불긋, 블긋울긋, 울퉁불퉁, 워렁충창, 이렁저렁, 이리궁굴 져리궁굴, 이리져리, 일락배락, 장금장금, 젹미젹, 죤득죤득, 쥬루룩, 지근지근, 찬찬, 쳑쳑, 츤츤, 탁탁, 탈탈, 탈탈터러, 털털, 툭툭, 펄펄, 풀덕프덕, 풀풀, 풀썩, 플덕플덕, 허위허위, 헐쩍, 훨훨, 휘휘, 흐늘흐늘, 흔들흔들, 흘깃흘깃, 홍글항글, 홍글항글, 히뜩벙실, 썸벅, 쑤벅쑤벅, 쒸락 ᄂᆞ리쒸락, 쌩쌩, ᄋᆞ스슥, ᄌᆞ늑ᄌᆞ늑, ᄎᆞᆫᄎᆞᆫ, ᄒᆞᆯ기죽죽 등등

의태어도 인간 행위의 묘사에서부터 동물이나 자연 현상에 이르기까지 다양하게 나타난다. 장시조의 특징은 한 작품에 의성어와 의태어가 동시적으로 나타나고 있다는 것이다. 의성어나 의태어가 독립적으로 나타나기보다는 함

께 나타나 작품 속의 사실감과 생동감을 높이고 있다.

> <時大 1636> 半여든에 첫 계집을 ᄒᆞ니 어렷 두렷 우벅 주벅 주글번 살번
> ᄒᆞ다가
> 와당탕 드리 ᄃᆞ라 이리 져리ᄒᆞ니 老都令의 ᄆᆞ음 흥글 항글
> 眞實로 이 滋味 아돗던들 길젹보터 ᄒᆞᆯ랏다.

> <時大 179> 개를 여라믄이나 기르되 요 개ᄀᆞᆺ치 얄믜오랴
> 뮈온 님 오며ᄂᆞᆫ ᄭᅩ리를 홰홰 치며 ᄡᅱ락 ᄂᆞ리ᄡᅱ락 반겨서 내ᄃᆞᆺ고
> 고온 님 오며ᄂᆞᆫ 뒷발을 버동버동 므르락 나으락 캉캉 즈져서 도라
> 가게 ᄒᆞᆫ다
> 쉰밥이 그릇 그릇 난들 너 머길 줄이 이시랴.

> <時大 3574> 재 우희 우둑 션 소나모 ᄇᆞ람 불적마다 흔덕흔덕
> 개울에 셧ᄂᆞᆫ 버들 므스 일 조차셔 흔들흔들
> 님 그려 우ᄂᆞᆫ 눈물은 커니와 입ᄒᆞ고 코ᄂᆞᆫ 어이 므스 일 조차셔
> 후루룩 비쥭 ᄒᆞᄂᆞ니.

위 장시조는 의성·의태어가 나타나는 작품들이다. <時大 1636>은 의성·의태어를 논의할 때 자주 인용되는 작품이다. 노총각이 처음 맛보는 성교의 즐거움을 온갖 의성·의태어를 동원하여 사실적으로 묘사하고 있다. 구체적으로 '어렷두렷'은 처음 성교하는 서투른 모양을 '우벅주벅'은 두서없는 성행위를, '흥글항글'은 정신을 차리지 못하고 들떠 있는 모양을 묘사한 것이다. 또한 의성어 '와당탕'을 통해 성행위 장면을 생동감 있게 전달하고 있다. <時大 179>는 여인이 개의 행동에 화풀이를 하고 있는 작품이다. 여기에 사용된 의태어는 먼저 '홰홰'와 'ᄡᅱ락 ᄂᆞ리ᄡᅱ락'인데 개의 행동이 화자의 마음과 이반되고 있다. 즉 미운님은 화자의 남편으로 주인이니 개는 꼬리를 치면 반가워하는 모습을 표현한 것이다. 그러나 화자의 고운님은 불륜의 대상으로 개에게는 경계의 대상이 된다. 그렇다보니 '캉캉'하고 짖어 쫓으려 한다. 이로써 화자의 이반된 개의 행동을 사실적이고 효과적으로 전달하기 위하여 의성·

의태어를 적절하게 사용하고 있다. 작품 속에 개가 등장하는 것도 소재가 이색적이지만 그러한 동물의 의성어를 담고 있다는 것도 표현상의 개방적 성격이라고 할 수 있다. <時大 3574>에서도 다양한 의태어를 사용함으로써 작품의 사실성을 고조시키고 있다.

이와 같이 사실적인 표현의 의성어와 의태어가 나오는 작품들은 대부분 인간의 본성이나 성을 내용으로 하는 작품이 많다. 이는 은폐의 대상이었던 성을 과감하게 시적 소재로 개방하는데 있어서 의성·의태어의 사용이 적절하였다는 것을 알 수 있다. 이처럼 장시조에 사용된 의성·의태어는 작품의 사실성과 생명력을 부여할 뿐 아니라 언어의 구체성을 획득한다는 점에서 중요한 역할을 담당하고 있다.

(3) 日常素材의 使用

단시조는 유교적 윤리관에 입각한 충·효적이고 정열적이거나 입신양명적이고 풍류적인 주제를 나타내기 위해 매화·백로·선계·불계·대붕·봉대·초당·옥소·공명·송림·죽·명월 등의 소재를 선택하거나[70] 또는 임·술·꽃·달·물·소리·꿈 등의 관념적이고 인습적인 인간관계나 자연의 대상을 노래[71]하였다. 이는 모든 사물을 추상화, 미화시킴으로써 사대부적 세계관을 확립하려는 의식의 소산이었다.

반면 장시조는 일상 속에 사용되는 생활용어들을 여과 없이 구사하여 일상적 세계를 시적 언어로 담아내려는 개방적 양상을 지니고 있다. 예를 들어 단시조에서 볼 수 없는 다양한 장사치를 비롯하여 쇼경·짐장이·앉즌뱅이·벙어리·오리·개·닭·맹꽁이·고사리·씀바귀·거미·벼룩·파리·가물치·오징어·두험 등은 당시를 살아가는 서민들의 일상생활 속에서 취한 소재라고 할 수 있다.

---

70) 고정옥(1949), 앞의 책, 83쪽.

71) 정병욱(1982), 앞의 책, 175-176쪽.

장시조에 나타난 일상소재가 시어로 사용되는 경우를 인물, 동물, 식물, 생활도구, 기타로 나누어 살펴보고자 한다. 이를 정리하면 다음과 같다.

≪表 16≫ 長時調에 使用된 日常素材

項目	日常素材
人物	가마솟 막키라는 장사, 중, 각시, 개성부 쟝사, 개장사, 견우, 직녀, 귀머근 벙어리, 김약정, 나무 쟝스, 나졸, 남의 님, 남의 사람, 남편, 낭자, 내 서방, 내님, 노처녀, 닛뷔 쟝사, 도련임, 도사공, 돌부쳐, 동령승, 동생들, 동자, 듕 서방, 드레곡지 쟝ᄉᆞ, 마귀할미, 말쎄 중, 며느라기, 물레 쟝ᄉᆞ, 뭇쇼경, 밋난편, 밋남진, 밤사룸, 방망치 쟝ᄉᆞ, 사공, 상좌, 새님, 서방, 선머슴, 선인, 소경, 소녀, 소대난편, 소자, 손약정, 쇼경, 쇼대 남진, 숙낭자, 슈군장졸, ᄉᆡ누으님, ᄉᆡ아바님, ᄉᆡ어마님, 시어마님, 아기딸, 아들, 아비, 아해, 안집방니, 안팟쉽장이, 안해님, 암거사, 어부, 난편, 우리 님, 유백령, 의원, 이좌수, 이풍헌, 장사, 농부, 아씨, 여자, 화상, 저방님, 장수, 종ᄌᆞ, 상직중, 포슈, 첩년, 서방, 사당, 종 계집, 죠릐쟝ᄉᆞ, 짐장이, 처자, 첩, 판슈, 홀거사, 홀아비, 홍도깨 쟝사, 홍안처자, ᄃᆞᆰ기장ᄉᆞ, 뭇ᄯᆞᆯ, ᄉᆡ악씨, ᄉᆡᆨ장, ᄡᆞ리뷔 쟝ᄉᆞ 등등
動物類	가람(범), 개, 개고리, 검동이, 괴, 금두텁, 나귀, 암캐, 노루, 달암쥐, 닭, 되강오리, 두더쥐, 두터비, 바독이, 범, 뷤, 사슴, 삽살개, 새향쥐, 소, 승냥이, 암소, 오리, 이리, 젼나귀, 청개고리, 청노ᄉᆡ, 청삽사리, 쳥소, 토ᄭᅴ, ᄆᆡ, ᄆᆡᆼ고ᄋᆡᆼ, ᄭᅯᆼ, ᄌᆞᆫ나비, 백마 등등
植物類	게오목, 계수나무, 고돌박이, 고사리, 고살, 고양감긔, 고향나무, 곰달늬, 느릅나무, 동인풋나무, 됴팝남게, 머귀, 모, 무평초, 물숙, 미ᄂᆞ리, 벼, 보류슈남게, 보리, 보릿 쌀, 부평초, 삼대, 삽쥬 고ᄉᆞ리, 삽쥬, 수섬, 슈박, 슈슛대, 슈양버드, 스무나무, 신감채, ᄡᆞ리남게, 쓴바구, 오동나모, 오리나무, 오리목나무, 잔다괴, 젼나무, 졍ᄌᆞ나무, 주추리삼대, 쥐염나무, 콩, 퍼랑이, 품나무, 피나모, ᄆᆡ화, ᄇᆡᆨ자나무, ᄉᆞ셰나무, ᄭᅩᆺᄯᅩ지, ᄯᅥᆨ갈나무, 쑥나무, 쑥삼, ᄯᅵᆯᄭᅯᆼ나무, 쪽, 존삼 등등
鳥類	가마오지, 가토릐, 갈메기, 게오리, 궁벅국새, 금죵달, 기러기, 김수리ᄉᆡ, 뎝동새, 두견, 두루미, 듬보기, 매, 밧비둘기, 방울ᄉᆡ, 백송골, 보라매, 부랴금, 부헝이, 비오리, 솟젹다ᄉᆡᆫ, 송골매, 쇼로기, 오리, 외기러기, 졉동이, 졔비, 증경이, 촉ᄉᆡ, 황앵, 황ᄉᆡ, ᄀᆞᆯ가벅기, ᄇᆡᆨ구, ᄉᆡᆼᄆᆡ, 쐬쏘리,

	쒱, ᄠᅳᆷ북새, 짜투리, 징긔, ᄒᆡ동쳥 등등
昆蟲類	개야미, 거미, 귓도리, 나븨, 낙거뮈, 뒤용벌, 범나븨, 벼록, 본뎝, 수나뷔, 쉬파리, 실솔, 왕거뮈, 잔벼록, 장고아비, 진거뮈, 청뫱독, 흑뫱독, ᄑᆞ리 등등
魚類	가재, 갈치, 감을치, 넙치, 농어, 도미, 문어, 물고기, 병어, 숑사리, 오적어, 전복, 준치 등등
生活道具 및 其他	가마, 가릐, 고모장지, 곰방ᄃᆡ, 궤, 기름, 낫, 뉵모 얼레, 니불, 닙담븨, 당ᄉᆞ쥴, 대아리, 도기, 되박, 들깨, 등믜, 딥신, 망태, 메토리, 물네, 바독, 박국기, 박애, 발병, 벙거지, 벼갯, 뵈잠방이, 삿벙거지, 셰빅사, 소알, 솟, 쇼실랑, 수슈닙, 수릐, 쌍비목, 연장, 연지분, 외결새, 용거북, 여다지, 암돌져귀, 암돌져귀, 잣징, 저, 죵가릐, 중침대침, 질방고리, 참깨, 최계틀, 퉁노구, 함박쪽박, 헌신짝, 홍노화, 홍독ᄭᅴ, ᄃᆞᆺ줄, ᄆᆞᆯ가족, ᄉᆞᆺ기, ᄯᅩ아리, ᄌᆞ릿등믜, ᄌᆞ믈쇠, 두올ᄯᅳ기, ᄌᆞ물쇠, 움, 감, 감침질, 귤, 게젓, 냉수, 녹두기장, 단참외, 두험, 뒤뫼희, 동난지, 들장지, 목욕, 밀믈, 박금질, 반당침, 방기, 비목걸새, 석류, 셰살장ᄌᆞ, 송기떡, 쇠나기, 쇠ᄯᅩᆼ, 수돌져귀, 수박, 쉰밥, 싀궁칙, 시아슬, 신, 씨, 여물죽, 열장지, 오려(벼), 오장, 왜젼, 용거북, 유자, 져리김칠, 젼역밥, 조쥭 니쥭, 조총ᄃᆡ, 죵귀, 죽창, 찬 숙융, 찰수수, 쵸병, 치질, 콩우반, 장도리, 편메곡, 피좁ᄡᆞᆯ, 혈믈, 흰동졍, ᄃᆡ올ᄯᅳ기, ᄇᆡ, ᄇᆡ목걸새, ᄉᆡ발스침, ᄡᆞᆷ금질, 째자반, ᄭᅩᆺ모종, ᄉᆞᆯ항아리, ᄯᅬᆫ장, ᄯᆞᆷ, 밭, 외밤이, 아름묵, 웃묵, 우물젼, 삼밧, 건삼밧, 압논, 콩밭 등등

위 ≪表 16≫에서 보는 바와 같이 가장 많이 사용된 일상적 소재들은 인물과 관련된 것이 많고 다음으로는 조류・식물・생활도구 등이 그 뒤를 잇고 있다. 그 외에도 단시조에서 볼 수 없는 다양한 소재들이 사용되고 있음을 확인할 수 있다. 특히 인물과 관련된 소재는 장사꾼과 관련된 어휘들이 많이 나타나고 있다. 이를 통해 장시조에는 다양한 일상의 소재들이 사용되고 있음을 확인할 수 있다. 이러한 특징들을 중심으로 몇 가지 항목으로 나누어 장시조에 나타난 소재상의 개방적 양상을 살펴보고자 한다.

첫째는 인물과 관련된 소재들이다. 단시조에 사용된 인물들은 중국인물이나 충효와 관련된 인물들이 많이 나타난다. 물론 장시조에도 이러한 인물들이 사용되지 않는 것은 아니지만 그 양상은 단시조에 비해 현저하게 떨어진다. 반면 장시조에 주로 사용된 인물들은 서민들의 일상적 삶에서 접할 수 있는 인물들이 등장한다.

> <時大 1201> 宅쓰레 臙脂粉들 사오 뎌 匠事야 네 臙脂粉 곱거든 ᄉᆞ쟈
> 곱든 비록 아니ᄒᆞ되 바르면 네 업든 嬌態 절노 나고 臙脂粉이오니
> 眞實노 그러 곳 ᄒᆞ량이면 닷말 아치 나 샤쟈.

> <時大 3760> 즁놈은 승년의 머리털 잡고 승년은 즁놈의 샹토 쥐고
> 두 쓰니 맛밋고 이 왼고 져 왼고 쟉쟈공이 쳣ᄂᆞᆫ듸 뭇쇼경이 구슬 보니
> 어듸셔 귀머근 벙어리ᄂᆞᆫ 외다 올타 ᄒᆞᄂᆞ니.

이 작품들에 등장하는 인물들은 대부분 서민들이라고 할 수 있다. <時大 1201>는 상인과 아낙네와의 대화로 이루어진 작품인데 일명 <댁드레 노래>[72]라고도 하는 것으로 단시조에서는 전혀 찾아 볼 수 없다. 그러나 서민문학적 성격을 띠고 있는 장시조에는 한 유형을 이룰 정도로 빈번하게 등장한다. 당대 사회가 사농공상이라 하여 상업을 가장 천시하였지만 중국대륙과의 교역을 통한 상인계급의 대두와 인구의 증가에 따른 도시 상업의 발달로 말미암아 이러한 소재들이 작품에 반영되고 있음을 알 수 있다. 뿐만 아니라, 당시 작가들의 신형식 탐구의 정신[73]을 뚜렷이 엿볼 수 있다.

<時大 3760>은 승려와 여승의 성행위를 노래한 것이다. 이 작품은 불교의 타락을 풍자한 작품으로 자주 논의된다. 여기서는 인물들을 중심으로 살펴보면 승려를 등장시켰다는 것에는 단시조와 큰 차이를 보이지 않는다고 할 수 있다. 그러나 승려나 여승을 '즁놈, 승년'이라는 비속어로 표현했다는 것과 그 외 '소경'이나 '벙어리' 등을 등장시키는 것은 인물소재상 장시조만의 특징이라 할 수 있다.

다음으로 동물류들을 살펴보면 위 표에서 알 수 있듯이 가축류에는 개·

72) 고정옥(1949), 앞의 책, 10쪽.
73) 고정옥(1949), 앞의 책, 11쪽.

닭 · 나귀 · 소 · 삽살개 · 토끼 등으로 서민들과 쉽게 접할 수 있는 것들이 사용되었고, 조류에는 오리 · 꿩 · 제비 · 부엉이 · 촉새 · 백송골 등을, 곤충류의 거미 · 벼룩 · 귀뚜라미 · 거미 · 파리 등이며 어류는 갈치 · 오징어 · 송사리 · 문어 등이 사용되고 있다. 이 또한 단시조에서는 잘 사용되지 않는 소재들이라 할 수 있다. 즉 서민들의 일상적 삶에서 접할 수 있는 소재를 사용한 것이다. 몇 작품을 통해 이를 확인해 보겠다.

<時大 771> 내게는 怨讐ㅣ가 업셔 개와 ᄃᆞᆰ이 큰 怨讐로다
　碧紗窓 깁픈 밤의 픔에 들어 자는 임을 자른 목 느르혀 홰홰 쳐 울어 닐어 가게 ᄒᆞ고 寂寞 重門에 왓는 님을 믈으락 나오락 캉캉 즈져 도로 가게 ᄒᆞ니
　암아도 六月 流頭 百種 前에 서러져 업씨 ᄒᆞ리라.

<時大 2829> 얼구 금구 금구 얼구 쥴육 쥰오 사오짝 것구 쩽이 밋살 것구 우박 마진직더미 것구 석쇠 망틱 버레 머근 삼닙 것구 연竹 즌자板 것구 下米즌 멍석 것구
　大邱 監營 진상 오는 술병 것치 얼구 勤政殿 鐵網 것치 얼근 즁놈아 세ᄂᆡ로 나리지 마라 공지 낙지 낙지 공지 두루쳐 멱이 친친 가물치 살진 뒈미 허리 긴 갈치 눈 큰 쥰치 킈 큰 장ᄃᆡ 씌 마는 송사리 슈마는 곤징이 항자기 등 고분 ᄉᆡ우 열 읍신 오징어 너를 보구 나를 보구 그물 베리만 여겨 혈혈 뒤여 너머 가는구나
　우리도 山中의 잇는 고로 세ᄂᆡ를 좃차.

위 작품들은 동물류들을 시어로 사용한 것들이다. <時大 771>은 임과 함께하지 못하는 마음을 표현한 작품으로 이를 방해하는 개와 닭을 등장시켜 화풀이를 하고 있는 작품이라고 할 수 있다. 여기서 개와 닭은 자신의 감정을 표출하는 대상이며 서민생활에서 쉽게 접할 수 있는 개와 닭을 소재로 하고 있다는 점을 알 수 있다. <時大 2829>에는 다양한 어류들이 등장한다. 구체적으로 메기 · 가물치 · 도미 · 송사리 · 새우 · 오징어 등은 어촌에서 쉽게 접할 수 있는 것들이라고 할 수 있다.

이처럼 동물류의 소재들을 살펴보면 이는 대부분 농촌이나 어촌에서 접할 수 있는 서민적인 소재들을 장시조의 소재로 사용하고 있음을 알 수 있다. 따라서 이는 단시조에서 볼 수 없는 장시조만의 시어상 특징이다.

다음은 생활도구류와 관련된 소재들이다. 이는 앞의 소재들보다 더 복잡하고 다양하다. 구체적으로 의복·식품·생활용품·어구·음식물 등이 보이는데 이는 당시 서민들의 생활상을 여실히 보여주는 것들이라 하겠다. 이러한 소재들은 단시조가 농부나 어부들을 관념적 대상으로 그린 것과는 달리 장시조에는 대상의 주체가 자신들이 되어 스스로의 생활상을 그대로 담아내고 있다.

장시조에 사용된 생활도구류의 시어화 양상을 살펴보면 다음과 같다.

<時大 923> 논 밧 가라 기음 ᄆᆡ고 뵈잠방이 다임 쳐 신들 메고
　낫 가라 허리에 ᄎᆞ고 도ᄭᅴ 벼려 두러 메고 茂林 山中 드러가셔 삭짜리 마른 셥흘 뷔거니 버히거니 지게에 질너 집팡이 벗쳐 노코 ᄉᆡ옴을 ᄎᆞᄌᆞ 가셔 點心도ᄉᆞᆰ 부시이고 곰방ᄃᆡ를 톡톡 ᄯᅥ러 닙 담ᄇᆡ 퓌여 물고 코노ᄅᆡ 조오다가
　夕陽이 ᄌᆡ 너머 갈 제 엇ᄭᅦ를 추이즈며 긴 소ᄅᆡ 져른 소ᄅᆡᄒᆞ며 어이 갈고 ᄒᆞ더라.

<時大 2772> 어이 못 오던다 므스 일로 못 어던다
　너 오ᄂᆞᆫ 길 우희 무쇠로 城을 ᄡᆞ고 城 안에 담 ᄡᆞ고 담 안헤란 집을 짓고 집 안헤란 두지 노코 두지 안헤 樻를 노코 樻 안헤 너를 結縛ᄒᆞ여 노코 雙ᄇᆡ목 외걸새에 龍거북 ᄌᆞ믈쇠로 수기수기 좀갓더냐 네 어이 그리 아니 오던다
　ᄒᆞᆫ 달이 셜흔 날이여니 날 보라 올 홀리 업스랴.

<時大 2082> 살구ᄭᅩᆺ 봉실봉실 핀 밧머리에 이라 이라하는 저 農夫야
　그 무신 곡식을 시무랴고 봄 밧츨 가오 예주리 천자강이 홀아비콩 눈ᄭᅳᆷ적이 팟 녹두 기장 청경 차조 새코 찌르기 참ᄭᅢ 들ᄭᅢ 동부 쥐눈이 찰수수를 갈랴함나 그 무엇슬 스무랴 하노
　그것도 저것도 다 아니오 구곡 장진 신곡미등할 ᄯᅢ에 제일 농량

에 긴한 봄보리 가오.

위 작품들은 장시조에 나타난 생활도구류를 소재로 시어화 한 것들이다. <時大 923>은 농민의 소박한 생활을 사실적으로 표현하고 있다. 이런 사실성을 위해 사용된 소재들은 낫·도끼·베잠방이·곰방대·잎담배·지게 등은 농촌에서 쉽게 접할 수 있는 소재들이다. 이를 통해 장시조가 서민들의 일상적인 생활 속의 소재들을 사용하고 있음을 알 수 있다. 또한 <時大 2772>에 사용된 소재도 담·뒤주·궤·쌍배목 걸쇠·금거북 자물쇠 등은 일상과 관련된 소재임을 어렵지 않게 알 수 있다. 한편 <時大 2082>는 누군지 알 수 없는 화자와 농부의 대화로 먼저 제1화자가 밭을 갈고 있는 농부에게 밭에 심을 다양한 씨앗들을 열거하는데, 예주리·천자강이·홀아비콩·녹두·기장·청경차조·참깨·들깨·동부·찰수수 등을 말하지만 농부는 그런 것 보다는 농가의 중요한 곡식인 봄보리를 간다고 대답한다. 내용상으로 제1화자는 서민들의 일상과는 동떨어진 삶을 살고 있는 인물이라 할 수 있고, 반면 제2화자인 농부는 당장 먹고사는 생존과도 관련된 농량을 심고 있다고 화답하여 작품 속의 화자간의 현실적 괴리가 있음을 짐작할 수 있다. 결국 종장에서 농부의 일상적 삶과 더불어 생존과도 관련된 현실성을 보이고 있음을 확인할 수 있다.

이러한 소재들은 장시조가 서민들의 생활상과 밀접한 관련을 맺고 있다는 것이며, 나아가 단시조에서 볼 수 없는 일상적 소재들이 시어화되었다는 구체적인 증거이다. 이와 같이 일상소재들이 시어화되는 양상은 장시조의 시어가 개방적 속성을 가지고 있다는 것에 대한 반증임이 분명하다 하겠다.

2) 表現技法의 多邊化

시조에 대한 표현기법에 처음 관심을 갖은 김상선은 비유법·반복법·대조법·과장법·기타 등으로 분류하여 고시조의 수사적 기교에 대하여 논의하였는데, 고시조에는 비유법 · 인용법 · 반복법이 우리 시조문학의 특색이라고 하였다.[74] 또한 박을수는 장시조에 사용된 수사적 기교는 「순화를 위한 수사」에서 <腰韻法>이, 「비유를 위한 수사」에서 <隱喩法>이, 「강조를 위한 수사」에서 <反復法>이, 「변화를 위한 수사」에서는 <引用法>이 가장 많이 사용되었으며, 수사적 용법은 감정이나 태도를 환기하는 목적에서도 특히 단순하고 환기나 풍자 · 반복의 리듬 · 인용 등의 수단을 통해서 강력한 감화의 효과를 나타내고 있다[75]고 하였다.

그러나 이러한 논의들은 시조에 사용된 수사법을 살피는 것으로 그 나름의 의미가 있으나, 장시조의 성격을 파악하는 단계에까지 이르지는 못하였다. 따라서 여기서는 장시조에 나타난 개방적 성격을 밝히기 위한 작업으로 다변화된 표현기법을 살펴보고자 한다. 수사법의 분류는 비유법 · 강조법 · 변화법으로 대분류될 수 있으며, 그에 종속되는 하위분류도 다양하게 나타나고 있다. 그러나 여기서는 단시조에서는 쉽게 찾아 볼 수 없는 장시조만의 표현기법상의 특성으로 개방적 성격을 찾을 수 있는 몇 가지 항목을 중심으로 살펴보고자 한다.

비유법에서는 은유와 상징, 강조법에는 열거와 반복, 변화법에는 반어와 역설을 중심으로 장시조에 나타나는 개방적 성격을 살펴보고자 한다. 이것은 장시조가 단시조에서 제한적으로 나타나던 표현기법을 다양한 측면으로 확대하고 있는 것을 의미하며, 나아가 기법상의 개방적 양상을 지니고 있음을 보여주는 것이다.

(1) 隱喩法과 擬人法

은유는 비유의 가장 대표적인 수사법으로 暗喩라고도 한다. 원관념은 숨기

74) 김상선(1960), 「古時調의 修辭的 技巧」, 『語文論集』 第4輯, 중앙대학교, 23쪽.

75) 박을수(1973 · 75), 「辭說時調의 修辭技巧 考察(1)-(4)」, 『새국어교육』 16-17 · 22-23, 韓國國語教育學會 220쪽.

고 보조관념만 드러내어 표현하려는 대상을 설명하거나 그 특질을 묘사하는 표현법이다. 즉 어떤 언어 표상을 그 자체 고유의 의미와는 다른 것으로 전화된 의미로 씀으로써, 본래 표현되어야 할 내용을 간접적으로 표현하는 것이다. 단시조에도 이러한 은유법이 사용되고 있으나 그 표현과 대상이 전면적으로 확대되고 있다.

<時大 1489> 牧丹은 花中王이오 向日花는 忠孝이로다
　　蓮花는 君子ㅣ오 冬栢花는 寒士요 杏花는 小人이이라 菊花는 隱逸士요 梅花寒士ㅣ로다 박곳츤 老人이오 石竹花는 少年이라 葵花 무당이오 海棠花는 娼女ㅣ로다
　　이 中에 梨花 詩客이라 紅桃 碧桃 三色桃는 風流郎인가 ᄒᆞ노라.

<時大 1489>은 김수장의 작으로 은유법의 가장 전형적인 형태로 원관념을 앞에 두고 보조관념을 뒤에 위치하여 한눈에 보아도 은유법을 통한 표현기법임을 알 수 있다. 원관념에서는 꽃을, 보조관념에서는 다양한 사람들의 속성들을 담아내고 있다. 또한 은유법 외에도 꽃을 의인화한 의인법, 그리고 다양한 종류의 꽃들을 나열하는 열거법 등이 쓰임으로써 장시조를 이루었다. 이러한 은유법은 단시조에도 어렵지 않게 찾을 수 있는 표현기법이다. 그러나 단시조가 함축과 정형화로 하나의 대상에 대하여 표현된다면 장시조는 나열과 구체화의 형태로 표현되고 있다는 점에서 차이를 보이고 있다 하겠다.

한편 장시조는 성적 비유에 대해서도 진솔한 감정을 숨기지 않았다. 누구든 짐작할 수 있는 의미 부여를 꾀했던 것이 장시조의 특징이라고 할 수 있다.

<時大 1345> 드립더 ᄇᆞ득 안으니 셰 허리지 ᄌᆞ늑ᄌᆞ늑
　　紅裳을 거두치니 雪膚之豊肥ᄒᆞ고 擧脚蹲坐ᄒᆞ니 半開한 紅牧丹이 發郁於春風이로다
　　進進코 又 退退ᄒᆞ니 茂林山中에 水春聲인가 ᄒᆞ노라.

<時大 2830> 얽고 검고 킈 큰 구레나룻 그것조차 길고 넙다
잠지 아니 놈 밤마다 빈에 올라 죠고만 구멍에 큰 연장 너허 두고 흘근할젹 홀 제는 愛情은 카니와 泰山이 덥누로는 듯 잔 放氣 소릐에 졋 먹던 힘이 다 쓰이노믜라
아므나 이 놈을 드려다가 百年同住ᄒᆞ고 永永 아니 온들 어닉 개쌀년이 싀앗 새옴 ᄒᆞ리오.

이 작품들은 성관계와 관련된 은유법이 사용된 것들이다. 특히 <時大 1345>은 장시조의 성과 관련된 논의에서 앞에서도 인용되는 작품이다. 먼저 '紅牧丹'이나 '茂林山中'의 뜻은 '붉은 모란'과 '숲이 우거진 산속' 정도의 풀이가 가능하지만 내포적 의미는 모두 여성의 성기를 표현한 것이며, 특히 '發郁於春風'은 성교에 대한 은유라 할 수 있다. 또한 성교의 장면은 '進進코 又退退ᄒᆞ니'로 한자어를 사용하여 암시하고 있으며, 성교시의 소리를 '水春聲'으로 암시하여 은유적 표현을 사용하였다.

<時大 2830>도 여성의 성기를 '죠고만 구멍'으로 남성의 성기를 '큰 연장'으로 성교의 장면은 '너허두고 흘근 할젹 홀제' 등의 은유적 표현이 사용되었다. 이처럼 장시조에 나타나는 은유법은 고도의 승화된 의미의 단시조와는 달리 누구나 그 의미를 쉽게 짐작할 수 있으며, 특히 성기나 성교 장면을 적나라하게 표현하기 위하여 사용되었다.

다음은 의인법으로 인간의 특징들을 비인간적인 사물이나 대상에 의미를 부여하여 마치 인간처럼 생각하고 행동하게 하는 표현기법이다. 장시조에 의인법으로 사용된 대상물을 보면 조류로는 새・뜸부기・백송골・기러기・접동새・부엉이・닭 등의 용어가, 짐승으로는 원숭이・개 등이 주로 사용되었으며, 그 외는 귀뚜라미・파리・두꺼비・미역 등이 다양하게 사용되었다. 이런 표현 대상들은 화자의 마음을 대변해 주는 감정이입의 대상이 되는 경우가 대부분이며 또한 자기 표출의 대상이 되기도 한다. 여기서는 대표적인 몇 가지만 살펴보고자 한다.

<時大 490> 귓도리 져 귓도리 에엿부다 져 귓도리

어인 귓도리 지는 둘 새는 밤의 긴 소릐 쟈른 소릐 節節이 슬픈 소릐 제 혼자 우러네여 紗窓 여읜 좀을 솔드리도 씨오는고야

두어라 제 비록 微物이나 無人洞房에 내 뜻 알 리는 저 뿐인가 ᄒᆞ노라.

<時大 567> 기러기 외기러기 너 가는 길히로다

漢陽城臺에 가셔 져근 덧 머므러 웨웨쳐 불러 부듸 ᄒᆞᆫ 말만 傳ᄒᆞ야 주렴

우리도 밧비 가는 길히니 傳ᄒᆞᆯ동 말동 ᄒᆞ여라.

<時大 3700> 終南山 누에 머리 긋헤 밤中만치 凶히 우는 부헝아

長安 百萬家에 뉘 집을 向ᄒᆞ여 부헝 부헝 우노

平生에 얄뮙고 잘뮈온 님을 다 잡아 가려 ᄒᆞ노라.

위 작품은 비인간적 대상을 의인화한 것들이다. <時大 490>은 독수공방하고 있는 여인의 잠을 깨우는 귀뚜라미에게 그래도 자신의 마음을 알고 울어주는 것은 너뿐이라며 마치 인간을 대하듯 감정을 토로하고 있다. 물론 단시조에도 감정이입을 통한 의인법이 사용되지 않은 것은 아니지만, 이처럼 귀뚜라미를 의인화하는 것은 드문 예이다.

<時大 567>는 임과 이별하여 떨어져 있는 외기러기와 자신의 처지를 비유하여 임에게 자신의 외로운 마음을 잘 전해 달라고 부탁한다. 그러나 기러기는 화자가 기대했던 것과는 달리 자신도 바삐 가는 길이니 '傳ᄒᆞᆯ동 말동'이라고 답하고 있다. 이 때 기러기가 마치 인간처럼 말을 하는 것에서 의인화되었음을 알 수 있다. 이는 짝 잃은 외기러기라는 전통을 벗어나 장시조에만 등장하는 새로운 기러기의 모습이다.[76] <時大 3700>은 부엉이와 화자가 묻고 대답하는 대화체로 되어 있는 작품인데 화자는 부엉이에게 왜 흉하게 우는지 묻자 이에 '얄밉고 잘뮈운 님을 다 잡아 가려고 운다'고 대답한다. 이는

76) 박준규(2002), 「辭說時調의 詩的 話者와 美意識 硏究」, 한국교원대 석사논문, 51쪽.

화자의 속마음을 대변하기 위해 부엉이를 의인화하였음을 알 수 있다.

이로써 장시조에 나타난 은유법과 의인법은 단시조에도 볼 수 있는 표현기법이지만 그 기법의 대상이나 소재들의 양상을 다양하게 활용하고 있음을 알 수 있었다. 이러한 기법들은 장시조가 갖고 있는 표현상의 개방적 특성이라 할 수 있겠다.

(2) 列擧法과 反復法

강조법은 서술하거나 표현하려는 사실 또는 사물을 보다 효과적으로 전달하기 위하여 사용되는 수사법이다. 이러한 수사법은 작가의 의도를 더욱 강하고 선명하게 드러내기 위한 표현기법이라 할 수 있다. 이중 열거법과 반복법의 사용은 장시조에 자주 활용되는 표현기법으로 이러한 시어적 구성을 통해 장형화되고 있음을 알 수 있다. 장시조에 나타나는 구문의 특성은 단시조보다 주술관계가 여러 번 반복되며 이로써 길어지는 현상을 보인다. 이처럼 단어나 어휘의 확장은 작품 속의 표현자체를 구체화되고 사실적으로 만든다. 따라서 이러한 표현은 단시조가 갖고 있는 함축과 상징이라는 폐쇄성과는 달리 표현의 개방적 양상으로 이어진다.

장시조에 사용된 열거법에 대하여 신은경은 다음과 같이 나름대로 규칙성이 있다고 보았다. 첫째는 동일한 항목(사물의 이름, 사물의 상태, 사물의 움직임 등)을 나열하는 형태인데, 이런 형태는 사설시조(장시조) 외에 타령류의 민요에서도 그 전형적인 양상을 찾아 볼 수 있다. 둘째는 사물이나 인물의 특성 및 형색 등을 수식함에 있어 부연이나 군말을 곁들여 열거하는 방식이며, 셋째는 문맥 속에 인물을 불러들여 두 인물 간에 번갈아 이어지는 대화를 열거하는 형태[77]라고 하였다. 이는 장시조에 나타나는 전형적인 열거의 형태라고 할 수 있는데 이를 통해 장시조가 갖고 있는 개방적 특성을 살펴보도록 하겠다.

---

77) 신은경(1988), 앞의 논문, 172쪽.

<時大 1578> 바독 걸쇠 갓치 얽은 놈아 졔발 비즈 네게 물가의란 오지마라
눈 큰 쥰치 헐이 긴 갈치 두룻쳐 메육이 츤츤 감을치 文魚의 아들 落蹄 넙치의 쏠 가잠이 빅 부른 올창이 공지 결레 만흔 권장이 孤獨훈 빅암장魚 집치 갓튼 고릭와 바늘 갓흔 숑亽리 눈 긴 농게 입 쟉은 甁魚가 금을만 넉여 풀풀 쒸여 다 달아나는듸 열업시 상긴 烏賊魚 둥긔는듸 그 놈의 孫子骨獨이 이쓰는듸 바소 갓튼 말검어리와 귀纓子 갓튼 杖鼓아비는 암으란 줄도 모르고 즛들만 훈다
암아도 너 곳 겻틔 셧시면 곡이 못 쟙아 大事ㅣ로다.

<時大 723> 男兒의 少年行樂 힉올 일이 ᄒᆞ고하다
글닑기 칼쓰기 활쏘기 몰둘리기 벼슬ᄒᆞ기 벗사괴기 술먹기 妾ᄒᆞ기 花朝月夕 노리ᄒᆞ기 오로다 豪氣로다
늙게야 江山에 믈려와셔 밧갈기 논믹기 고기낙기 나모뷔기 거믄고 ᄐᆞ기 바독 두기 仁山智水遨遊ᄒᆞ기 百年安樂ᄒᆞ여 四時風景이 어닉 그지 이시리.

위 시조들은 동일한 항목의 열거를 통해 노랫말이 엮어지는 것을 볼 수 있다. 그 양상은 조금 차이를 보이고 있으나 기본적으로 열거의 방식을 취하고 있다. <時大 1578>은 김수장의 작인데 이 역시 동일한 항목들이 나열된 경우로 중장에 많은 물고기의 이름들이 열거되고 있다. 이 작품 속에 열거된 항목들을 보면 '준치・갈치・메기・가물치・문어・낙지・넙치・가자미・올챙이・꽁치・장어・뱀장어・고래・송사리・농어・병어・오징어・말거머리' 등이 열거된다. 또한 단순하게 물고기를 열거하는 것이 아니라 물고기의 특징들을 적절한 비유를 통해 묘사하고 있다. 이러한 묘사를 통한 열거는 시구가 길어지는 현상을 낳고 있다. <時大 723>도 남아로 태어나 소년적의 할 일과 늙어서 할 일들을 장황하게 열거하고 있다. 이처럼 다양한 시어의 열거와 수식은 결국 장형의 시조를 만들게 되었다. 한편 어떤 한 항목이 주어지면 연상되는 쉬운 어구를 줄줄이 이어서 사설을 확장하는데, 사설의 평면적인 확장으로 인하여 시조의 정체성을 유지하기 힘들 정도[78]이다. 이렇듯 단시조가

시어의 함축이나 압축을 통해 시상을 전개한다면 장시조는 이러한 열거와 수식을 통해 시어의 개방을 보이고 있음을 알 수 있다. 또한 작품의 성격도 일상적 내용을 해학적으로 표현하고 있어 단시조의 성격보다는 민요적 성격을 보이고 있다 하겠다.

<時大 1467> 먹 長衫 眞紅 袈裟 메고 百八念珠 목에 걸고 六環錫杖 걸터 집고 高峰絶頂 白雲間으로 나는 듯시 나려 오는 저 和尙 게 잠간 셧소
金剛山 萬二千峰이 어듸 어듸 景 조흔고 말 잠깐 무러 보새 萬瀑洞 眞珠潭業鏡臺 摩阿衍 妙吉祥 普德窟은 엇더하며 新萬物象 舊萬物象 九龍淵 十二瀑 우무즈진 느릅나무 위에 안지신 五十三佛 게신 楡岾寺는 엇쩌한고
和尙 손 드러 가르치되 百聞이 不如一見이니 저긔 가 구경하면 자연 아시리.

<時大 3569> 재 너머 莫德의 어마네 莫德이 쟈랑 마라
내 품에 드러셔 돌겻ᄌᆞᆷ 자다가 니 ᄀᆞᆯ고 코 고오고 오좀 ᄉᆞ고 放氣 쒸니 盟誓개지 모진내 맛기 하 즈즐ᄒᆞ다 어셔 ᄃᆞ려 니거라 莫德의 어마
莫德의 어미년 내ᄃᆞ라 發明ᄒᆞ야 니르되 우리의 아기ᄯᆞᆯ이 고림症 ᄇᆡ아리와 잇다감 제症 밧긔 녀남은 雜病은 어려셔브터 업ᄂᆞ니.

위 예시는 어떤 인물의 행색을 묘사하거나 또는 인물의 추한 행동을 열거하고 있다. <時大 1467>은 여승의 행색을 묘사하며 그가 걸치고 있는 '먹 長衫 眞紅 袈裟 메고 百八 念珠 목에 걸고 六環錫杖 걸터 집고' 등의 물건들을 열거하고 있다. <時大 3569>는 자신의 아내인 莫德이에 대한 추한 행태를 비속한 소재들을 열거하면서 구체화한 것으로 대부분 신체와 관련된 것이 주를 이루고 있다. 그러나 특이한 것은 사위의 질문에 莫德어미의 입을 통해 열거되는 질병은 시집간 딸을 옹호하기보다는 비밀을 폭로함으로써 웃음을 유발

78) 이노형(1987), 「長時調의 장르적 性向과 그 限界」, 『冠岳語文硏究』 第12輯, 서울대, 87쪽.

시킨다. 더욱이 작품 속에 설정된 인물은 비속한 인물이며 성병까지 걸려있는 부도덕한 인물로 묘사되고 있다. 이 작품에서 열거된 시어나 묘사는 서민적인 내용을 담고 있음을 알 수 있다. 이러한 추한 행동이나 질병들에 대한 어휘는 단시조에서 보이지 않는 장시조만의 특성이라 할 수 있다.

다음은 반복법의 사용이다. 이는 동일한 단어, 동일한 구절, 동일한 문장을 반복시켜 화자의 의도를 보다 강조하고 운율적 감각을 살리기 위한 표현기법이라 할 수 있다. 장시조에 나타난 반복은 작품 내 발신자 자신의 정서를 환기하거나 수신자에게 기억과 이해를 돕고자 하는 표현[79]이기도 하다. 또한 작품 속에 나타나는 반복은 운율과 생동감을 일으킨다. 시가문학에 나타난 반복에 관한 연구는 음절, 어휘, 통사의 반복[80] 단어와 구문의 반복[81], 인물, 구조, 어법적 반복[82] 등을 들 수 있다. 그러나 여기서는 장시조에 나타나는 반복을 중심으로 동어의 반복, 어절의 반복, 장의 반복으로 나누어 살펴보고자 한다. 특히 장의 반복은 시조에 있어 하나의 장을 이루는 경우도 빈번하게 사용되고 있어 하나의 유형을 이룬다고 할 수 있다.

먼저 동어의 반복을 보면 다음과 같다.

<時大 1052> 님이 가오실 졔 노고 네을 두고 가니
　　오 노고 가 노고 보ᄂᆡ 노고 그ᄅᆡ 노고
　　그 中에 가 노고 보ᄂᆡ 노고 그ᄅᆡ 노고란 다 몰속 ᄯᅵ쳐 바리고
오 노고만 두리라.

<時大 1203> ᄃᆡᆨ들에 잘잇 등ᄆᆡ 사오 져 장ᄉᆞ야 네 등ᄆᆡ 갑 엇뫼나 사 ᄶᅡ라 보쟈
　　두 疋 ᄶᆞᆫ 등ᄆᆡ ᄒᆞᆫ 疋 밧ᄉᆞᆸ네 ᄒᆞᆫ 疋 이 못ᄶᆞᆫ이 半疋 밧소 半疋
안이 밧씀네 하 우은 말 마소
　　ᄒᆞᆫ 젹곳 ᄶᅡ라 보면 每樣 삿 ᄶᅩ쟈 하오리.

79) 박재원(1991), 앞의 논문, 47쪽.

80) 조동일(1981), 『韓國詩歌의 傳統과 律格』, 한길사, 68쪽.

81) 김대행(1976), 『韓國詩歌 構造 硏究』, 삼영사, 192쪽.

82) 조동일(1979), 『敍事民謠 硏究』, 계명대출판부, 108쪽.

<時大 3150> 위ᄃᆡ 밍고잉 다섯 아레ᄃᆡ 밍공이 다섯 景慕宮 압 연못세 잇는 밍공이 하나 쑥 짜 물 쪄 두루쳐 이구 수은 장수 허는 밍공이 다섯 三淸洞 밍공이 六月 소낙이의 죽은 어린ᄋᆡ 나막신쟉 하나 으더타고 가진 풍유하고 서뉴하ᄂᆞᆫ 밍공이 사섯 四五二十 시무 밍공이 慕華館盤松里 李周明네 집 마당가의 포김포김 모이더니 밋테 밍공이 아구 무겁다 밍공 허니 윗 밍공이는 뭣시 무거유냐 장간 차마라 쟉갑시럽다 군말된다 허구 밍공 그 중에 어느 놈이 상시럽구 밍난시러운 수밍공이냐

綠水靑山 깁흔 물의 白首風塵 흣날리구 孫子 밍공이 무릅헤 안치구 저리 가거라 뒤 틔를 보자 이리 오느라 압틔를 보자 짝짝궁 도리도리 질나븨비 훨훨 지롱 부리는 밍공이 슈밍공루 이러더니

崇禮門 박 썩 늬다러 七픠 八픠 靑픠 븨다리 쪽제굴 네거리 里門洞 四거리 七픠 븨다리 둘 첫 셋 넷 다섯 여섯 일굽 여덜 아흡 녈직 마나리 논의 방구 통 쒸구 눈물 쬐죄죄 흘니구 오좀 질금 싸구 노랑 머리 복쥐여 틋구 엄지 장가락의 된 가릐침 븨터 들구 두다리 ᄭᅩ고 굽흑헌 방축 밋테 남 알가 용 올리는 밍공이 슈밍공이인가.

이 작품들은 동어의 반복으로 이루어진 작품들이다. <時大 1052>은 장시조 중에는 짧은 시조이나 동어가 여러 번 반복되고 있다. 이는 '노고'라는 말이 독립적으로 사용되기도 하였으나 대부분 어간과 붙어 반복되고 있다. <時大 1203>은 장사꾼과 각시의 대화인데 이 작품에는 '疋'이라는 단어가 5번이나 반복되어 사용되고 있다. <時大 3150>은 앞의 두 작품보다는 조금 장형인데 그렇다보니 반복된 단어의 횟수가 많은데 '맹꽁이'라는 동어가 총 15번이나 반복되고 있다.

다음은 동일어구의 반복이다.

<時大 3370> 人生 百年이 如走馬로다 안이ᄂᆞ 놀지는 못 ᄒᆞ리라
남기라도 고목 되면 오든 ᄉᆡ도 안이 오고 꼿이라도 십일홍 되면 오든 나븨도 안이 오고 물이라도 乾水 되면 오든 鴻雁도 안이 오

고 任이라도 늙어지면 오든 졍판도 안이ᄂᆞ 오누나
靑春之年을 ᄋᆡ연타 말고서 마음ᄃᆡ로 놀셰.

<時大 78> 각시님 믈너 눕소 내품의 안기리
이 아희놈 괘심ᄒᆞ니 네 날을 안을 소냐 각시님 그 말 마소 됴고만 닷져고리 크나 큰 고양감긔 쎙쎙 도라가며 제 혼자 다 안거든 내 자ᄂᆡ 못 안을가 이 아희놈 괘심ᄒᆞ니 네 날을 휘울소냐 각시님 그 말 마소 됴고만 도샤공이 크나 큰 대듕션을 제 혼자 다 휘우거든 내 자ᄂᆡ 못 휘울가 이 아희놈 괘심ᄒᆞ니 네 날을 붓흘소냐 각시님 그 말 마소 됴고만 벼록 블이 니러곳 나게 되면 청계라 관악산을 졔 혼자 다 붓거든 내 자ᄂᆡ 못 붓흘가 이 아희놈 괘심ᄒᆞ니 네 날을 그늘올소냐 각시님 그 말 마소 됴고만 ᄇᆡᆨ지댱이 관동 팔면을 제 혼자 다 그늘오거든 내 자ᄂᆡ 못 그늘을가
진실노 네 말 ᄀᆞᆺ틀쟉면 ᄇᆡᆨ년동쥬 하리라.

이 작품들은 동일어구의 반복을 사용한 대표적인 예이다. <時大 3370>에는 '안이 오고'라는 동일어구의 반복을 통해 시상을 전개하고 있다. 특히 '아니 오고'의 연결을 통해 시상을 극대화하고 있다. 결국 화자는 늙어지면 못 놀게 됨으로 젊어서 놀자는 자신의 합리성을 확보하기 위한 시상전개로 이러한 동일어구를 사용하고 있다. 또한 이러한 동일어구의 반복을 통해 시상을 연결해 나가다 보니 작품의 길이는 확장된다. <時大 78>에 반복된 어절은 '각시님 그 말 마소'와 '이 아희놈 괘심ᄒᆞ니'의 반복을 통해 시상을 전개하고 있는 대화체 형식이다. 두 인물의 반복적인 문답으로 대화가 동일어구의 반복을 통해 결합되고 있으며 전개에 따라 계속적으로 이어질 수 있는 여지가 있다.

끝으로 동일어절의 반복을 들 수 있다. 이러한 반복법은 주로 민요에서 많이 사용되는 표현기법이다. 이를 논자에 따라 행보율 또는 'AABA'형으로 규정하기도 한다. 우선 이러한 형태가 보이는 작품을 보자.

<時大 601> 나ᄂᆞᆫ 마다 나ᄂᆞᆫ 마다 高臺廣室 나ᄂᆞᆫ 마다
奴婢田宅 大緞長옷 緋緞치마 紫芝香織 져고리 蜜花珠 겻칼 ᄯᅩᆫ

머리 石雄黃 올오다 쓰러 ᄭᅮᆷ자리로다

나의 願ᄒᆞᄂᆞᆫ 바ᄂᆞᆫ 키 크고 얼골 곱고 글 잘ᄒᆞ고 말 잘ᄒᆞ고 노래 용코 춤 잘 추고 활 잘 쏘고 바돌 두고 품자리 더욱 알드리 잘ᄒᆞᄂᆞᆫ 白馬金鞭의 風流郎이가 하노라.

<時大 1064> 다려 가거라 ᄭᅳᆯ어 가거라 나를 두고선 못 가느니라 女必은 從夫 렷스니 거저 두고는 못 가느니라

나를 바리고 가랴 ᄒᆞ거든 青龍刀 잘 드는 칼노 요츰이라도 ᄒᆞ고서 아릐 토막이라도 가져 가소 못 가느니라 못 가느니라 나를 바리고 못 가는니라 나를 바리고 가랴 ᄒᆞ거든 紅爐火 모진 불에 살을 터이면 살우고 가소 못 가느니라 못 가느니라 그저 두고는 못 가느니라 그저 두고서 가랴 ᄒᆞ거는 廬山瀑布 흘으는 물에 풍덩 더지기라도 ᄒᆞ고서 가쏘 나를 바리고 가는 님은 五里를 못 가서 발 病이 나고 十里를 못 가서 안즌방이 되리라

춤으로 任 ᄉᆡᆼ각 그리워서 나 못 살겟네.

이는 'AABA'형의 반복이 나타나는 작품들이다. <時大 601>은 초장에 나타난 형태인데 '나ᄂᆞᆫ 마다'라는 'A'의 반복을 통해 'B'라는 '高臺廣室'이 싫음을 강조하고 있다. <時大 1064>는 'AABA'형의 반복이 중장에 나타나는 경우인데 두 번 나타난다. 첫째는 '못 가느니라 못 가느니라 나를 바리고 못 가는니라'를 통해 나를 버리고 갈 수 없음을 강조하고, 두 번째는 '못 가느니라 못 가느니라 그저 두고는 못 가느니라'는 나를 두고 갈 수 없음을 다시 한 번 강조하고 있다. 이처럼 'AABA'형의 반복은 'B'를 강조하기 위해 사용된다. 다음을 보자.

<時大 3656> 져멋고쟈 져멋고쟈 열다섯만 져멋고쟈

에엿분 얼골이 냇ᄀᆞ에 셧ᄂᆞᆫ 垂楊버드나모 광대등걸이 되연제고

우리도 少年行樂이 어제론 듯 ᄒᆞ여라.

<時大 79> 각시님 엣ᄲᅮ든 얼골 져 건너 닉짜에 홀노 웃뚯 션ᄂᆞᆫ 슈양버드나무 고목 다도야 셕어 스러진 광ᄃᆡ등거리 되단말가

졀머ᄭᅩ자 졀머ᄭᅩ자 셰 다셧만 졀멋고쟈
열ᄒᆞ고 다셧만 졀무량이면 ᄂᆡ 원ᄃᆡ로.

이는 장시조에 나타난 'AABA'형인데 반복된 어구가 <時大 3656>에서는 초장에 <時大 79>는 중장에 나타나고 있다. 작품의 내용도 초장과 중장이 약간의 차이를 보이고 있을 뿐 내용은 유사하다. 이를 통해 장시조가 구술성이나 연행성을 지니고 있는 문학임을 말해준다. 또한 이러한 반복은 대부분 초장에서 많이 나타나고 있다. 그러한 이유는 자신이 말하고자 하는 바를 반복을 통해 강조하기 위해서는 종장보다는 초장에서 사용하는 것이 효과적이었기 때문이다. 또한 이러한 반복 어구를 통해 구비적 기능을 극대화할 수 있는 측면도 있음을 알았기 때문이다. 이러한 작품은 장시조 작품에 상당수 나타나고 있다.[83] 반면 종장에는 이러한 반복이 전혀 나타나고 있지 않다. 그것은 종장에서 자신의 시상을 함축하여 담기 때문에 이를 사용할 필요가 없기 때문이다.

이러한 반복법은 고려속요와 민요에도 자주 나타나는 현상의 하나이다.[84] 따라서 고려속요와 민요의 구비적 특성이 장시조에도 담겨 있음을 짐작할 수 있다.

---

83) <時大> 3, 79, 182, 218, 276, 490, 601, 602, 891, 950, 992, 1013, 1063, 1330, 1362, 1639, 2906, 3018, 3149, 3526, 3829, 4508 등.

84) a살어리 a살어리랏다 b청산애 a살어리랏다
a우러라 a우러라 새여 b자고 니러 a우러라 새여
a가던 새 a가던 새 본다 b믈 아래 a가던 새 본다
a살어리 a살어리랏다 b바ᄅᆞ래 a살어리랏다
a가다가 a가다가 드로라 b에졍지 a가다가 드로라 <靑山別曲>
a가시리 a가시리잇고 나는 bᄇᆞ리고 a가시리잇고 나는 <가시리>
a들러주게 a들러주게 b요내밀매 a들러주게 (『韓民集 Ⅰ-324』)
그 외에도 임동권편, 『韓國民謠集』에 나타난 'AABA'을 보면 Ⅰ-13·27·31, Ⅱ-132·171·970, Ⅲ-261·303·1257, Ⅳ-92·530·600, Ⅴ-11·207·257, Ⅵ-32·67·335 등 전 7권에 두루 나타나고 있다.

(3) 逆說法과 反語法

역설법은 표면적으로 이치에 맞지 않지만 실은 그 속에 절실한 뜻이 담기도록 하는 수사법을 가리킨다. 또는 문장 구조상의 모순을 통하여 어느 한 의미를 강하게 드러내거나, 어떤 진리에 모순이 되는 것 같지만 사실 그 속에 일종의 진리가 숨어 있는 말을 뜻하기도 한다. 한편, 반어법은 겉으로 표현할 내용과 속에 숨어 있는 내용을 서로 반대로 나타내어 독자에게 관심을 갖게 하는 표현기법이다. 겉으로는 칭찬하는 척하지만 사실은 꾸짖고, 겉으로 꾸짖는 척하면서 칭찬하는 방법으로써 아이러니라고도 한다. 이 양자는 표현상 약간의 차이를 보인다. 다시 말하면, 역설은 문장 구조상의 모순을 통하여 어느 한 의미를 강하게 드러내거나 어떤 진리에 모순이 되는 것 같지만 사실 그 속에 일종의 진리가 숨어 있는 뜻을 말하고 반어법은 표면적 의미와 문맥적 의미 즉 내포적 의미가 상반성을 띠는 경우를 말한다.

<時大 1905> 불 아니 ᄯᅵ힐지라도 절노 익ᄂᆞᆫ 솟과
　염무죽 아니 먹여도 크고 살져 ᄒᆞᆫ 것ᄂᆞᆫ 물과 길삼 잘ᄒᆞᄂᆞᆫ 女妓妻과 술심ᄂᆞᆫ 酒煎子와 臁부로 낫ᄂᆞᆫ 가문 암소
　平生에 이 다섯 가지 두엇시면 부러 ᄒᆞᆯ거시 이시리.

<時大 2556> 신흥ᄉᆞ 즁놈이 안감골 승년에 머리치 쥐고
　안감골 승년니 신흥사 즁놈에 상투를 잡고 하나님 젼에 등장 갈제 죠막숀이 육갑 쇱고 쇱장이는 쟝쵸 맛고 안짐방니 탁견ᄒᆞ고 장안 판슈 죰상니 세고 벙어리는 판결ᄉᆞ헌다
　길아ᄅᆡ 목 업는 돌부쳐는 앙천ᄃᆡ쇼.

<時大 4671> 還上에 볼기 셜흔 맛고 당니 갑세 동솟츨 쑥 여넌다
　ᄉᆞ랑ᄒᆞ던 女妓妾은 月利ㅣ가 등미러 간다
　아희야 粥탕관에 개 보아라 豪興를 계워 ᄒᆞ노라.

위 작품들은 역설을 담고 있는 것들이다. 특히 <時大 1905>은 역설 아닌

곳이 없다. 즉 화자가 바라는 것들은 모두 모순에 찬 역설적 표현들인 것이다. 불을 때지 않아도 절로 익는 솥, 여물을 안 먹어도 크고 살찌는 말, 길쌈 잘하는 기생첩, 술이 솟는 주전자, 양부로 낳는 암소 등을 표현하였으나 현실적으로 이러한 일은 불가능한 것이며, 화자는 이러한 불가능한 일을 통해 물질에 대한 욕망을 담고 있다고 할 수 있다.

<時大 2556>도 역설적 표현으로 꾸며진 작품이라고 해도 과언이 아니다. 먼저 승녀와 여승이 상투와 머리털을 가지고 있다는 것만으로도 역설은 시작된다. 이후 이어지는 내용도 모두 역설적이다. 조막손이 육갑을 꼽는다든지 꼽추가 장정을 맡고, 앉은뱅이는 택견을 하고, 장님은 좀상이 세고, 벙어리는 판결을 내리고, 목 없는 돌부처는 하늘을 쳐다보며 크게 웃는 다는 것은 이치상 모순 덩어리라고 할 수 있다. 결국 이 작품은 타락한 불교에 대한 풍자이며 자신의 역할에 충실하지 못하는 당대의 인물들을 풍자한 것이라 하겠다.

<時大 4671>은 백성을 위한 환상이 수탈과 착취의 온상이 되고, 갖고 있던 모든 것을 빼앗긴 현실을 어이없이 바라보고 있는 내용이다. 화자는 환상으로 볼기를 서른 대나 맞고 장리의 대가로 솥과 사랑하던 女妓妾까지 빼앗긴다. 그러나 수탈을 당하는 화자는 豪興을 겨워 즐거워하고 있다. 이때의 흥겨움은 정상적인 것이 아니라 서글프고 눈물 나는 상황을 역설적으로 표현한 것이라 할 수 있다.

다음으로 반어법이 표현된 작품을 보자. 장시조에 반어법이 사용되는 경우는 풍자를 중심으로 이루어지는 경우가 많다. 이러한 풍자를 반어적 풍자라고도 하는데 단시조에서 볼 수 없는 장시조만의 독특한 유형이라고 할 수 있다. 물론 반어법이 단시조에 전혀 나타나지 않는 것은 아니지만 그것이 유형화되어 나타날 만큼 비중이 크지 않다.

<時大 1639> 붉가 버슨 兒孩ㅣ 들리 거뮈쥴 테를 들고 ᄀᆡ川으로 往來ᄒᆞ며
붉가숭아 붉가숭아 져리 가면 죽ᄂᆞ니라 이리 오면 ᄉᆞᄂᆞ니라 부

로나니 볽가숭이로다
아마도 世上 일이 다 이러흔가 ᄒᆞ노라.

<時大 3149> 웨 와씀나 웨 와씀나 나 홀노 자는 방에 웨 와씀나
오기는 왓거니와 자최 업시 잘 단녀 가오
갓독에 말 만코 탈마는 집안에 모다깃넝 날까.

<時大 1639>는 여름철 벌거벗은 아이들이 거미줄로 만든 잠자리채를 들고 개천을 오가며 잠자리 잡는 모습을 노래한 것이다. 여기서 '발가숭이'는 벌거숭이 아이들을 가리키면서 동시에 고추잠자리를 가리키는 말[85]이다. 발가숭이라는 동일어에서 아이와 고추잠자리를 동시에 호칭하는 것도 해학적이지만 중장에서 '져리 가면 죽ᄂᆞ니라 이리 오면 ᄉᆞᄂᆞ니라'는 반어법이 사용된 곳이다. 잠자리는 개천 쪽으로 가야 살고 아이들 쪽으로 가면 죽게 된다. 그러나 작자는 아이와 잠자리의 행동의 반어적 표현을 통해 부조리한 세태를 해학적으로 표현하고 있다. <時大 3149>는 왜 왔느냐고 반복적인 표현을 통해 묻고 있으나 그 이중적 의미는 왜 이제 왔느냐고 질책하는 듯하다. 그것은 중장과 종장에서 이어지는 화자의 의도에서도 잘 나타난다.

이처럼 장시조에 사용된 역설법과 반어법은 대부분 서민적인 내용과 성애를 내용으로 하는 경우가 많다.

3) 常套語句의 使用

상투어구란 서로 다른 작품에 유사하게 사용되는 어구를 말한다. 이는 구술문학이나 연행을 통해 이루어지는 문학 장르에 많이 사용되는데 구술이나 연행 현장에서 연행자의 기억의 용이성을 위해서 상투어구는 중요한 역할을 담당[86]한다. 또한 연행이 아니더라도 구전되는 문학에서도 이러한 상투어구

85) 정병욱(1974), 「李朝後期 詩歌의 變移過程 考」, 『創作과 批評』 31號, 창작과 비평사, 209쪽.

86) Ruth Finnegan. Oral Poetry (Cambridge University Press, 1977), 62쪽.

는 빈번하게 사용된다. 그것은 연행과 마찬가지로 구전을 용이하게 하고 대중에게 친근성을 주기 때문이다. 이러한 기능과 역할을 하고 있는 상투어가 장시조에 나타나고 있다는 것은 장시조가 구전이나 연행에 의해 전승되었음을 의미하는 것이다.

장시조는 서로 다른 작품이지만 유사한 어휘나 어구들이 자주 나타나고 있다. 이러한 현상은 표현상의 개방성을 통해 공유했음을 말하는 것이다. 우선 장시조에 나타난 상투어구를 정리하면 다음과 같다.

≪表 17≫ 長時調에 使用된 常套語句

<table>
<tr><th>章</th><th>常套語句</th><th>歌番</th><th>作品數</th></tr>
<tr><td rowspan="6">初章</td><td>世上 富貴人들아 貧寒士를 웃지마라</td><td><時大 2292>, <時大 2283></td><td>2</td></tr>
<tr><td>알쓰리 살쓰리</td><td><時大 100>, <時大 3245></td><td>2</td></tr>
<tr><td>ᄃᆡᆨ드레 ~ 사오</td><td><時大 1198>, <時大 1199>, <時大 1200>, <時大 1203>, <時大 1201>, <時大 1202></td><td>7</td></tr>
<tr><td>어우화 벗님네야</td><td><時大 2763>, <時大 2767>, <時大 2768>, <時大 2769>, <時大 2770></td><td>5</td></tr>
<tr><td>男兒 少年 行樂 헐 일이 허다ᄒᆞ다</td><td><時大 722>, <時大 723></td><td>2</td></tr>
<tr><td>功名과 富貴과란 世上 사람 다 맛기고</td><td><時大 326>, <時大 329></td><td>2</td></tr>
<tr><td>中章</td><td>고모장ᄌᆞ 셰살장ᄌᆞ 가로다지 여다지에 암돌져귀 수돌져귀 비목걸새 뚝닥 박고</td><td><時大 3829>, <時大 4521></td><td>2</td></tr>
<tr><td rowspan="2">終章</td><td>님하님하 (온)놈이 백말을 할지라도 님이 짐작ᄒᆞ시쇼.</td><td><時大 182>, <時大 218>, <時大 1186>, <時大 2563>, <時大 2988></td><td>5</td></tr>
<tr><td>보션 버서 품에 품고 신 버서 손에 쥐고 겻븨님븨 님븨곰븨 쳔방지방 지방쳔방</td><td><時大 1059>, <時大 3969></td><td>2</td></tr>
</table>

	ᄆᆞᆺ쵸아 밤일세 만졍 힝혀 낫지런들 남 우일 번 ᄒᆞ여라.	<時大 1059>, <時大 1765>, <時大 3705>	3
	우리도 밧비 가ᄂᆞᆫ 길히니 傳ᄒᆞᆯ동 말동 ᄒᆞ여라.	<時大 567>, <時大 906>, <時大 1215>, <時大 2664>, <時大 4056>, <時大 4057>, <時大 4663>	7
	우리도 소년 쩍 마음이 어졔론 듯 ᄒᆞ야라.	<時大 128>, <時大 2628>, <時大 3635>, <時大 3656>	4
	우리도(는) 남의 님 거러두고 프더겨 볼가 ᄒᆞ노라.	<時大 150>, <時大 710>, <時大 1389>, <時大 1584>, <時大 1787>, <時大 4489>	6
合計			49

이상의 상투어를 살펴보면 종장에서 가장 많은 상투어가 나타나고 있으며, 그 다음은 초장에 많이 나타난다. 이처럼 초·종장에서 상투어가 많이 나타나는 것은 시조형식의 한 틀을 이루면서 공유되었기 때문이라 할 수 있다. 반면 중장에서 상투어구가 많이 나타나지 않은 것은 중장이 초장의 내용을 이어받아 본격적인 내용을 전개하거나 다양한 것을 담기 때문에 상투어구가 사용되는 것이 쉽지 않았을 것이다.

또한 장시조에 나타나는 상투어의 역할은 그것이 그 시대상과 풍조와 작가의 세계관 등을 대표해 준다. 상투어가 초장에 올 때는 중·종장의 사설을 암시해 주며 종장에 올 때는 초·중장의 사설을 재확인시켜 전체를 통일시키는 역할을 한다. 상투어는 주지를 선명하게 강조해 주며 나아가서는 리듬을 주어 원활한 종결로 유도[87]한다.

이를 각 장으로 나누어 확인해 보도록 하겠다. 먼저 초장에 나타나는 상투어구는 다음과 같다.

<時大 2767> 어우화 벗님네야 錦衣玉食 ᄌᆞ랑 마소
죽어 棺에 들 제 錦衣를 닙으려니 子孫의 祭 바들 졔 玉食을 먹

87) 윤병석(1971), 「辭說時調의 辭說性 考察」, 계명대 교육석사논문, 62-63쪽.

으려니와 죽어 못 홀 일은 粉壁紗窓 月三更에 고은님 다리고 晝夜에 同處 ᄒᆞ기로다
죽은 後 못 홀 일이니 ᄉᆞ라 아니 ᄒᆞ고 속졀 업시 늙으리오.

<時大 722> 男兒 少年 行樂 헐 일이 허다ᄒᆞ다
臨泉 草堂上에 萬卷詩書 싸아 두고 絶代佳人 엽헤 두고 쥴업는 거믄고 언져 놋코 보라믜 길들여 두고 臨水登山허여 창스기 말타기 싱각ᄒᆞ고 밧을 갈어 對月看花ᄒᆞ니 술먹기 벗 ᄉᆞ국기와 水邊에 고기 낙기
아마도 樂ᄒᆞ여 四時春에 節가는 쥬를.

위 작품들은 초장에서 유사한 상투어가 사용된 경우이다. <時大 2767>에서 '어우화 벗님네야'는 하나의 유형이 되어 다른 작품에도 유사하게 사용되고 있다. 또한 어휘만 바꾸어 '어우화 ~이냐'라는 초장의 유형을 상투적으로 사용하고 있다. <時大 722>에 나타난 상투어 '男兒 少年 行樂 헐 일이 허다ᄒᆞ다'는 완전한 초장을 이루고 있다.

다음은 중장에서 나타나는 경우이다. 초장이나 종장에 비해 그 양상은 현저하게 떨어진다.

<時大 1059> 님이 오마 ᄒᆞ거늘 져녁 밥을 일지어 먹고
中門 나서 大門 나가 地方 우희 치ᄃᆞ라 안자 以手로 加額ᄒᆞ고 오는가 가는가 건넌 山 ᄇᆞ라보니 거머흿들 셔 잇거늘 져야 님이로다 보션 버서 품에 품고 신 버서 손에 쥐고 곰븨님븨 님븨곰븨 쳔방지방 지방쳔방 즌듸 ᄆᆞ른듸 ᄀᆞᆯ희지 말고 워렁충창 건너가셔 情엣 말 ᄒᆞ려 ᄒᆞ고 겻 눈을 흘긧 보니 上年 七月 사흔날 ᄀᆞᆯ가 벅긴 주추리 삼대 술드리도 날 소겨다
모쳐라 밤일싀만졍 힝혀 낫이런들 ᄂᆞᆷ 우일번 ᄒᆞ괘라.

<時大 3969> 天寒코 雪深ᄒᆞᆫ 날에 님 ᄎᆞ즈라 天上으로 갈 제
신 버서 손에 쥐고 보션 버서 품에 품고 곰뷔님뷔 님뷔곰뷔 쳔방지방 지방쳥방 ᄒᆞᆫ 번도 쉬지 말고 허위허위 올라가니

보션 버슨 발은 아니 스리되 념의온 가슴이 산득산득 ᄒᆞ여라.

<時大 3829> 窓 내고쟈 窓을 내고쟈 이 내 가슴에 窓을 내고쟈
고모장지 셰살장지 들장지 열장지 암돌져귀 수돌져귀 비목걸새 크나 큰 쟝도리로 뚱닥 바가 이 내 가슴에 窓 내고쟈
잇다감 하 답답ᄒᆞᆯ제면 여다져 볼가 ᄒᆞ노라.

<時大 4521> 한숨이 셰 한숨아 네 어ᄂᆡ 틈으로 드러 온다
고모장ᄌᆞ 셰살장ᄌᆞ 가로다지 여다지에 암돌져귀 수돌져귀 빗목걸새 뚝닥 박고 龍거북 ᄌᆞ물쇠로 수기 수기 ᄎᆞ엿ᄂᆞᆫ듸 屛風이라 덜걱 져븐 簇子ㅣ라 ᄃᆡᄃᆡ글 문다네 어ᄂᆡ 틈으로 드러 온다
어인지 너 온 날 밤이면 좀 못 드러 ᄒᆞ노라.

위 작품들은 유사한 어구들이 나타나는 작품들이다. <時大 1059>에 사용된 '보션 버서 품에 품고 신 버서 손에 쥐고 곗븨님븨 님븨곰븨 쳔방지방 지방쳔방'은 <時大 3969>의 작품에 거의 유사한 형태로 사용되고 있다. 또한 <時大 3829>에서는 '고모장지 셰살장지 들장지 열장지 암돌져귀 수돌져귀 비목걸새 크나큰 쟝도리로 뚱닥'이라는 다양한 창의 종류들이 <時大 4521>에 순서의 변화도 없이 그대로 사용되고 있다. 특히 <時大 3829>과 <時大 4521>에 상투어는 다양한 종류의 창문들을 열거하면서 파형을 이루며 소재 역시 서민적인 성향을 보이고 있음을 알 수 있다. 또한 공통적으로 임에 대한 그리움이나 답답함을 표현하기 위하여 사용되고 있다.

다음은 종장에 상투어구가 사용된 작품이다.

<時大 2563> 深意山 세 네 바회 휘도라 감도라 들 제
五六月 낫계죽만 살어름 지픤 우희 즌서리 섯거 치고 자취눈 쑤렷거늘 보왓ᄂᆞᆫ가
님아님아 온 놈이 온 말을 ᄒᆞ여도 님이 짐쟉 ᄒᆞ쇼셔.

<時大 1389> 萬頃蒼波之水에 둥둥 ᄯᅥᆺᄂᆞᆫ 부략금이 게오리들아 비슬금셩 증경이 동당강셩 너시 두루미들아

너 썻는 물 기픠를 알고 둥 썻는 모로고 둥 썻는
우리도 놈의 님 거러두고 기픠를 몰라 ᄒᆞ노라.

<時大 2628> 아흔 아홉 곱 머근 老丈 濁酒 걸러 醉케 먹고
납죡도라 ᄒᆞᆫ 길로 이리로 븟독 져리로 븟척 뷕독뷕쳑 뷔거를
적의 웃지 마라 져 靑春 少年 아희놈들아
우리도 少年적 ᄆᆞ음이 어제론 듯 ᄒᆞ여라.

위 작품들은 종장 전체가 동일하게 나타나는 작품들이다. <時大 2563>은 송강의 작으로 종장에 사용된 '님아님아 온놈이 온말을 ᄒᆞ여도 님이 짐작 ᄒᆞ소셔'는 중상모략으로 내쳐진 자신의 모습과 당대 사회상의 실상을 표현하기 위한 것으로 이 작품에 나타난 임은 군주라고 할 수 있다. 이 외에도 종장에 사용된 이와 같은 상투어는 여러 작품에 나타나고 있다. 따라서 당시 이러한 심정을 표출하는 하나의 표현양식이 나타나고 있었음을 알 수 있다. 이것은 종장에 사용된 상용구가 일반화되어 있었으며, 이러한 일반화는 가사의 공유를 통해 개방되고 있음을 알 수 있다.

<時大 1389>의 종장에 사용된 상용구는 불륜을 저지르고 어쩔 줄 몰라 하는 심정을 표현한 것으로 이러한 상용구가 일반화되어 여러 작품에 나타나고 있다는 것은 성에 대한 노골적인 표출이며 개방으로 볼 수 있다. <時大 2628>은 어느새 늙어 버린 자신의 모습을 되돌아보고 소년적의 마음을 부러워하는 내용을 담고 있다. 이렇듯 탄로를 주제로 한 작품들은 단시조에 많이 나타나는 경우로 장시조가 내용상으로 단시조와 상관관계가 있음을 알 수 있다.

이처럼 장시조는 표현상으로 다양한 측면에서 개방성을 보이고 있다. 특히 단시조에서 볼 수 없었던 다양한 표현들은 장시조만의 특성이라고 할 수 있다. 또한 이러한 개방적 양상은 대부분 서민문학적 성격을 담고 있음을 짐작할 수 있었다.

4. 文體上의 開放的 樣相

文體란 주제를 효과적으로 드러내기 위해 작가가 사용하는 개성적 언어 표현을 일컫는 것으로, 문학 작품의 개성과 독창성을 이루어 내는 바탕이 된다. 즉 작가의 미적 이상에 적합하며 개성이 잘 반영된 일정한 구조의 문장[88]이라 할 수 있을 것이다. 또한 문체는 그 사람의 인격을 나타낸다고도 한다. 이것은 문체를 통해 그 사람의 지적수준이나 교양을 엿볼 수 있기 때문이다.

문체 분류에 대한 일정한 규칙이나 방법은 기준에 따라 다양하게 나타나고 있어[89] 대부분 시조에 나타난 문체는 논자의 관점에 따라 자의적으로 분류되고 있다. 시조의 본격적인 문체연구로는 서원섭을 들 수 있다. 그는 심재완의 『校本歷代時調全書』에 수록된 3,335수의 시조를 평시조(2,795)와 엇시조(326), 사설시조(250)로 분류하고 단시조의 문체는 ①純國語體, ②國語體, ③國漢文混用體, ④漢文懸吐體, ⑤漢文飜譯體로 분류하였으며[90] 엇시조와 사설시조는 한문번역체를 뺀 네 가지로 분류하였다. 이것은 작품을 분류하여 유

---

88) 이인모(1960), 『理論과 實踐 文體論』, 동화문화사, 53쪽.

89) 문체의 분류방법에는 여러 가지가 있으나, 크게 유형적 문체와 개성적인 문체의 둘로 나눌 수 있다. 또 쓰이는 언어에 따라 문어체와 구어체로 나누기도 한다. 유형적인 문체는 어떤 특수한 표현 형태로, 다른 많은 표현에 적용할 수 있는 것이다. 이것을 관점에 따라 다음과 같이 나눌 수 있다.
① 기재형식에 따라 : 한문체 · 서기체(誓記體) · 이두체 · 향찰체 · 구결체 · 국문체 등
② 어휘 · 어법에 따라 : 문어체 · 구어체 또는 국문체 · 국한문혼용체 · 한문체 등 또는 동사적 문체 · 명사적 문체 등 또는 '이다'체 · '습니다'체 등
③ 수사에 따라 : 산문체 · 운문체 등 또는 문장 호흡 장단에 따른 간결체와 만연체, 문장표현의 강유에 따른 강건체와 우유체, 문장수식의 다과에 따른 화려체와 건조체 등
④ 기술방식에 따라 : 묘사체 · 설명체 · 논증체 · 서사체 등
⑤ 글의 장르에 따라 : 가사체 · 악장체 · 역어체 · 내간체 또는 논설문체 · 수필문체 · 소설체 등. 朴甲洙, 『韓國民族文化大百科事典』, 卷 8, 454쪽. (재인용)

90) 서원섭(1977). 앞의 책, 357-358쪽.

형화 했다는 점에서는 의의가 크다. 그러나 예외 규정이 산만하고 시조를 장・단형인 2분법으로 분류한다면 수록된 작품은 재분류되어야 할 여지도 있다 하겠다.

한편 장시조만의 문체를 분류한 논자는 황충기[91]와 김제현[92]을 들 수 있다. 대체로 서원섭의 기준을 따르고 있으나 純國語體와 國語體를 통합하여 國語體로 분류하고 새로 吏讀混用體를 추가하여 ①국어체, ②국한문혼용체, ③한문현토체, ④이두혼용체의 4가지로 분류하였다. 또한 장시조의 대표격인 만횡청류의 문체를 분류한 정호완은 ①국한문혼용체 ②한글 ③구어체 ④한시현토체로 분류[93]하였다. 앞의 문체 분류와 다른 것은 한글과 구어체가 추가된 것이다. 그러나 이두혼용체가 없는 점과 문체상의 특징이나 명확한 분류 기준이 없이 나열만 하고 있어 문체상의 특징을 살피기에는 부족한 감이 있다.

고정옥은 단시조의 부수물이 아니라 장시조 그 자체에 관심을 보였는데, 그는 형식에서 장시조의 문체적 특징을 ①小說式으로 길어졌다 ②歌辭套가 混入했다 ③民謠風이 混入했다 ④如上한 諸傾向이 한 作品 속에서도 雜然히 混在하고 있다 ⑤對話가 많다 ⑥새로운 終章文句를 開拓했다[94]고 하였다. 이처럼 장시조에는 타 장르의 문체가 혼재되어 있으며, 단시조에 없는 대화체가 사용되었음을 밝혀내었다는 점에서 의미 있는 연구라 할 수 있다. 이것은 장시조의 문체에 장르가 혼용되었음을 밝힌 최초의 언급이라 할 수 있는데 이후 김인중[95]의 장시조에 나타난 은유의 양상, 김학성[96]의 장시조의 미의식

---

91) 황충기(2000), 앞의 책, 83-94쪽.

92) 김제현(1997), 앞의 책, 129-135쪽.

93) 정호완(2001), 「蔓橫淸類 硏究」, 『人文藝術論叢』, 대구대학 인문과학예술연구소, 27-28쪽.

94) 고정옥(1949), 앞의 책, 10쪽.

95) 김인중(1980), 「辭說時調에 나타난 隱喩의 意味作用 硏究」, 『冠岳語文學』 第5輯, 서울대학교 출판부.

96) 김학성(1971), 「辭說時調의 美意識 硏究」, 서울대 석사논문.

에 관한 글도 넓은 의미에서 문체의 영역에 포함시킬 수 있을 것이다.

이에 본고는 기존의 논의들을 토대로 장시조에 나타난 문체상의 특징을 개방적 차원에서 접근해 보고자 한다. 이러한 논의가 요구되는 것은 단시조가 서정적 독백체로 이루어진 반면 장시조는 이러한 문체뿐만 아니라 다양한 문체들이 사용되고 있기 때문이다. 또한 문체는 장르의 성격을 구분하는 기준이 되기도 한다. 따라서 장시조가 다양한 문체들을 사용하고 있다는 것은 장르간의 영향관계가 있음을 의미하는 것이며, 이를 통해 장시조가 개방적 양상을 보이고 있음을 밝혀보고자 하는 것이다. 문체의 분류는 장르상의 특성을 보이는 대화체와 담화체로 나누어 살펴보고자 한다.

1) 對話體의 使用

시가에서 대화체 형식이란 작품 속에 두 사람의 시적 화자가 등장하여 대화를 나누는 형태를 말한다. 단시조가 서정적 독백체를 통해 시상을 진술하는 반면 장시조는 서정적 독백체뿐만 아니라 대화체를 통해 시상을 전달하고 있어 차이를 보이고 있다 하겠다. 즉 장시조에 나타나는 대화체는 단시조와는 구별되는 문체상의 특성이라 할 수 있을 것이다. 이러한 대화 형식은 작가가 말하고자 하는 바를 작중 화자를 통해 이야기하는 것으로 서술체 작품보다 사실감 있고 분명하게 전달된다. 또한 이러한 진술방식은 서사적인 면과 극적인 면을 지니게 된다. 무엇보다도 장시조가 극적인 것은 대화의 형식을 취하고 있는 데 있으며 장시조를 '대화시'라고 하는 것도 이 때문이다.[97]

장시조에 나타나는 대화 형식은 장시조 연구의 초기부터 주목[98]된 바 있다. 이후 지속적인 논의를 통해 장시조에 나타나는 대화체가 멀게는 고려속

---

97) 김제현(1997), 앞의 책, 70-71쪽.

98) 고정옥(1949), 여기서 "대화로써 한 편의 노래를 구성한 것들이다. 그러한 작품 중에서도 시가사상으로 문제가 될 만한 것은 「宅드레」란 말로 시작되는 장사꾼과 사는 사람과의 대화로 된 일군의 노래다."라고 하여 장시조의 형식적 특성으로 대화체를 논의하였다.

요나 민요에 연원하여 발생한 시형이라고 논의되었다. 실제 민요 작품을 보면 이러한 대화체로 진술된 작품이 많이 있어 문체상 민요와 긴밀한 관계가 있었음을 짐작하게 한다. 그러나 이러한 특성을 갖고 있음에도 불구하고 아직까지 장시조에 나타난 대화체의 작품수도 명확하게 제시되지 않고 있는 실정이다. 따라서 장시조에 나타난 대화체를 정리하고 이러한 문체상의 특성을 밝혀 문체상의 개방적 양상을 확인해 보도록 하겠다.

우선 장시조에 나타난 대화체 작품을 정리하면 다음과 같다.

≪表 18≫ 對話體 長時調의 作品數와 類型

類型 ＼ 歌番	歌 番	作品數
敍述者의 存在	65, 900, 1467, 2165, 2020, 2366, 2370, 2435, 2692, 3565, 3643, 3834, 3881, 4319	14
敍述者의 不在	74, 78, 169, 563, 567, 306, 906, 1013, 1198, 1199, 1200, 1203, 1201, 1202, 1215, 2156, 2082, 2392, 2664, 2693, 2716, 2771, 2820, 2839, 3222, 3222, 3345, 3569, 3651, 3700, 5689, 3833, 3884, 4011, 4056, 4142, 4142, 4477, 4534, 4668	40
合計		54

≪표 18≫을 보면 대화체로 이루어진 작품은 총 54수이다. 전체 장시조 작품 중 6%를 차지한다. 또한 서술자가 존재하는 경우는 14수이고 부재는 40수이다. 빈도수만으로는 화자간의 직접적인 대화가 더욱 많이 이루어졌음을 알 수 있다.

이를 서술자의 존재여부에 따라 나누어 살펴보고자 한다.

(1) 敍述者의 存在

장시조에 서술자가 存在하여 대화를 나누는 형태로 총 14수가 나타나고 있다. 또한 장시조에 나타난 대화체도 서술자의 개입의 정도에 따라 그 양상을 달리하고 있는데, 서술자가 화자를 대변하여 작품 속에 적극적으로 개입하는 경우와 일반적으로 '~대답하되' 등의 어휘를 사용하여 화자간의 대화를 연결만 해주는 소극적인 개입으로 구분할 수 있다. 이를 작품을 통해 확인해 보도록 하겠다.

<時大 65> 서술자 : 각셜 현덕이 관공 장비 거나리시고 졔갈냥 보랴고 와룡강 건너 와룡산 너머 남양 짜를 다다라셔 시문을 두다리이니 동직 나와 엿쭙는 말이
제1화자 : 션싱임이 뒤 쵸당의 잠드러 게오
제2화자 : 동자야 네 선싱 씨시거든 뉴관장 삼인이 왓뜻라고 엿쥬어라.

<時大 2165> 서술자 : 싀악氏 싀집 간 날 밤의 질방고리 딕여슬 씨여 바리거고나 시어마님이 니른 말이 무러 달나 ᄒᆞ는 딕 싀악氏 對答ᄒᆞ되
제1화자 : 싀어마님 아들이 우리집 全羅道 慶尙道로 會寧鍾城 아러 딕히를 못 쓰게 뚜러 어긔로쳐 쓰니 글노 비겨 보와도 兩呼 將홀가 ᄒᆞ노라.

<時大 65>에서는 서술자의 설명을 통해 유비가 관우와 장비를 데리고 제갈량을 만나기 위해 남양 땅에 이르러 시문을 두드리는 상황을 설명하고 있다. 이에 '동직 나와 엿쭙는 말이'가 삽입되고 이후 선생님은 뒤 초당에 잠들어 계시다는 동자의 대답이 이어진다. 그리고 종장에서 다른 화자가 '동자야 네 선싱 씨시거든 뉴관장 삼인이 왓뜻라고 엿쥬어라'라고 말하며 종결되고 있다. 이 때 제1화자와 제2화자는 서술자에 설명을 통해 대화가 진행된다. 즉 서술자는 제1화자와 제2화자의 대화에 상황을 구체적으로 설명하고 있는 것이다. 이는 적극적인 개입이라 할 수 있다. 한편 이 작품은 서사작품인 <三

國志演義>의 내용을 차용하여 장시조화 한 것으로 서사작품의 서술방식과 내용을 수용한 것이라 할 수 있다.

<時大 2165>은 시어머님과 며느리의 대화이다. 그러나 시어머니에 대한 대화는 직접적인 대화가 아니라 서술자에 의해 설명되고 있다. 즉 서술자의 설명을 통해 며느리가 시집온 '날 질방고리를 대여섯개 깨뜨렸으니' 이를 물어달라는 시어머니의 입장이 서술자를 통해 대변하고 있다. 이에 '싀악氏 對答ᄒᆞ되'가 삽입되고 이후 며느리의 항변이 이어진다. 역시 앞의 작품과 마찬가지로 서술자의 개입에 의해 두 화자간의 이야기가 연결되고 있다. 그렇게 본다면 이 작품은 실제 화자간의 대화라고 하기 보다는 시어머님을 대변하는 서술자와 며느리와의 대화라고 할 수 있다. 이 역시 앞의 작품과 마찬가지로 서술자의 적극적인 개입을 통해 전개되고 있다.

<時大 3565> 제1화자 : 장판교상의 고리눈 부릅쓰고 장팔사모 창 들너 메고 웃둑 섯는 저 장사야 네 성명이 무엇이냐
서술자 : 그 장사 대답허되
제2화자 : 나의 성명은 한종실 유황숙의 셋재 아오 거긔장군 연인 장익덕을 네 아느냐 모르느냐
제1화자 : 아마도 한국 명장은 장익덕인가.

<時大 3834> 제1화자 : 窓 밧긔 가마솟 막키라는 장사 離別 나는 구멍도 막키는가
서술자 : 장ᄉᆞ의 對答ᄒᆞᄂᆞᆫ 말이
제2화자 : 秦始皇 漢武帝ᄂᆞᆫ 令行天地ᄒᆞ되 威嚴으로 못 막고 諸葛亮은 經天緯地之才로도 막단 말 못 듯고 ᄒᆞ물며 西楚覇王의 힘으로도 能히 못 막앗ᄂᆞ니 이 구멍 막키란 말이 아마도 하 우슈에라
제1화자 : 眞實노 장ᄉᆞ의 말 ᄀᆞᆺ틀진ᄃᆡ 長離別인가 ᄒᆞ노라.

<時大 3565>은 선비와 장익덕의 대화이다. 먼저 제1화자인 선비가 초장에서 저 장사가 누구냐며 묻고 이에 서술자가 개입하여 '그 장사 대답허되'라는

말 뒤에 제2화자인 장익덕이 자신을 직접 소개하고 있다. 그리고 종장에서 제1화자가 장익덕을 명장으로 평가하며 마무리되고 있다. 이때 서술자의 역할은 제1화자와 제2화자의 대화를 연결하는 정도로 소극적이다.

<時大 3834>은 장사치와 여인의 대화이다. 제1화자인 여인이 이별로 난 구멍도 때울 수 있느냐고 묻는다. 이에 서술자가 개입하여 '장ᄉᆞ의 對答ᄒᆞ는 말이'라는 말 뒤에 제2화자인 장사치는 진시황과 한무제, 그리고 제갈량 등의 중국고사의 인물들을 들어 그들도 못 때웠으니 아마도 어렵다고 대답한다. 이에 종장에서는 제1화자인 여인은 장사치의 말을 듣고 장이별이라며 체념하고 만다. 이 작품에서도 서술자는 두 화자를 연결해주는 소극적인 개입정도로 볼 수 있다.

이처럼 대화체 형식에서 서술자의 존재는 개입의 정도에 따라 내용 전개상 차이를 보이고 있다. 그러나 대체로 서사작품과 민요풍을 담고 있음을 알 수 있었다. 즉 장시조는 서사작품과 민요적 내용 중 대화체를 수용함으로써 장르상 개방적 양상을 보이고 있다 하겠다.

(2) 敍述者의 不在

이 유형은 작품 속에 두 화자가 등장하여 서로 이야기를 주고받는 형태이다. 이는 서술자의 부재로 화자간의 직접적인 대화로만 이루어진다. 이로 인하여 장시조에 극적 요소가 있다고 할 수는 있겠지만 완전한 극양식은 아니라 하겠다. 왜냐하면 서술자의 부재로 화자간의 대화로만 이루어진 것은 극양식만은 아니기 때문이다. 실제 작품을 살펴보면 이러한 극적 요소는 민요의 가사를 수용한 경우 많기 때문에 민요의 문체상의 특성이 장시조에 수용된 것이라 할 수 있다. 따라서 이러한 형태의 대화체는 극양식의 측면에서 접근하기보다는 민요의 특성에서 살피는 것이 바람직하다고 본다.

<時大 5689> 여 인 : 창 박긔 게 뉘 왓ᄂᆞ

승 려 : 뒤 절 소승 나려 왓소
여 인 : 어둠침침 야삼경의 무삼 일노 나려 왓나
승 려 : 아기씨 모단 쪽도리 거난 말코지의 소승 삼장 걸너
나려 왓소.

<時大 1201> 행 상 : 宅쓰레 臙脂粉들 사오
여 인 : 뎌 匠事야 네 臙脂粉 곱거든 ᄉᆞ쟈
행 상 : 곱든 비록 아니ᄒᆞ되 바르면 녜 업든 嬌態 절노 나고
臙脂粉이오니
여 인 : 眞實노 그러 곳 ᄒᆞ량이면 닷말 아치 나 샤쟈.

<時大 5689>은 여인과 승려의 대화로 불가에서 금하고 있는 일을 서슴없이 행하는 승려의 행실을 폭로하고 있는 작품이다. 이 작품의 내용을 보면, 제1화자는 '밖에 누가 왔느냐'고 묻는다. 이에 제2화자가 '뒷 절 소승이 왔소'라고 말한다. 다시 제1화자는 '야삼경에 무슨 일로 왔느냐'고 되묻는다. 다시 제2화자는 '모단 쪽도리 거난 말코지의 삼장 걸너 나려 왔다'고 조금은 능청스럽게 말하고 있다. 이 작품은 두 명의 화자가 서로 대화를 주고받는 형태이다. 서술자의 개입은 없으며, 두 화자의 대화만으로 이루어진 형태로 극적 요소를 갖추고 있다. 그러나 이 작품은 민요의 가사를 그대로 수용하여 장시조화한 것이다.[99] 따라서 기존의 논의에서 보편적으로 거론되었던 극양식의 수용이라기보다는 민요의 수용이라는 측면에서 보다 더 긴밀한 관련성을 띠고 있다 하겠다.

<時大 1201>은 고객과 장사꾼의 대화이다. 이러한 작품은 물건을 사고파는 거래의 상황을 대화 형태로 그려냄으로써 사실성과 현장감을 보여준다. 초장

99) 窓 밖에 그 뉘 왔소 뒤절 小僧 나려왔소 밤은 깊어 夜深한데 눌 보자고 나려왔소 각시님자는 방 모단쪽도리 거는 말고지에 소승의 송낙 百八念珠 長衫을 걸려 나려왔소. (『韓民集』 VI-618) 이 외에도 민요에는 임동권편, 『韓民集』에 나타난 대화체는 I-587~613, II-1179~1236, III-1000, IV-745~800으로 총 141여수가 보이고 있는데 대부분 화자간의 직접적인 대화체로 이루어졌다.

에서 제1화자는 장사꾼으로 일반 대중을 대상으로 연지분을 사라고 외치고, 제2화자는 여인으로 연지분이 어떤지 묻는다. 다시 제1화자가 연지분을 바르면 없는 교태가 생긴다고 말하자 제2화자는 그렇다면 닷 말 어치를 사겠다고 말하며 거래가 성사된다. 이처럼 제1화자와 제2화자의 각각의 반복을 통해 하나의 작품이 완성된다. 이런 유형의 장시조는 민요와의 교섭현상이 가장 뚜렷이 나타나는 작품군[100]으로 볼 수 있다. 위 기본 문형은 구전되기 적합한 형태라고 할 수 있는데, 이처럼 장시조에 나타나는 극적 요소는 민요를 수용한 것이다. 이외에도 장사꾼과 여인이 화답하는 유사한 형태의 작품[101]이 더 확인되는데, 이를 통해 민요의 문체적 특성이 장시조에 투영됨을 파악할 수 있다.

지금까지 장시조에 나타난 대화체를 살펴보았는데, 이처럼 장시조에 나타난 대화체는 단시조의 진술방식과는 상당한 차이를 보여주고 있다. 이는 단시조에서와 같이 부분의 국면에서 다양한 진술양식을 사용하고 있다는 점뿐만 아니라 무엇보다도 작품의 전체의 국면에서 다양한 진술 양식을 사용하고 있다는 점이다. 즉 전체의 국면에서 단시조는 여전히 서정적 독백체로 일관하고 있지만 장시조는 서정적 독백체뿐만 아니라 서사적 대화체와 극적 대화체를 사용하고 있다는 것이다. 따라서 장시조가 단시조의 획일적인 독백체에서 벗어나 다양한 진술원리를 지향하고 있음을 의미하며 문체상 다양한 장르의 특성을 수용한 개방적 양상을 띠고 있음을 의미하는 것이다. 한편 이러한 대화체 사용의 원인으로 다음과 같은 것을 짐작할 수 있다. 첫째는 대화체의 진술방식을 취하고 있는 인접 장르의 수용에서 나타난 것이라 할 수 있으며, 다음으로는 장시조가 가창을 통해 향유되다보니 청자의 흥미를 유발하고 극적인 효과를 끌어들이기 위해 수용된 것이라 할 수 있다.

---

100) 고정옥(1947), 앞의 책, 68-79쪽.

101) '덕들에'로 시작하는 노래는 <時大> 1198, 1199, 1200, 1203, 1201, 1202 등이 있다.

2) 談話體의 使用

문학에서 담화체 형식이란 평소에 이야기하는 말투로 쓴 문체를 말하며 설화체 또는 회화체라고도 한다. 단시조가 서정적 독백체와 달리 장시조에는 어떠한 상황이나 사건들을 담화체로 진술하고 있어 주목된다. 이 역시 다양한 장르들을 수용한 장시조의 개방적 양상과 연관된다 하겠다. 특히 장시조에 수용된 담화적 요소는 담화 그 자체를 장시조화한 경우와, 장시조가 담화적 요소를 함축하는 경우로 나누어 살펴볼 수 있다. 전자에 대해서는 다음 장에서 개방의 구체적인 실제를 통해 살펴보고 여기서는 후자의 측면에 대해 살펴보고자 한다. 장시조가 함축적으로 담화를 수용하고 있는 경우는 이야기의 줄거리나 핵심적 내용만을 갖춘 것이 대부분이다.

<時大 2962> 오호로 도라드니 범녀는 간 곳 업고
　ᄇᆡᆨ빈주 갈메기는 홍노로 나라들 졔 숌샹의 기러기 ᄒᆞᆫ 수 나려 심양강 당도ᄒᆞ니 ᄇᆡᆨ락쳔 일거 후에 피파셩도 ᄭᅳᆫ허졋다 적벽강 도라드니 소동파 노든 풍월 의구히 잇다마는 죠ᄆᆡᆼ덕 일셰지후의 이금이 안지ᄌᆞ야 월낙오졔 깁흔 밤의 고소셩의 ᄇᆡ를 ᄆᆡ니 ᄒᆞᆫ산ᄉᆞ 쇠북 소ᄅᆡ ᄀᆡᆨ션의 둥둥 드리왓다
　진회를 도라보니 연롱한수 월용ᄒᆞ의 야ᄇᆡᆨ진회 근주가라 상여는 부지망국한 ᄒᆞ고 경강유창 후정화라.

<時大 1373> 마루 너머 시아슬 두고 숀펵을 척척 치울고 ᄌᆡ 너머 가니
　고ᄃᆡ광실 놉흔 집의 화문등ᄆᆡ 보요 ᄶᅡᆯ고 시앗년니 마료 안져 셤셤옥슈로 에후러쳐 안고 얼그러지고 뒤크러졋다
　두어라 팔간용ᄃᆡ장에 젼오젼ᄇᆡᆨ 노 듯ᄒᆞ니 나는 이 밤 ᄉᆡ오기 어려외라.

<時大 2962>은 시간의 흐름에 따라 공간을 이동하며 일어나는 일련의 상황들을 진술하고 있다. 구체적으로 보면, 시간의 흐름에 따라 장소를 이동하고 있는데 '五湖→ᄇᆡᆨ빈주→홍노→숌상→심양강→적벽강→고소셩→한산사→진

회'로 시적화자의 시선과 장소가 일정한 시간의 흐름에 따라 배열되면서 간략히 묘사되고 있는 내용이 장시조에 도입되었다고 할 수 있다.

<時大 1373>는 마치 하나의 이야기를 듣고 있는 느낌마저 든다. 작품에서 본처는 '손벽을 척척치면서' 당장이라도 첩을 가만두지 않을 것 같은 본처의 위세가 첩의 호사스러운 살림살이와 갖은 교태에 기세가 꺾이면서 이야기는 반전된다. 내용상 처첩간의 갈등이나 해학적인 모습을 보이고 있다고 할 수 있겠지만 여기서 간과할 수 없는 사실은 전체적 내용이 하나의 이야기로 구성되어 있다는 점이다. 즉 마치 하나의 장면을 이야기로 진술되고 있다는 것이다.

<時大 1701> 白髮에 환양 노ᄂᆞᆫ 년이 져믄 書房 ᄒᆞ랴 ᄒᆞ고
셴 머리에 墨漆ᄒᆞ고 泰山峻嶺으로 허위허위 너머 가다가 과그른 쇠나기에 흰 동정 거머지고 검던 머리 다 희거다
그르사 늘근의 所望이라 일락 배락 ᄒᆞ노매.

<時大 1059> 님이 오마 ᄒᆞ거ᄂᆞᆯ 져녁 밥을 일지어 먹고
中門 나서 大門 나가 地方 우희 치ᄃᆞ라 안자 以手로 加額ᄒᆞ고 오ᄂᆞᆫ가 가ᄂᆞᆫ가 건넌 山 ᄇᆞ라보니 거머횟들 셔 잇거ᄂᆞᆯ 져야 님이로다 보션 버서 품에 품고 신 버서 손에 쥐고 곰븨님븨 님븨곰븨 쳔방지방 지방쳔방 ᄌᆞᆫ듸 ᄆᆞ른듸 ᄀᆞᆯ희지 말고 워렁충창 건너가셔 情엣 말 ᄒᆞ려 ᄒᆞ고 겻 눈을 흘긧 보니 上年 七月 사흔날 ᄀᆞᆯ가 벅긴 주추리 삼대 술드리도 날 소겨다
모쳐라 밤일싀만졍 힝혀 낫이런들 ᄂᆞᆷ 우일번 ᄒᆞ괘라.

<時大 1701>은 젊어지고 싶은 한 노파의 해프닝을 담은 작품이다. 이 이야기는 몇 개의 행위들로 이루어졌는데, 각각의 사건들이 행위의 연속성을 띠면서 이야기되는 점에서 담화적 요소를 지니고 있다고 하겠다. 이 작품의 주인공인 노파는 젊은 서방을 만나기 위해 흰머리에 흑칠을 하고 태산준령을 넘어가다 소나기를 만나고, 빗물에 검은 칠이 벗겨지면서 동정은 검어지면서

머리는 도로 희고 마는 행위의 연속을 띠고 있다. 위의 장시조는 자연적 질서인 부정적인 상황(늙음)을 인위적 질서(흑칠)를 통하여, 긍정적인 상황(젊음)으로 전화시키려는 노력이 실패로 끝나는 것을 보여주는 최소 이야기로 성립되는 것이다.[102] <時大 1059>도 문 밖에 거머횟득한 것이 서 있는 것을 보고 급히 달려가 보니 주추리 삼대였음을 알고 실망하는 여인의 행동을 담고 있다. 이 역시 어떤 원인에 의하여 결과를 낳고 있는 담화적 요소로 구성되었다고 할 수 있다.

위 작품들은 담화적 요소를 다분히 갖추고 있으나 완전한 하나의 담화를 형성하지는 못한다. 그것은 진술의 초점이 사건 자체를 재현하는 데 있다기보다는 사건들을 객관적 상관물로 상정하여 작자의 사적인 비전을 제시하는 데 있기 때문이다.[103] 다만 장시조가 담화형태를 가질 수 있는 조건을 갖게 됨으로써 장형화 될 수 있는 요건을 충족시키게 된다. 그것은 앞에서 살핀 바와 같이 장시조가 완전한 담화는 아니더라도 담화적 요소를 띠게 되면서 자연스럽게 그러한 양식을 수용할 수 있는 제반적 조건을 확보하게 된다는 것이다. 실제 장시조에 수용된 작품에서 일부의 사건만이 수용되는 것은 그것이 장형화되었다고는 하나 어디까지나 시가형태라는 조건적 제약 때문이라 할 수 있다.

---

102) 신은경(1989), 앞의 논문, 150쪽.

103) 신은경(1989), 앞의 논문, 151쪽.

Ⅳ. 長時調 開放의 장르적 實際

장시조는 앞에서 살핀 개방의 동인에 의하여 다양한 측면에서 개방의 양상을 보였다. 이러한 개방의 양상은 다양한 장르들을 수용할 수 있는 제반요건을 갖추게 되었으며, 실제로 장시조는 다양한 장르들을 수용하는 장르적 개방성을 보이게 된다. 즉 장시조는 장르적 개방을 통해 가변적 속성을 보이게 된다는 것이다.

조선후기는 장시조뿐만 아니라 각 문학 장르의 교섭이 활발하게 이루어지던 시기이다. 이러한 교섭양상은 갈래의 친연성에 따라 이루어지기도 했지만, 속성이 다른 장르 간에도 상호 교섭하는 경향을 쉽게 확인할 수 있다. 그러한 교섭의 근원에는 연행 중심의 문예현상이 크게 작용하였기 때문이다. 특히 연행의 중심이었던 가객들의 등장으로 다양한 장르들이 교섭하게 되었다. 실제로 장시조도 다양한 장르를 수용 및 교섭하였는데 대표적인 것이 주변장르인 서정양식과 서사양식이다. 전자에 해당하는 것으로 상층문학인 단시조와 한시 그리고 하층문학인 민요와 잡가 등을 들 수 있고, 후자에 해당하는 것으로는 대중성과 통속성을 함께 지닌 고소설과 교훈성을 띠고 있는 고사 그리고 구비문학인 설화 등을 들 수 있다.

이 장에서는 장시조가 타 장르를 어떠한 방식으로 수용 및 교섭하면서 개방성을 보였는지를 실제의 작품들을 통해 확인해 보고자 한다.

1. 抒情樣式의 開放的 實際

고전시가의 서정양식이 장시조 속에 수용되었다는 것은 장시조가 친연성을 띠고 있는 장르들을 수용하는 개방성을 보였음을 의미한다. 즉 응축과 확산의 형식적 변이를 통해 미학적 완성도가 다양한 모습으로 표현되었던 것이다. 이는 다양성의 시기였던 조선후기의 시대적 요청에 부응한 것이기도 하지만, 장시조가 지니는 장르의 개방적 속성에 기인한 것이기도 하다. 문학은 내적이든 외적이든 여러 동인에 의해 끊임없는 派生態를 낳고 이를 분화·발전시키는 속성을 가지고 있다. 이러한 수용양상은 인접한 장르간의 친연성을 통해 이루어졌던 것 뿐 아니라 이질적인 장르와도 활발하게 통섭하는 결과를 보여주었다.

이러한 문학 장르 간의 중간 지대에서 완충적 역할을 했던 것이 바로 장시조이다. 앞서 언급했듯이 조선후기 문학의 주요 현상이 수용과 변이라 전제할 때, 장시조는 그 역동적 실체를 보여줌으로써 당대 문학에서 핵심적 역할을 담당했던 것이다. 따라서 장시조에 나타난 서정양식의 개방적 측면에서의 수용과 형상화 과정을 밝히는 것은 장시조의 형식과 구조의 개방성을 명확히 밝히는 작업의 일환이 될 것이다. 장시조가 개방적 수용을 보인 구체적 대상은 상층문학인 단시조·한시·가사를 비롯하여 하층문학인 민요와 잡가 등으로 거의 모든 서정양식을 망라하는 모습을 보여준다. 결국 이들 장르적 개방성은 다양한 형태로 나타나는데 그 구체적 실제를 구명해 보고자 한다.

1) 短時調의 繼承

장시조와 단시조는 시조의 하위 장르로서 형태나 내용면에서 동질성과 이질성을 동시에 지니고 있다. 그러한 이중 구조 속에서도 장시조와 단시조를 시조라는 하나의 개념으로 묶을 수 있는 것은 두 장르 모두 삼장 형태와 종장 초구의 제약 등을 유지하기 때문이다. 즉 장시조의 율격과 형식이 불규칙적인 파형을 이루고 있지만, 그것의 변화 폭이 대체로 삼장 형태의 큰 틀 안에서 이루어진다는 것이다. 이는 내용과 주제 면에서도 마찬가지다. 초기 장시조의 작가라고 할 수 있는 사대부들의 경우 단시조에 얹어 부르던 내용들을 장시조에 담다보니 형태면에서는 파격이지만, 내용면에서는 단시조와 유사한 경향을 띠고 있다.

한편 근래의 연구 동향에 의하면 장시조는 단시조와 대립적인 것도, 단시조의 틀을 전적으로 파괴한 것도 아니고, 단시조적 요소를 유지하기도 하고 새로운 요소를 첨가하기도 하면서, 시조의 형식적 영역을 확대했다는 점에서 의의를 지닌 장르로 보는 것이 일반적이다.[1] 즉 장시조는 단시조의 대립적 장르가 아니라 多面性·複合性·混合性을 지닌 단시조의 영역을 확대한 장르라는 것이다.[2] 이 점에 착안하여 본장에서는 단시조의 내용을 계승하여 장시조화 한 작품들을 주로 살펴보려 한다. 이는 장시조가 단시조를 어떠한 방식으로 계승하면서 개방성을 보였는지를 확인하는 작업이 될 것이다. 장시조가 단시조를 계승한 양상은 대략 몇 가지로 나타나는데 형식적으로는 첫째로 삼장을 계승하여 확장한 경우, 둘째로 두 장을 계승한 경우, 셋째로 한 장을 계승한 경우로 정리될 수 있으며 표현상으로는 부연·첨가·대치 등의 새로운 요소들을 통해 변화를 주고 있다. 이러한 경우는 단시조의 일부 단어와 어휘만을 다르게 사용하거나 전체적인 의미부를 확장하여 장시조화 하는 경우라 할 수 있는데 구체적인 작품들을 대상으로 이를 확인해 보겠다.

첫째는 삼장을 계승하여 확장한 경우이다. 이 경우는 원 텍스트인 단시조에 일부를 첨가하거나 대치와 부연을 통해 확장한 예이다.

<時大 2346> 쇼경놈이 밍광이를 업고
외나무 다리로 막딕 업시 건너가니
그 아릐 돌부체 안즈셔 拍手大笑ᄒᆞ더라

<時大 2347> 소경이 밍관이를 두루쳐 메고 굽 써러진 평격지 민발의 신고
외나무 셕은 다리로 莫大ㅣ 업시 장금장금 건너가니
길 아릐 돌부쳐 셔서 仰天大笑 ᄒᆞ더라.

위의 작품들은 불가능한 일들을 언급함으로써 웃음을 자아내게 한다. 즉 奇想天外한 장면을 희화화시켜 즐기려는 놀이적 기능의 시조인 것이다.[3] 이

---

1) 신은경(1997), 앞의 책, 185-190쪽.

2) 김병국(1999), 앞의 책, 15쪽.

는 단시조인 <時大 2346>를 장시조 <時大 2347>이 계승한 경우라 할 수 있다.[4] 구체적으로 초장의 경우 <時大 2346>에는 없는 내용이 <時大 2347>에서는 '두루쳐'와 '굽 써러진 평격지 믿발의 신고'가 첨가되면서 의미가 확장되었고, 중장의 경우 역시 '셕은'과 '장금장금'이 첨가되어 해학성이 강조되었다. 한편 종장의 경우는 '그 아릐'가 '길 아릐'로 '拍手大笑'가 '仰天大笑'로 대치되었으나 의미상 큰 차이는 드러나지 않는다. 이를 통해서 볼 때, <時大 2347>는 <時大 2346>의 내용을 전체적으로 계승하면서 부연・대치・첨가를 통해 장시조화 한 것임을 알 수 있다.

<時大 2610> ᄋᆞ자 내 黃毛試筆 墨을 뭇쳐 窓 밧긔 디거고
이제 돌라가면 어들 법 잇건마는
아모나 어더 가뎌셔 그려 보면 알리라

<時大 2611> ᄋᆞ자 나 쓰던 되 黃毛筆을 首陽梅月을 흠벅 지거 窓前에 언젓더니
댁덕글 구우러 쪽 나려 지거고 이제 도라가면 어들 법 잇건마는
아모나 어더 가져셔 그려 보면 알리라.

이 경우도 단시조의 내용을 계승한 것으로 원 텍스트에 일부의 내용이 부연 및 첨가되어 장시조화 한 것이다. <時大 2610>의 원 텍스트에 <時大 2611>은 초장과 중장에 '쓰던 되'와 '댁덕글 구우러 쪽 나려 지거고'가 첨가되었고, '墨을 뭇쳐'가 '首陽 梅月을 흠벅 지거'로 '窓 밧긔'가 '窓前에'로 '디거

---

3) 김학성(1990), 앞의 논문.

4) 장시조가 단시조를 계승한 것으로 논의하기 위해서는 우선 두 작품의 선후관계가 규명되어야 하는 데 <時大 2346>은 『樂學拾零』에 수록된 것으로 가집의 편찬년대는 영조 4~9년(1728~1733)으로 <時大 2347>은 六堂本 『靑丘永言』에 수록된 것으로 가집의 편찬년대는 19세기 중・후반(1852?)으로 추정하고 있다. 구체적인 편찬년대에 대한 논의는 있어야 하겠지만 적어도 六堂本 『靑丘永言』이 『樂學拾零』보다는 후대의 가집임에는 틀림이 없다. 따라서 위 작품들은 단시조를 계승하여 장시조화 한 것이라 할 수 있다. 이후 단시조의 계승에서 논의되는 작품들은 이러한 가집의 편찬년대를 기준으로 선후관계를 설정하여 논의하였음을 밝혀둔다.

고'가 '언젓더니'로 대치되면서 의미가 확장되었다. 그러나 종장은 변화 없이 그대로 계승하였다. 결국 <時大 2611>의 장시조는 단시조인 원 텍스트의 내용에 첨가 및 부여 또는 대치를 통해 작품에 대한 사실성을 구체화하면서 확장되었음을 알 수 있다.

> <時大 1985> 思郎 思郎 긴 긴 思郎 ᄀᆡ천 ᄀᆞᆺ치 ᄂᆡᄂᆡ 思郎
> 九萬里 長空의 넌즈러지고 남은 思郎
> 아마도 이 님의 思郎은 가 업슨가 ᄒᆞ노라

> <時大 1984> ᄉᆞ랑 ᄉᆞ랑 고고히 ᄆᆡ친 ᄉᆞ랑 왼 바다흘 두루 덥ᄂᆞᆫ 그믈 ᄀᆞᆺ치 ᄆᆡ친 ᄉᆞ랑
> 往十里라 踏十里 춤외 너출 수박 너출 얽어지고 틀어져셔 골골이 버더가ᄂᆞᆫ ᄉᆞ랑
> 아마도 이 님의 ᄉᆞ랑은 ᄭᆞᆺ간 ᄃᆡ 몰ᄂᆞ ᄒᆞ노라.

위의 예는 내용상으로 보면 별개의 작품으로 보일 수도 있다. 하지만 임에 대한 사랑을 표현하고 있다는 점에서 보면 원 텍스트의 구조를 계승하고 있음이 드러난다. 사랑의 크기가 <時大 1985>의 'ᄀᆡ천ᄀᆞᆺ치 ᄂᆡᄂᆡ 思郎'에서 <時大 1984>의 '왼 바다흘 두루 덥ᄂᆞᆫ 그믈ᄀᆞᆺ치 ᄆᆡ친 ᄉᆞ랑'으로 대치되면서 의미의 확장을 가져온다. 즉 '개천'에서 '바다'로 공간이동이 확대되면서 사랑의 의미 또한 확장되는 것이다. 그리고 표현은 서로 다르지만 <時大 1985>의 중장 역시 '九萬里 長空의 넌즈러지고 남은 思郎'이 <時大 1984>에 와서는 참외와 수박 넝쿨처럼 얽어지고 늘어지는 모습으로 종장은 '가 업슨가'가 'ᄭᆞᆺ간 ᄃᆡ 몰ᄂᆞ'로 대치되었을 뿐 원 텍스트의 구조를 유지되면서 확장되었음을 알 수 있다.

그러나 이처럼 원 텍스트의 내용을 확장한 경우 작자의 개성이나 창의성보다는 원 텍스트에서 절제되고 함축된 표현을 구체적이고 사실적인 표현을 통해 시상을 전달하고자 한 것이라 할 수 있다. 이러한 삼장의 확장은 그리 많은 작품에서 나타나고 있지는 않지만 하나의 유형임은 확인한 셈이다.[5)]

두 번째는 두 장을 계승한 경우이다. 이는 원 텍스트의 삼장 중 두 장을 수용하여 장시조화한 것으로, 원 텍스트에 수용자의 호감도가 크게 작용하였음을 엿볼 수 있다. 그러나 일부의 장에서는 작가의 의도가 개입된 점도 없지 않다.

<時大 2569> 十年은 글을 읽고 十年은 칼을 씨니
二十年이 將盡토록 글과 칼이 虛事로다
至今의 書劍을 다 바리고 밧시나 갈가.

<時大 2568> 十年은 글을 일고 또 十年은 칼을 배워
二十年이 將盡토록 글과 칼이 虛事로다
두어라 書劍을 다 버리고 江湖에 漁夫 되여 萬事無心 一釣竿으로 斜風細雨不須歸를.

위의 예는 장시조 <時大 2568>이 초장과 중장에서 <時大 2569>의 내용을 그대로 계승한 경우인데, 이들을 비교해 보면 동일한 의미 구조로 짜져 있음이 확인된다. 즉 '十年씩 글공부와 칼을 배워도 허사이니 차라리 속세에서 벗어나 은둔하여 살자'라는 점에서 그렇다는 것이다. 다만 <時大 2569>의 종장에서 책과 검을 다 버리고 밭이나 갈며 살자는 '田家閑居'의 내용이 <時大 2568>에서는 강호로 돌아가겠다는 '江湖閒靜'으로 변화되면서 주제와 텍스트의 확장을 보이고 있다.

한편 단시조의 두 장을 계승한 것인데 앞의 예들과는 다른 양상을 보이고 있다. 즉 장시조의 초장은 단시조의 초장과 중장을 한데 묶어 표현한 반면 중장과 종장은 새로운 내용을 첨가하여 의미를 전달하고 있다는 것이다.

<時大 2298> 世上 사름람들이 人生을 둘만 너겨
두고 또 두고 먹고 놀 줄 모르드라

5) <時大> 2610(2611), 2346(2347). ※앞의 歌番은 단시조이고 ( )는 장시조의 歌番으로 이하 동일함.

주근 後 滿堂金玉이 뉘거시라 ᄒᆞ리오

<時大 2293> 世上 사름드리 人生를 둘만 너거 두고 쏘 두고 먹고 놀 줄 모로던고
먹고 놀 줄 모로거던 죽을 줄 알야마는 石崇이 죽어갈 지 累鉅萬財 가져가며 劉伶의 무덤 우희 어닉 술이 이르러써니
허물며 靑春 一場夢에 百花爛漫ᄒᆞ니 이 ᄀᆞ치 됴흔 쎄에 아니 놀고 어이리.

위의 작품들은 하나 밖에 없는 인생이니 살아생전에 마음껏 즐기자는 향락적 사고를 담고 있다. 이는 단시조 <時大 2298>의 초장과 중장을 결합하여 장시조 <時大 2293>의 초장으로 삼았다. 그렇다보니 자연히 장시조의 초장은 파형이 되어 장형의 형태를 띌 수밖에 없었고, 중장은 그것에 당위성을 부여하기 위해 중국고사에 등장하는 인물들을 끌어들여 인생의 덧없음을 부연코자 했다. 종장 역시 일장춘몽의 당위성을 피력하기 위해 '靑春 一場夢에 百花爛漫하니 이 ᄀᆞ치 됴흔 쎄에 아니 놀고 어이리'라며 자신의 행동에 합리성을 부여하고 있다.

이처럼 단시조의 내용을 두 장에 걸쳐 계승하는 경우는 작자의 의도에 따라 원 텍스트의 계승방식이 달리 나타난다. 즉 각 장의 내용을 그대로 계승하는 경우와 단시조의 초장과 중장을 결합하여 장시조의 초장으로 엮은 다음 중장과 종장은 새로운 내용을 담는 경우로 나누어진다는 것이다. 그러나 의미상으로 보면 결국 단시조의 내용을 계승하여 장시조화 하였음을 알 수 있다. 이러한 작품이 많이 나타나고 있지는 않지만 두 장을 계승하는 양상으로 장시조 개방의 한 특징이라 할 수 있다.

셋째는 한 장만을 계승한 경우이다. 이 경우는 원 텍스트의 내용과 전혀 다르게 전개되고 있어 어떤 면에서 보면 계승이라기보다는 당시의 상용구를 그대로 옮겨 놓은 것 같은 인상을 풍긴다. 하지만 상용구 역시 원 텍스트인 단시조에서 원용한 것이라면 그 또한 간접 계승이 아닐 수 없다 하겠다.

<時大 327> 功名과 富貴과란 世上 ᄉᆞ롬 맛겨 두고
말 업슨 江山애 일 업시 누어시니
갑 업슨 淸風明月이 ᄂᆡ 벗인가 ᄒᆞ노라.

<時大 329> 功名과 富貴른란 世上 ᄉᆞ람 다 맛기고
가다가 아모듸나 依山帶海處의 明堂을 어더셔 五間 八作으로 黃鶴樓맛치 집을 짓고
벗님ᄂᆡ 다리고 晝夜로 노니다가 압ᄂᆡ 물지거든 白酒 黃鷄로 ᄂᆡ 노리 가ᄌᆞ세라.

<時大 327>은 공명과 부귀를 모두 버리고 강산으로 돌아가 청풍명월을 벗 삼아 세월을 영위하겠다는 내용을 담고 있다. 이처럼 단시조에는 '安貧樂道' 내지 '江湖閒靜'을 읊고 있는 작품들이 많다. 그러나 <時大 329>는 초장만 <時大 327>의 내용을 계승하고 있을 뿐, 중장과 종장에서는 전혀 다른 내용으로 전개된다. 즉 화자는 '黃鶴樓 같이 집을 짓고 晝夜로 노닐며 白酒 黃鷄로 세월을 보내겠다'는 것으로 '飮酒享樂'의 내용으로 변개되었다는 것이다. 이는 단시조의 초장만을 계승하고 나머지 중·종장에는 작자가 말하고자 하는 내용을 마음껏 담고 있어 앞의 단시조의 내용과는 전혀 다른 방향으로 전개되고 있다. 즉 단시조의 초장만 상용구처럼 계승하였을 뿐 전체적 내용은 무관하게 전개된다는 것이다.

다음은 중장만을 계승한 경우이다.

<時大 1589> ᄇᆞ람 부러 쓰러진 남기 비 오다 삭시 나며
님 그려 든 病이 藥 먹다 홀일소냐
져 님아 널노 든 病이니 네 곳칠가 ᄒᆞ노라

<時大 1027> 님그려 기피 든 病을 어이 ᄒᆞ여 곤쳐 낼고
醫員 請ᄒᆞ여 命藥하며 쇼경의게 푸닥거리 ᄒᆞ고 무당 불러 당즑글기 ᄒᆞᆫ들 이 모진 病이 ᄒᆞ릴소냐

眞實로 님 혼듸 이시면 곳에 죠흘가 ᄒᆞ노라.

<時大 1589>는 단시조로 임 그리워 생긴 병은 약을 먹어 나을 수 없으며, 오직 임만이 고칠 수 있다고 노래한 작품이다. <時大 1027>은 단시조의 중장을 수용하여 초장으로 놓고 단시조에서 담을 수 없었던 구체적이고 사실적인 내용을 중장과 종장에 걸쳐 진술하고 있다. 결국 임에 대한 그리움을 단시조가 함축하여 표현했다면 장시조에서는 임에 대한 그리움을 사실적인 예로 표현하고 있다 하겠다. 그러면서 자연스럽게 파형이 되었다.

다음은 종장을 계승한 경우이다.

<時大 1306> 됴고만 실빅암이 龍의 초리 둠북이 물고
高峰 峻嶺을 넘단 말이 잇셔이다
왼놈이 왼 말을 하여도 님이 짐작 ᄒᆞ시소.

<時大 2563> 深意山 세 네 바회 휘도라 감도라 들 제
五六月 낫계죽만 살어름 지픤 우희 즌서리 섯거 치고 자최눈 쑤렷거놀 보왓는가
님아님아 온 놈이 온 말을 ᄒᆞ여도 님이 짐쟉 ᄒᆞ쇼셔.

<時大 2988> 玉의는 틔나 잇지 말곳ᄒᆞ면 다 書房인가
닉 안 뒤여 남 못 뵈고 天地間의 이런 답답훈 일니 쏘 어듸 잇노
열놈이 百 말을 홀지라도 님이 짐작 ᄒᆞ시소.

위 작품들은 종장의 내용을 계승한 작품들이다. <時大 1306>은 단시조로 초장과 중장의 내용을 보면 '됴고만 실빅암이 龍의 초리 둠북이 물고 高峰 峻嶺을 넘단 말이 잇셔이다'로 현실에서는 불가능하여 일어날 수 없는 일에 대해 나열하고 있다. 그런 다음 종장에서 백 명이 백말을 하여도 현혹되지 말고 임이 현명하게 판단하길 바라는 화자의 마음이 담겨져 있다. 특히 <時大 2563>의 종장은 고려속요 <雙花店>이나『高麗史』「樂志」에 한역으로 전하는 <蛇龍>[6]의 내용을 번역하여 단시조에 수용한 것인데, 이후 장시조의

여러 작품에 수용되었다.[7] <時大 2563>는 송강 정철의 作으로 현실에서는 일어날 수 없는 불가능한 일을 노래하고 있다. 그러나 앞의 작품과는 내용상 유사하지만 형식에 있어서는 중장에서 파형을 이루어 장시조화 되었다. 한편 종장의 내용은 <時大 1306>의 종장을 그대로 계승하고 있음을 알 수 있다. 그러나 <時大 2988>은 <時大 1306>의 종장을 계승하고 있으나 가의는 앞의 두 작품과는 차이를 보이고 있다. 따라서 한 장을 수용한 경우는 당대 상용구처럼 사용되던 것을 수용하여 작자의 시상을 맞추고자 한 것이라 할 수 있다. 이처럼 상용구처럼 사용되어 계승한 작품은 여러 작품에서 확인된다.[8]

이상에서 보는 바와 같이 장시조는 원 텍스트인 단시조를 다양한 방식으로 계승하여 형상화하였음을 알 수 있다.

2) 歌辭의 受容

가사는 장형의 운문시가형이다. 특히 조선전기 가사문학은 사대부의 전유물로 향유되었지만 조선후기에 이르러 서민의식의 대두와 함께 가사의 창작 및 수용층이 서민과 부녀자로 대거 이동하면서 조선전기와는 다른 양상을 띠게 된다. 이는 문학사회학적 측면에서 장시조와 비슷한 양상을 보여준다. 즉 장시조와 가사는 창작과 향유계층에 있어서 유사한 면을 보이면서 동시대의 운문문학으로 서민의 사상과 감정을 표현하는 시가장르로서의 역할을 담당하게 된다는 것이다. 이러한 문학사회학적 측면의 유사성은 결국 양 장르간의 교섭이 나타날 수밖에 없었던 필연적 현상이라고 하겠다.

---

6) 『高麗史』「樂志」有蛇含龍尾 聞過太山岑 萬人各一語 斟酌在兩心. <蛇龍>

7) 위 작품 외에도 <時大> 182, 218, 1186, 2988 등에 나타나다.

8) 그 외 한 장이 상용구처럼 사용된 것은 <時大> 31(35, 37), 327(326, 329), 457(458), 922(923), 1051(1052), 1089(1090, 1092), 1177(1176, 1178), 1346(1345), 1388(1389), 1782(1781), 2294(2292), 2367(2366), 2456(2457), 2521(2522, 2523), 2541(2540), 2672(2673), 3266(3265), 3405(3407), 3719(3717, 3718), 3838(3842), 3838(3842), 4238(4239) 등에 나타난다.

장시조가 수용 및 교섭한 가사로는 <閨怨歌>·<莎堤曲>·<關東別曲>·<斷腸離別曲1>·<斷腸離別曲2>·<相思別曲>·<僧答詞>·<再送女僧歌>·<離別曲>·<秋風感別曲>·<화용월틱곡> 등이다. 그런데 장시조가 수용된 양상도 방식에 따라 몇 가지로 나누어 볼 수 있다. 우선 원 텍스트의 전체 장에서 일부만을 수용한 경우와 장이 아닌 일부의 구절만 수용한 경우가 있으며, 끝으로 전체 내용이 교섭한 경우로 분류할 수 있다. 각각의 양상을 통해 장르적 개방성을 확인해 보도록 하겠다.

먼저 원 텍스트의 전체 장에서 일부만을 수용한 경우이다. 원 텍스트의 내용 중 일부를 작가가 첨가 및 부연하는 방식을 통해 장시조로 형상화 한 것이 특징이다.

<莎堤曲> 三公不換 此江山을 오늘사 아라고야
어즈러운 鷗鷺와 數만흔 麋鹿을
내 혼자 거나려 六畜을 삼아거든
감업순 淸風明月은 절로 已物이 되야시니
놈과 다른 富貴는 이 혼몸에 가자신야
이 富貴 가지고 져 富貴 부롤쏘냐.

<莎堤曲>은 노계 박인로의 작품으로 그가 1611년(광해군 3년) 당파 싸움으로 벼슬에서 물러나 사제(莎堤)에서 은거하던 시절 한음과 친분이 두터웠던 작자가 당시 그를 찾아갔을 때 읊은 노래로 사제의 뛰어난 경치와 그 곳에서의 한가로이 소요자적(逍遙自適)하는 한음의 생활을 노래한 대목이다. 이를 가져다 장시조화 한 것이 다음 작품이다.

<時大 2098> 三公不換 此江山은 어이 니른 말이런고
나는 말업시 슈이도 밧고 안쟈 恒産도 보쟈ᄒᆞ니 힉욤업시 이노매라 어즐어온 鷗鷺와 數 만흔 麋鹿을 내 혼쟈 거늘여 六畜을 삼아논딕 갑업슨 淸風明月은 節노 已物이 되어시니 남과 다른 富貴 는 이 혼 몸에 가쟛세라

엇덧타 이 富貴 가지고 져 富貴를 불을손냐.

<時大 2098>은 가람본『靑丘永言』(1769)에 실린 작품으로 <莎堤曲>의 일부에 내용을 부분적으로 첨가하여 장시조화 하였고, 종장 초구에 '엇덧타'를 추가하여 시조의 형식을 갖추었다. 이는 전체 내용 중 한 장을 수용하여 시조의 형식에 맞추어 장시조화한 예라 할 수 있다.

<觀燈歌> 사월 초파일에 관등하러 임고대하니
원근고저의 석양은 빗겼는데
어룡등 봉학등과 두루미 남성이며
종경등 선등 북등이며 수박등 마늘등과
연꽃 속에 선동이며 난봉 위에 천녀로다
배등 집등 산대등과 영등 알등 병등 벽장등
가마등 난간등과 사자 탄 체괄이며
호랑이 탄 오랑캐라 바로 차 구을등에
일월등 밝아있고 칠성등 벌렸는데
동령에 월상하고 곳곳에 불을 켠다
우리 님은 어디가고 관등할 줄 모르는고 (후략)

<時大 4466> 夏四月 쳣 여드렛날에 觀燈ᄒᆞ랴 臨高臺ᄒᆞ니
遠近 高低에 夕陽은 빗겻ᄂᆞᆫ듸 魚龍燈 鳳鶴燈과 두루미 南星이며 鍾磬燈 션燈 북燈이며 슈박燈 마늘燈과 蓮곳 속에 仙童이오 鸞鳳 우희 天女ㅣ로다 비燈 집燈 산대燈과 영燈 알燈 甁燈 壁欌燈 가마燈 欄干燈과 獅子ㅣ탄 체 과리오 虎狼이 탄 오랑킈라 발노 툭툭 구을燈에 七星 燈 버러 잇고 日月燈 ᄇᆞᆰ앗ᄂᆞᆫ듸 東嶺에 月上ᄒᆞ고 곳곳지 불을 혀니 於焉忽焉間에 燦爛도 ᄒᆞᆫ져이고
이 즁에 月明 燈明 天地明ᄒᆞ니 大明 본 듯 ᄒᆞ여라.

<觀燈歌>는 작자·연대 미상의 閨房歌詞로 정월부터 오월까지의 세시 풍속과 그것을 즐기는 소년들의 행락을 부러워하며, 돌아간 임을 눈물로 술회하는 청상과부의 순정을 노래하고 있다. 제작 연대는 정확히 알 수 없으나『

靑丘永言』에 수록되어 있는 것으로 보아, 1728(英祖 4) 이전으로 추정하고 있다. 이를 <月令相思歌>라고도 하며 각 월령 끝에 '우리 임은 어듸가고 ~ 모로ᄂᆞᆫ고'를 후렴처럼 기술하였다. <時大 4466>은 김수장의 작으로 六堂本『靑丘永言』에 실려 있는 작품이다. 사월초파일에 있는 연등행사를 노래하고 있는데 종장만 다를 뿐 <觀燈歌> 중 四月의 내용을 그대로 수용하여 장시조화하였음을 쉽게 알 수 있다. 이로써 보면 가사의 장을 수용하여 장시조화한 작품이 많은 것은 아니지만 그와 같은 예들은 확인된 셈이다.

다음은 장이 아닌 일부 구절만을 수용한 경우이다.

<閨怨歌> 곳 피고 날 져믄 제 定處 업시 나가이셔
白馬金鞭으로 어디어대 머므난고
遠近을 모라거니 消息이야 어욱 알냐
因緣을 긋쳐신들 생각이야 업슬쏘냐
얼골을 못 보거든 그립기나 마르려믄
열 두 때 김도길샤 셜흔 날 支離하다

이 작품은 선조조의 여류시인 허난설헌이 지은 <閨怨歌(<怨婦詞>)>로 봉건사회 속에서 눈물과 한숨으로 세월을 보내야 했던 婦女의 情恨을 읊고 있다.

<時大 3147> 月黃昏 계여 간 날에 定處 업시 나간 님이
白馬 金鞭으로 어듸가 됴니다가 酒色에 줌기여 도라올 줄 니젓ᄂᆞᆫ고
獨守空房ᄒᆞ여 長相思 淚如雨에 轉輾不寐 ᄒᆞ노라.

<時大 3147>은 珍本『靑丘永言』에 실려 있는 작품으로 <閨怨歌>의 일부를 변개 수용하여 초장과 중장을 삼은 다음 독수공방하며 눈물 흘리는 모습을 종장에 첨가하여 장시조화한 것이다. <閨怨歌>가 절제된 그리움과 정한을 표현했다면 <時大 3147>에서는 솔직하면서도 사실적으로 표현함으로써 장시

조만이 갖는 매력을 한껏 보여주고 있다.

끝으로 전체 내용이 교섭한 경우이다.

<再送女僧歌> 삼간초옥 적만ᄒᆞᆫ데 고처이 혼자언져
세상을 아조잇고 염불만 공부타가
ᄌᆞ네인생 죽어디면 늣기리 위잇스리
사공쳐럼 혼ᄌᆞ안져 더운불의 ᄎᆞ지될데
적막공산 구즌비에 우는귓것 ᄌᆞ네로세
내말솜 올히넉겨 전마음 도로혜면
부귀도 ᄒᆞᆯ거시오 백년을 해로ᄒᆞ리
금슬이 화합ᄒᆞ여 자손이 만당ᄒᆞ면
자손이 선선ᄒᆞ여 금수로 염습ᄒᆞ여
유소보장에 박부시마가 들넬젹에
그 안이 즐거온가

<時大 2021> 削髮爲僧 져 閣氏內 이ᄂᆡ 말솜 드러보소
어득 ᄒᆞᆫ 佛堂 안에 念佛만 외오다가 자ᄂᆡ 人生 죽어지면 홍독ᄶᅵ로 텩괴 아춰롱 안희 入棺ᄒᆞ야 燒火ᄒᆞᆫ 後 찬지되면 空山 구즌 비에 우지지ᄂᆞᆫ 귓것 네 아니 될가
眞實노 ᄂᆡ말드러 마ᄋᆞᆷ을 두로혀면 子孫滿堂ᄒᆞ야 富貴榮華로 百年同樂 ᄒᆞᆯ 줄 모로ᄂᆞᆫ가.

<再送女僧歌>는 작자・연대 미상의 작품으로 '세상을 아조잇고 염불만 공부타가 ᄌᆞ네 인생 죽어디면 늣기리 위잇스리'에서 보듯, 부귀를 누리며 자손을 많이 얻어 함께 살다가 죽음이 복된 일이라고 말함으로서 이승에서의 즐거움의 중요성을 노래하고 있다. <時大 2021>는 六堂本『青丘永言』에 전하는 김수장의 작으로 여승을 불러 세우는 초장에 이어 중장과 종장에서는 <再送女僧歌>의 내용이 공유되면서 교섭하고 있다. 그러나 작품의 선후관계를 명확히 할 수 없어 어느 작품이 영향을 주었는지는 단정할 수 없다. 하지만 적어도 두 작품간의 수수관계가 있음은 확인할 수 있다.

이외에도 장시조에는 가사의 내용을 직접 빌려왔다기보다는 가의적인 유사성만을 드러내는 경우도 상당수 보인다. 그 대표적인 것으로 기행가사를 들 수 있는데, 강호가사와 같이 곳곳을 유람하면서 그 곳에서 느낀 정취 등을 노래한 것이 장시조에 그대로 수용된 예라 하겠다.[9] 이는 분량 면에서도 가사와 별반 차이를 보이지 않는다는 점에서도 장르 간 수용의 폭을 짐작케 한다. 이처럼 장시조가 형식과 내용면에서 가사와 공유된다는 것은 두 장르 간의 넘나듦을 증명하는 것이라 하겠다.

3) 漢詩의 借用

고전시가에서 한문학과의 관련은 상당히 오랜 기간부터 유지되어 왔다. 그런데 향가와 경기체가가 이들과 관련이 깊으면서도 끝내 한문학과 병행 발전하지 못하였음에 비해, 시조만은 한시문과 시종 공존의 길을 걸어왔던 것이다.[10] 시조문학과 한시의 발생과 연원에 대한 상호 영향관계는 그 간의 연구에서 상당한 진척을 보였다. 그런 관계에서 시조의 하위 장르라 할 수 있는 장시조가 직·간접적으로 한시와 장르적 영향관계를 보인 것은 당연한 현상이라 하겠다.

특히 漢詩 懸吐型 시조는 18세기 말엽 김수장에 의해 처음 시도된 후 19세기에는 한시를 수용하는 가장 보편적인 형태였으며, 紫霞가 益齋의 小樂府 전통을 부활하여 시조를 七言絶句에 맞춰 한시화한 것은 19세기에 표준형으로 정착하는 계기까지 되었다. 시조와 한시 사이에서 장르교섭의 문제를 두고 그 양방향의 끄트머리에서 서로 대극을 이루고 있다고도 볼 수 있는 이 두 현상은 19세기 문학현상 일반을 이해하는 데 있어서나 문학사의 시각을

9) <時大> 138, 206, 607, 660, 662, 663, 885, 1596, 2020, 2371, 2705, 2723, 2906, 2962, 3098, 3101, 3130, 3150, 3491, 3744, 3745, 3746, 4003, 4170, 4201, 4290, 4295, 4374, 4530, 4532, 4640.

10) 심재완(1979), 「時調作品의 漢詩文 受容에 대한 考察」, 『韓國學報』 第16輯, 일지사, 117쪽.

가다듬는 데 있어서 중요한 탐구의 과제가 되리라 생각한다.[11] 그러한 점에서 장시조도 마찬가지라 할 수 있다.

장시조가 한시의 내용을 차용하는 경우는 성격에 따라 조금은 복잡한 양상을 보인다고 할 수 있는데 이를 정리하면, 한시의 전면적 차용을 통해 장시조화한 경우로 이는 삼장이 현토된 것과 번역한 것으로 나누어지며, 다음은 한시를 부분적으로 차용한 것으로 한 장이 현토된 경우와 詩句 일부를 차용한 경우로 구분할 수 있다. 끝으로 이러한 현상들이 복합적으로 나타나는 경우도 있다.

먼저 한시의 전면적 차용을 통해 장시조화 한 경우를 보자. 이 경우는 다시 원작에 현토한 것과 그것을 번역한 것으로 나누어 살펴볼 수 있다. 원작에 현토할 경우 절구는 단시조의 형태에서 벗어나지 않는 반면 율시는 산술적으로 단시조의 형태에서 벗어나는 경향을 보인다. 또 장시조 전체에 한시가 차용된 경우 작가의 개성이나 창의성이 개입될 수 없는 한계도 있다.

> <時大 2241> 昔人이 已乘白雲去ᄒᆞ니 此地에 空餘黃鶴樓ㅣ로다
> 黃鶴이 一去不復返ᄒᆞ니 白雲千載에 空悠悠ㅣ라 靑天에 歷歷漢陽樹ㅣ여늘 芳草萋萋鸚鵡洲ㅣ로다
> 日暮鄕關이 何處是오 烟波江上에 使人愁ᄅᆞᆯ ᄒᆞ더라.

위 작품은 崔顥의 七言律詩 <黃鶴樓詩>[12]를 현토한 것이다. 초・종장은 두 句에, 중장은 4句에 걸쳐 吐를 달았다. 그렇다보니 초・종장에 비해 중장의 내용이 확장되었다. 그리고 이와 같이 七言律詩나 五言律詩에 현토를 하다 보니 시조의 형식적 조건인 종장 초구가 3자가 넘는 경우가 대부분이다.

---

11) 김석희(2003), 「19世紀의 時調 漢譯과 漢詩의 時調化」, 『朝鮮後期 詩歌 硏究』, 월인, 86쪽.

12) 昔人已乘黃雲去 此地空餘黃鶴樓 黃鶴一去不復返 白雲千載空悠悠 晴天歷歷漢陽樹 芳草萋萋鸚鵡洲 日暮鄕關何處是 煙波江上使人愁 -崔顥 <黃鶴樓詩>

<時大 3016> 浣花流水 水西頭ᄒᆞᄃᆡ 主人이 爲卜林堂幽ㅣ로다
已知出郭 少塵事요 更有澄江 消客愁ㅣ로다 無數蜻蜓은 齊上下요 一雙鸂鶒은 對沈浮라
東行萬里에 堪乘興ᄒᆞ야 須向山陰흘여 上小舟를 ᄒᆞ리라.

위 작품도 杜甫의 七言律詩인 <卜居>[13]에 현토한 것이다. 1句와 2句를 초장에, 3句에서 6句까지를 중장에 7句와 8句를 종장에 각각 차용하였다. <卜居>는 杜甫가 城都 성 밖 碧溪坊 百花潭 북쪽 浣花溪와 萬里橋 서쪽에 草堂을 짓고 난 뒤 초당 밖 경치에 대한 감회를 읊은 것이다. 위의 작품은 이러한 원 텍스트에 현토만하여 장시조화한 것이므로 작가의 개성이나 창의성은 찾아 볼 수 없다 하겠다.

이처럼 七言律詩를 장시조화 하는 경우는 초장과 종장이 2句를 차용하는 반면, 중장은 4句를 수용하기 때문에 자연히 중장이 형식상 파형을 띠게 된다. 장시조에 차용된 七言律詩는 대부분 이러한 양상을 통해 장시조화 되었다. 또한 이러한 경향은 출전을 알 수 없는 한시에 토를 달아 장시조화 하는 경우가 상당수 보인다는 점에서 널리 유행했음을 확인할 수 있다.

<時大 2854> 旅食京華 恨未伸에 碧山殘月 照幽人이라
昭君玉骨 胡成土요 貴妃花容 驛路塵이라 綠竹蒼松은 千古節이나 碧桃紅杏一年春이라
光陰이 自是無情物이라 莫惜空閨의 花容頻卑을 ᄒᆞ여.

<時大 210> 褰衣更上 最古樓ᄒᆞ니 遠近平沙에 暮靄收ㅣ라
數點眠鳥 紅蓼岸이요 一竿漁夫 碧波歌ㅣ라 烟横大野 雲横嶺이요 風滿長江에 月滿舟ㅣ로다
回首落霞 孤鶩外에 片帆往來 白蘋洲를 ᄒᆞ드라.

13) 浣花流水水西頭 主人爲卜林堂幽 已知出郭少塵事 更有澄江消客愁 無數蜻蜓齊上下 一雙鸂鶒對沈浮 東行萬里堪乘興 須向山陰上小舟. -杜甫 <卜居>

위는 출전이나 작자를 알 수 없는 작품으로 칠언절구의 한시에 토를 달아 장시조화한 작품들이다. 이 외에도 전체를 차용하는 다수의 작품들이 확인되고[14] 있는데 이를 통해 장시조가 한시를 적극적으로 차용하고 있었음을 알 수 있다.

다음은 한시를 번역한 경우이다. 그런데 이러한 경향이 단시조에는 상당수 나타나고 있는 반면 장시조에는 그렇게 많은 예가 보이지 않는다. 하지만 하나의 유형으로 분류될 수 있으므로 제시해 보고자 한다.

<尋隱者不遇> 松下問童子 言師採藥去
只在此山中 雲深不知處 .

<時大 2394> 솔알애 ᄋᆞ희드라 네어룬 어ᄃᆡ가뇨
藥ᄏᆡ러 가시니 하ᄆᆞ도라 오렷마는
山中에 구룸이 깁흐니 간 곳 몰나 ᄒᆞ노라

<時大 2407> 松下에 問童子하니 스승이 영주 봉래 방장 三神山으로 採藥하려 가셧선나이다
砥在此山中이언만 雲深하야 부지처라
童子야 선생이 오시거든 俗客이 왓드라고 엿주어라.

<尋隱者不遇>은 賈島의 五言絶句이며, <時大 2394>와 <時大 2407>는 각각 단시조와 장시조로 번역된 작품이다. 먼저 <時大 2394>는 박인로의 작품으로 한시를 원시에 가깝게 번역하였다. 한시의 1句를 초장으로, 2句를 중장, 3句와 4句를 종장으로 삼았고 종장 초구 3자를 맞추기 위하여 원문인 '山中'에 吐를 달아 형식적 조건을 갖추었다. <時大 2407>은 원시를 모태로 하되 원

14) <時大> 210, 226, 227, 447, 449, 518, 585, 654, 1352, 1448, 1825, 2034, 2241, 2588, 2704, 2973, 3066, 3124, 3165, 3485, 3884, 3885, 3985, 4052, 4144, 4161, 4214, 4228, 4247, 4403, 4700.

텍스트에 없는 내용을 부분적으로 첨가하여 번역이라기보다는 작자의 개입이 크게 작용하여 번안에 가깝다. 특히 초장과 종장에서 '스승이 영주 봉래 방장 三神山으로'와 '童子야 선생이 오시거든 俗客이 왓드라고 엿주어라'는 부연 또는 첨가되었다. 또한 종장은 단시조와 마찬가지로 시조의 형식적 조건을 갖추기 위하여 '童子야'가 첨가되었다. 장시조는 원시를 모태로 하되 부분적인 첨가를 통해 장시조화 하는 현상이 두드러진다.

<雜詩> 君自故鄕來　應知故鄕事
　　　來日綺窓前　寒梅着花未

<時大 496> 君이 故鄕으로부터 오니 故鄕 事을 應當 알니로다
　　　오ᄂᆞᆫ 날 綺窓 알픠 寒梅 픠엿ᄣᅥ냐 아니 픠엿ᄣᅥ냐
　　　픠기ᄂᆞᆫ 픠엿더라마ᄂᆞᆫ 님ᄌᆞ 그려 ᄒᆞ더라.

<時大 458> 君自故鄕來하니 알리로다 고향사를
　　　오든 날 綺窓前에 한매화가 피엿드냐 안 피엿드나
　　　南枝發 北枝未며 北枝發 南枝未와 南枝 北枝 發未發은 去年
　　今日 일반인데 그대 아니 와 글로 근심.

<時大 496>와 <時大 458>은 王維의 五言絶句인 <雜詩>를 번역한 것이다. 王維는 詩佛이라는 별칭에 걸맞게 여운과 함축이 많은 시를 남겼다. <雜詩> 역시 타향에서 만나 고향사람에게 궁금한 것도 많을 텐데 고작 비단 창에 매화가 피었는지를 묻고 있는 것과 그 묻고 있는 것이 정확히 무엇을 의미하는지 쉽게 짐작할 수 없는 시풍에서 말해주 듯 왕유의 작풍이 잘 드러난 작품이다. <時大 496>는 초장과 중장에 원시의 내용을 그대로 번역하였고 종장에는 화자가 내용을 첨가하여 확대하고 있다. 형식적으로는 1句와 2句를 초장에 3句와 4句를 중장으로 삼았다. 원시를 초장과 중장으로 삼다 보니 결국 종장에 번역할 내용이 없었거나 아니면 의도적으로 초장과 중장으로 삼고 중장의 질문에 답을 달고자 하였을 것이다. 그로 인해 종장은 중장에 대한 답

으로 내용을 첨가하고 있다. <時大 458>도 왕유의 <雜詩>를 번역한 작품인데 앞의 작품과는 약간의 차이를 보이고 있다. 즉 초장에는 원시와 번역이 동시에 나타나는데 1句는 원시 그대로 수용하고 2句는 번역을 하여 초장으로 삼은 것이다. 반면 3句와 4句는 번역을 하여 중장으로 삼았다. 역시 종장은 새로운 내용이 첨가되어 한 편의 장시조를 완성하였다. 이와 같이 한시를 번역하여 장시조화 하는 경우는 한문구의 토와 번역이 적절하게 혼용되어 나타난다.

두 번째는 한시를 부분적으로 차용한 것으로 한 장이 현토된 경우와 시구 일부를 발췌하여 차용된 경우로 구분할 수 있다.

먼저 한 장이 현토된 경우이다. 이러한 경우는 작자가 의도하고자 하는 주제를 구체화하거나 시적 분위기를 효과적으로 전달하기 위한 수단으로 차용된다.

<時大 2644> 岳陽樓에 올라 안즈 洞庭湖 七百里를 四面으로 둘너 보니
落霞는 與孤鶩齊飛오 秋水는 共長天一色이로다
어즈버 滿江 秋興이 數聲 漁笛 뿐이로다.

<時大 2691> 藥山 東臺 여지러닌 바위 옷슬 썩어 籌를 노며 無盡無盡 먹스이다
人生 한 번 도라가면 다시 오기 어려워라 勸홀젹에 잡으시요 百年假使人人壽라도 憂樂을 中分未百年을 勸홀 머듸 잡우시요 羽曰壯士 鴻門 樊噲斗卮酒를 能飮하되 이 술 훈 잔 못 먹엇네 勸홀젹에 잡으시오
勸君更進一杯酒ᄒᆞ니 西出陽關無故人을 勸홀 머듸 잡으시오.

위 두 편의 장시조는 중장과 종장에 각각 한시구가 차용된 경우이다. <時大 2644>는 한가로움 속에 자신의 외로움을 간접적으로 시사하고 있는데, 중장에 삽입된 한시 구절은 王勃의 <滕王閣序>15)에서 차용한 것으로 '저녁노

15) ……落霞與孤鶩齊飛 秋水共長天一色 魚舟唱晚響窮彭 蠡之濱鴈陣驚寒 聲斷衡陽之浦遙吟俯暢 逸興遄飛 爽籟發而淸風生 纖歌凝而白雲遏 -王勃 <滕王閣序>

을은 짝 잃은 기러기와 나란히 날고 가을 물빛은 높은 하늘과 같은 색이다' 라는 부분을 함축적으로 잘 표현하고 있다. 또한 인용된 시구가 시조 중장 전체를 이루고 있는 예를 보여준다. <時大 2691>는 인생은 한번 돌아가면 다시 올 수 없으니 살아 있을 때 원 없이 마셔 보자는 勸酒歌의 성격을 띠고 있다. 종장에 삽입된 한시 구절은 王維의 <送元二使安西>16)에서 차용한 것인데 초장과 중장의 勸酒歌의 노래를 더욱 효과적으로 전달하거나 강조하기 위하여 차용한 것이라 할 수 있다.

다음은 한시의 시구 일부만을 차용한 경우이다.

<時大 1270> 東山 昨日雨에 老謝와 바독 두고
草堂今夜月에 謫仙을 만나 酒一斗詩百篇이로다
來日은 陌上靑樓에 杜陵豪 邯鄲娼과 큰 못ㄱ지 ᄒᆞ리라.

<時大 3736> 酒債는 尋常行處有ᄒᆞ니 人生七十 古來稀라
春花柳 夏淸風과 秋明月 冬雪景에 南隣北村 다 請ᄒᆞ야 無盡無盡 노식 그려
人生이 아촘 이슬이라 아니 놀고 어이ᄒᆞ리.

<時大 3417> 一年 三百六十日은 春夏秋冬 四時節이라
쏫 피고 버들 입 피면 花朝 月夕 春節이요 四月 東風 大麥黃은 綠陰 芳草 夏節이라 秋風은 소슬한데 洞方의 버러지 우고 黃菊丹楓 秋節이요 白雪이 粉粉ᄒᆞ여 千山에 鳥飛絶하고 萬逕에 人蹤滅하니 蒼松 綠竹 冬節이라
人間七十 古來稀라 四時 佳景과 無情 歲月이 덧 업어 가니 글을 슬어.

위의 작품들은 모두 한시의 일부를 발췌하여 장시조화 한 것이다. <時大 1270>은 杜甫의 <飮中八仙歌>17) 중에서 '謫仙을 만나 酒一斗詩百篇이로다'를

16) 渭城朝雨浥輕塵 客舍靑靑柳色新 勸君更進一杯酒 西出陽關無故人 -王維 <送元二使安西>

중장에 수용, 작자의 심상을 고조시키고자 하였다. 즉 이백의 豪飮과 善詩하는 모습을 부러워하면서 자신도 그렇게 하고자 하는 강한 의지의 표방이라고 할 수 있다. <時大 3736>는 杜甫의 <曲江>[18] 중에서 일부분을 차용한 것으로, 인생은 칠십까지 살기도 어려우니 살아있을 때 놀아보자는 내용을 담고 있다. 즉 '人生七十古來稀'라는 시구를 수용함으로써 인생의 덧없음을 강조하고자 한 것이다. 또한 <時大 3417>에도 杜甫의 <曲江>이 차용되었는데 앞의 작품과 달리 늙어가는 자신을 슬퍼하고 있는 내용이다. 이처럼 한시 구절 중 일부를 발췌하여 차용한 경우는 상용구처럼 쓰이는 구절을 차용함으로써 작자의 개성을 살리고자 한 점이 두드러진다.

끝으로 한시를 복합적으로 차용한 경우이다. 이 경우는 앞에서 살핀 차용의 양상들이 복합적으로 나타나는 경우이다. 이는 다양한 한시 작품의 구절을 차용해 장시조화 한 것이 특징이다.

<時大 1317> 두고 가ᄂᆞᆫ의 안과 보내고 잇ᄂᆞᆫ의 안과
두고 가ᄂᆞᆫ의 이ᄂᆞᆫ 雪擁藍關에 馬不前ᄲᅮᆫ이여니
보내고 잇ᄂᆞᆫ의 안흔 芳草年年에 恨不窮이로다.

<時大 447> 君莫惜典 衣沽酒ᄒᆞ소 囊乾ᄒᆞ면 我典衣로다
塵世難逢 開口咲ㅣ니 知己를 相對 盡情談ᄒᆞ고 劉伶墳上에 酒不到ㅣ니 且樂生前 一盃酒로다
人生이 草露 ᄀᆞᄐᆞᆫ이 醉코 놀려 ᄒᆞ노라.

<時大 1317>은 이별의 아쉬움을 노래한 작품이다. 먼저 韓愈의 <左遷至藍關示姪孫湘>[19]에서 '雪擁藍關馬不前'을 차용함으로써 감정이입을 효과적으로

17) ……蘇晋長齋繡佛前 醉中往往愛逃禪 李白一斗詩百篇 長安市上酒家眠…… -杜甫 <飮中八仙歌>

18) 朝回日日典春衣 每日江頭盡醉歸 酒債尋常行處有 人生七十古來稀 穿花蛺蝶深深見 點水蜻蜓款款飛 傳語風光共流轉 暫時相賞莫相違 -杜甫 <曲江>

19) 一封潮奏九重天 夕貶潮州路八千 欲爲聖明除弊事 肯將衰朽惜殘年 雲橫秦嶺家何在 雪擁

표출하고자 하였다. 즉 한시 <左遷至藍關示姪孫湘>은 임금을 모시다 좌천된 한유의 비탄한 심정을 표현한 작품인데, 장시조 <時大 1317>에서는 임을 두고 멀리 떠나야하는 어쩔 수 없는 심정을 토로하기 위하여 이를 차용하고 있는 것이다. 다음으로 종장에 삽입된 시구는 杜牧의 <登池州九峯樓寄張祜>[20] 에 있는 '芳草年年恨不窮'이다. <登池州九峯樓寄張祜>는 벗인 장호와 이별하는 아쉬움과 그를 그리는 마음을 노래한 것인데, 장시조에서는 남녀간의 이별과 그리움을 효과적으로 표현하기 위하여 차용되었다.

<時大 447>은 인생은 초로와 같이 짧으니 취하며 놀겠다는 人生醉樂的인 내용을 담고 있다. 초장에 차용된 한시 구절은 杜秋娘의 <金縷衣>[21]에서 따온 것이다. 두추랑의 한시는 금루의가 비록 귀하지만 청춘만큼 귀한 것이 아니니 청춘을 아끼라고 권하고 있다. 그러나 장시조에 차용된 한시구는 약간의 윤색이 가해져 술을 사는데 옷을 아끼지 말라는 의미로 변질되었다. 중장에서는 杜牧의 <九月九日霽山登高>[22]와 李賀의 <將進酒>[23]을 각각 차용하였다. 두목의 시에서 차용된 한시구는 '塵世難逢開口咲'로 진세에서는 마음 놓고 크게 웃기가 쉽지 않음을 한탄하고 있으며, 李賀의 시에서는 '酒不到劉伶墳上'이 도치되어 인용되었는데 유령의 무덤에는 술이 없음을 슬퍼하고 있다. 유령은 중국 서진의 사상가이며 죽림칠현의 한 사람으로 장자의 사상을 실천한 인물이다. 그는 신체를 土木으로 간주하여 의욕의 자유를 추구하고 술을 즐겼다고 한다. 장시조 <時大 447>는 이들의 시구를 통해 작가의 심정

藍關馬不前 知汝遠來應有意 好收吾骨瘴江邊. -韓愈 <左遷至藍關示姪孫湘>

20) 百感衷來不自由 角聲孤起夕陽樓 碧山終日思無盡 芳草何年恨卽休 睫在眼前長不見 道非身外更何求 誰人得似張公子 千首詩輕萬號侯. -杜牧 <登池州九峯樓寄張祜>

21) 勸君莫惜金縷衣 勸君惜取少年時 花開堪折直須折 莫待無花空折枝 -杜秋娘 <金縷衣>

22) 江函秋影雁初飛 與客携壺上翠微 塵世難逢開口笑 菊花須揷滿頭歸 -杜牧 <九月九日霽山登高>

23) 琉璃鍾 琥珀濃 小槽酒滴眞珠紅 烹龍炮鳳玉脂泣 羅屛繡幕圍香風 吹龍笛 擊鼉鼓 皓齒歌 細腰舞 況是青春日將暮 桃花亂落如紅雨 勸君終日酩酊醉 酒不到劉伶墳上土 -李賀 <將進酒>

을 표출하고자 하였다. 그리하여 초장에서는 두추랑의 한시를 윤색하여 짧은 인생이니 술 마시는데 금루의가 다 무슨 소용이냐며 반문한 뒤, 중장에서는 술을 마실 수밖에 없는 상황을 피력한 다음, 호음하던 유령도 정작 자신의 무덤 앞에는 술조차 없음을 한탄하면서, 종장에서는 초로 같은 인생이니 술이나 마시며 즐기자고 실토한다.

다음의 경우는 한 작품을 여러 형태로 차용한 경우이다. 앞의 유형이 장시조 한 작품에 여러 작품의 한시구를 차용하였다면, 이 경우는 반대로 한시 한편을 여러 형태로 차용한 경우라 할 수 있다.

<時大 1825> 鳳凰臺上 鳳凰有ㅣ러니 鳳去臺空 江自流ㅣ로다
吳宮花草 埋幽逕이오 晋代衣冠 成古邱ㅣ라 三山은 半落靑天外 여늘 二水 中分 白鷺洲ㅣ로다
總爲浮雲이 能蔽日ᄒᆞ니 長安을 不見 使人愁를 ᄒᆞ더라.

<時大 2110> 三山半落靑天外요 二水中分白鷺洲라 浩浩兮 滄浪歌로 돗대치는 저 사공아 遠浦歸帆이 그 아니냐
秋上江 배를 타고 강동으로 가는 이는 張翰先生이 아니면 檻外長江空自流는 藤王閣序文이요 王勃이 萬古詩與樂이라 落霞는 與孤鶩齊飛하고 秋水는 共長天一色이라
天外 巫山十二峰은 구름 속에 소사 잇다.

위의 작품들은 李白의 <登金陵鳳凰臺>[24]의 七言律詩를 다양한 형태로 차용하여 장시조화 한 것들이다. <時大 1825>는 원시에 현토한 경우로 1~2句를 초장에 3~6句까지를 중장에 마지막 7~8句는 종장으로 삼았다. 이는 앞의 한시차용의 경우와 같다고 할 수 있다. 그런데 <時大 2110>는 원시에서 '三山半落靑天外 二水中分白鷺洲'만을 발췌한 경우이다. 이는 장시조의 작가

---

24) 鳳凰臺上鳳凰遊 鳳去臺空江自流 吳宮花草埋幽徑 晉代衣冠成古丘
三山半落靑天外 二水中分白鷺洲 總爲浮雲能蔽日 長安不見使人愁. -李白 <登金陵鳳凰臺>

가 시상의 구체화를 꾀하기 위해 한시의 일부를 발췌하였다.

이상에서 보는 바와 같이 장시조는 한시를 다양한 형태로 차용하는 개방성을 보이게 된다. 이는 사대부의 전유물로 향유되던 한시가 장시조에 차용되면서 변모된 것으로 한시의 장르적 위치가 하강하는 현상을 낳게 되었다.

4) 民謠의 反映

민요는 한민족의 역사와 더불어 오랜 세월동안 민중과 함께 생성·발전한 시가장르이다. 이러한 민요는 성장과정에서 다양한 시가문학과 수수관계를 맺어 왔다. 특히 일정한 형식이나 내용에 제약을 받지 않는 개방적 특성으로 주변 장르와 활발한 교섭양상을 꾀할 수 있었다. 그리하여 모든 시가의 종가로서 영향을 주었으며, 그러한 민요와 관계를 맺어온 것 중의 하나가 시조[25]이다. 즉 민요에서 분가한 시조는 그 후로도 계속 민요의 영향을 받으면서, 때로는 역으로 영향을 미치기도 했던 것이다.[26] 이러한 현상은 민중의 사상과 감정을 여과 없이 진솔하게 표현하는 민요의 속성이 조선후기 서민들의 시조가 대거 등장할 때 그 저변에 얹히면서 상당한 교섭양상을 보였을 것이므로 이는 당연한 결과라 할 수 있다. 조선전기와 달리 후기에는 장시조에 민요적인 내용이 상당수 수용되었음은 이를 반영하는 것이다. 전장에서 살핀 바와 같이 실제로 조선후기 장시조는 서민적 또는 민요적 개방의 양상을 다양한 측면에서 보여주고 있다. 이는 장시조와 민요를 구분 짓게 하는 漢文的 語套나 非詩的 언어들이 民謠에도 그대로 나타나고 있어 어디까지가 민요이고 장시조인지, 그것을 구분하기가 매우 어려울 정도이다.[27] 이는 결국 장시조와 민요의 넘나듦이 빈번했음을 보여주는 것이다. 그러므로 여기서는 민요를 반영하여 장시조화 한 것과 두 장르간의 넘나든 경우로 구분하여 살펴보

25) 장사훈(1980), 『國樂總論』, 정음사, 332-333쪽.

26) 이태극(1961), 『時調槪論』, 새글사, 251쪽.

27) 박재원(1991), 앞의 논문.

고자 한다.

먼저 민요를 반영하여 장시조화 한 것으로 원 텍스트에 일부 내용을 첨가 및 부연하고 있는 경우이다.

<民謠 5> 귀뚜리 저귀두리 어여뿔사 저귀뚜리
지는달 새는밤에 절절이도 슬피울어
네비록 미물일망정 내뜻알기는 너뿐인가
(『韓民集』 Ⅲ-1161)

<時大 490> 귓도리 져 귓도리 에엿부다 져 귓도리
어인 귓도리 지는 달 새는 밤의 긴 소릐 쟈른 소릐 節節이 슬픈 소릐 제 혼자 우러녜여 紗窓 여왼 좀을 솔드리도 씨오는고야
두어라 제 비록 微物이나 無人洞房에 내 뜻 알 리는 저 뿐인가 ᄒᆞ노라.

위 작품들은 공규의 외로움을 귀뚜라미에 비유하여 표현하고 있는 것들이다. <時大 490>는 <民謠 5>의 중장에 '어인 귓도리'·'긴 소릐 쟈른 소릐'·'제 혼자 우러녜여 紗窓 여왼 좀을 솔드리도 씨오는고야' 등이 각각 첨가 되었고, 종장에서는 시조의 초구로 많이 사용되고 있는 '두어라'가 삽입되어 종장 초구의 형식적 조건을 갖추면서 장시조화 되었다. 그런데 <民謠 5>에는 없는 내용이 <時大 490>의 중장에 대거 삽입된 것으로 볼 때, 이 경우는 민요의 노랫말을 장시조가 수용 및 반영한 것이라 할 수 있다.

<民謠 6> 바둑바둑 억두구두 억수구린 야 이놈아
두팔들고 두발굽고 제발비비 네놈에게
내ㅅ가에란 서지마라 눈 큰 준치 허리긴 칼치
츤츤 가물치 두루처 메여기 넓적한 가잼이 등곱은 새우
겨레많은 곤쟁이 네얼골을 보고서
그물인가 알고서 풀풀풀풀 뛰어서
달아나고 달아나는데 열없이 생긴 오적어만

환환짱짱 둥게는고나 참으로 너와같이 있으면
고기 못 잡아 대사로구나

(『韓民集』 I -1729)

<時大 1579> 바독바독 뒤얽근 놈아 졔발 비즈 네게 닉가의란 셔지마라
눈큰 준치 허리긴 갈치 츤츤 가물치 두루쳐 메오기 넙젹훈 가즈
미 부리 긴 공지 등곱은 식오 겨레 만흔 권졍이 그물만 너겨 풀풀
쒸여 다 다라나는듸 여럽시 싱긴 烏賊魚 둥기는고나
아므도 너곳 와 셔 잇시면 고기 못잡아 大事ㅣ로다.

<民謠 6>은 민요 곰보요로 서민들이 무료함을 달래기 위해 장난삼아 얽은 얼굴을 조롱하며 흥얼거린 노래로, 사용된 비어나 속어 및 구체적인 묘사 등을 통해 민중들의 진솔한 감정을 그대로 느낄 수 있는 작품이라 할 수 있다. <時大 1579>는 <民謠 6>의 내용을 수용하여 시조 삼장의 형식에 맞추어 부른 것으로, 歌體形式에서 語辭·措語·文型·律調에 이르기까지 전형적인 민요가 장시조의 曲態形容에 올려 부른 것이다.[28] 그러나 원 텍스트인 민요에서 장시조화 되는 과정에서 일부의 내용이 삭제되는 현상을 보이고 있다. 구체적으로 '억두구두'·'두팔들고 두발굽고'·'네얼골을 보고서'·'환환짱짱'·'달아나고' 등이 삭제되었으며, 일부의 어휘가 한자어로 변환되어 장시조화 되었다.

다음은 일부의 내용을 반영하여 변개한 경우이다. 앞의 경우처럼 민요의 내용을 그대로 받아들여 장시조화 하는 경우도 있지만 일부의 내용만을 가져다가 장시조화 하는 작품도 적지 않게 나타나고 있다.

<民謠 7> 窓 밖에 그 뉘 왔소 뒤절 小僧 나려왔소
밤은 깊어 夜深한데 눌 보자고 나려왔소
각시님 자는 방 모단쪽도리 거는 말고지에
소승의 송낙 百八念珠 長衫을 걸려 나려왔소.

---

28) 김동준(1987·88), 「辭說時調考」, 『時調學論叢』 第3·4合併輯, 韓國時調學會, 76쪽.

(『韓民集』 VI-618)

<時大 3833> 窓 밧기 어른어른 ᄒᆞᄂᆞ니 小僧이 올소이다
어제 져녁의 動鈴ᄒᆞ랴 왓든 즁이 울ᄂᆞ니 閣氏님 ᄌᆞᄂᆞᆫ 房 똑도리
버셔 거ᄂᆞᆫ 말 그틱 이ᄂᆡ 쇼리 숑낙을 걸고 가자 왓소
져 듕아 걸기ᄂᆞᆫ 걸고 갈지라도 後ㅅ말이나 업게 ᄒᆞ여라.

위의 작품들은 파계승의 행태를 고발하는 내용으로 되어 있다. <民謠 7>은 불가에서 엄격히 금하는 일을 서슴지 않고 행하는 승려의 행태를 각시와의 대화를 통해 적나라하게 꼬집고 있다. <時大 3833> 역시 <民謠 7>의 내용을 초장과 중장에 걸쳐 그대로 반영하고 있으며, 종장에 작자의 시상을 추가하였다. 승려와의 동침을 거리낌 없이 받아들이는 여인의 행실을 통해 당시의 도덕적 관념의 개방성을 잘 드러내고 있을 뿐만 아니라 당시의 시대상을 잘 보여주는 바라 하겠다. 이처럼 당시 승려의 타락상 및 여인의 도덕적 개방성이 그대로 표출된 민요를 장시조에 얹혀 부름으로써 그것을 더욱 보편화하고자 한 것으로 여겨진다. 장시조 속에 이러한 승려의 타락상을 담은 작품이 많다[29]는 것은 이를 입증해 주는 것이라 하겠다.

다음은 직접적인 내용들이 넘나든 경우이다. 이는 두 작품 간에 어느 것이 영향을 주고받았는지 구분하기 어려울 정도로 두 가사가 닮아 있는 것을 말한다.

<民謠 8> 모란은 황중왕이요 백일화는 충신이라
연화는 군자요 행화는 소인이라
국화는 은일사요 매화는 한사로다
박꽃은 노인이요 철쭉화는 소년이라
계화는 무당이요 해당화는 창기로다

29) <時大> 48, 2021, 2164, 2556, 2829, 3547, 3758, 3759, 3760, 3761, 3833, 4106, 5704.

이화 시화이요　　홍도벽도 삼색도는
풍류랑인가 하노라

(『韓民集』Ⅲ-1542)

<時大 1489> 牧丹은 花中王이오　　向日花는 忠孝이로다
蓮花는 君子ㅣ오　　冬栢花는 寒士요
杏花는 小人이이라　　菊花는 隱逸士요
梅花寒士ㅣ로다　　박쏫츤 老人이오
石竹花는 少年이라　　葵花 무당이오
海棠花는 娼女ㅣ로다　　이 中에 梨花 詩客이라
紅桃碧桃三色桃는　　風流郎인가 ᄒᆞ노라.

위 두 노래는 인간의 성품을 꽃에 빗대어 표현한 작품들이다. <民謠 8>에서는 총 11종의 꽃을 의인화하여 민요화하였다. <時大 1489>는 김수장의 장시조로 <民謠 8>의 한글표기가 한자로 되어 있다는 점과 일부 꽃이 다르게 표현된 것을 제외하면 동일한 작품으로 보아도 무리가 없다. 일부 어휘를 다르게 쓴 것은 지역적 특성으로 인해 나타나는 현상에 불과하다. 다만 이러한 차이만으로는 두 작품의 선후관계를 분명히 할 수 없는 한계가 있다. 그러나 적어도 두 작품 간의 교섭이 있었음은 확인 할 수 있다.

<民謠 9> 님은 가고 봄이오니 꽃만 피여도 님의 생각
강초한수 생각하니 강물만 푸러도 님의 생각
구시월 시단풍에 낙엽만 날려도 님의 생각
동지섣달 설한풍에 백설만 날려도 님의 생각
앉아생각 누어생각하니 님의생각만 난다

(『韓民集』Ⅰ-1191)

<時大 3469> 임은 가고 봄은 오니 芳春花柳 繁華時라 쏫피여도 임의 생각
春節가고 夏節오니 江岸日日 喚愁生한데 풀만 푸르러도 임의 생각
夏節가고 秋節오니 秋雨梧桐落葉時라 입만 저도 임의 생각

秋節가고 冬節오니 白雪江山 銀世界에 눈만 날여도 임의 생각
임이라 무어신지 자나 깨나 깨나 자나 욕망난망이요 불사이자 사로다.

<民謠 9>는 떠난 임에 대한 그리움과 기다리는 마음을 사계절의 변화에 비추어 적절하게 표현한 작품이다. 봄과 여름에는 '오(하)니 ~만 ~도 님의 생각', 가을과 겨울에는 '~에 ~만 ~도 님의 생각'으로 나누어 각각의 계절에 맞는 어휘들을 대치시키면서 시상을 표현하고 있는 것이 독특하다. 한편 <時大 3469>에서는 '~가고 ~오니 ~만 ~도 님의 생각'으로 구조를 통일하여 반복하고 있다. <民謠 9>와 <時大 3469>의 경우 작품에 수용된 어휘는 다르다 하더라도 임에 대한 기다림과 그리움의 시상을 사계절의 변화에 얹혀 부르고 있다는 점에서는 동일한 주제임이 분명하다. 이는 결국 두 작품이 내용과 형식적인 면에서 넘나듦이 활발했음을 보여주는 바라 하겠다. 따라서 장시조와 민요는 가사의 반영과 교섭을 통해 장르 간 개방성을 보였음을 알 수 있다.

5) 雜歌와의 混淆

잡가는 조선후기에 이르러 성행한 것으로 가창연행의 속성을 보인다. 또한 조선후기 사회상의 변동과 더불어 장르의 벽이 허물어지면서 형성된 잡가는 가사와의 상관성도 중시될 뿐만 아니라 그 외 시가양식 및 서사양식과의 수수관계를 맺으며 성장·발전하는 다양성과 개방성을 띠게 된다. 실제로 잡가는 당대의 다양한 문화적 갈래들을 흡수하여 통속화시키면서 대중가요로 부상하였다. 歌辭系 雜歌·판소리계 雜歌·民謠系 雜歌·長時調系 雜歌 등과 같이 잡가를 분석하는 것 역시 그 잡가가 당시 어떤 장르와 연관을 맺고 있느냐에 따른[30] 분류라 할 수 있다.

---

30) 강연진(2001),「韓國 近代 大衆歌謠 形成過程 硏究」, 이화여대 석사논문, 24쪽.

잡가를 대표하는 것으로는 12잡가와 서도잡가 그리고 남도잡가 등을 들 수 있는데[31] 이중 장시조와 혼효된 것을 보면, 먼저 12잡가 중 <勸酒歌>・<春眠曲>・<黃鷄詞>・<白鷗詞>・<想思別曲>・<關山戎馬> 등이 있고, 서도잡가에는 <사거리>・<중거리>・<긴방에타령>・<양산도>・<수심가 역금>・<孔明歌> 등이 있다. 이밖에 경성잡가에는 <유산가>가 있고, 장시조에서 파생된 것으로 알려져 있는 휘모리 잡가 중에 <굼보타령>・<楚漢歌>・<밍꽁이타령>・<생매잡아> 등이 있음이 확인되고 있다.

이처럼 많은 작품에서 혼효의 양상을 보이고 있으나 이러한 양상의 일정한 규칙성 내지 수용양상에 대한 구체적인 논의는 좀처럼 찾아보기 어렵다. 따라서 이러한 혼효의 양상을 몇 가지로 나누어 살펴 장시조의 장르적 개방성을 밝혀보도록 하겠다.

장시조와 잡가의 혼효양상으로는 먼저 일부가 혼효한 경우, 여러 작품을 엮은 경우, 그리고 전체의 내용이 혼효한 경우로 나누어 살펴볼 수 있다.

먼저 일부분을 혼효한 경우이다.

<黃鷄詞> 니별 후에 소식조차 돈절하다 이야 말듯 소조을 시고 일종 자네시 못 오시나이야
말듯소 병퓸에 그린 황계 두날기 둥덩치며 사경 일념에 날새랴고

31) 12잡가는 주로 경기지방에서 불렸던 것으로 <遊山歌>・<赤壁歌>・<제비가>・<小春香歌>・<執杖歌>・<十杖歌>・<刑杖歌>・<平壤歌>・<船遊歌>・<出引歌>・<房物歌>・<月令歌> 등을 말하며 12가사로 <將進酒>・<勸酒歌>・<漁父詞>・<春眠曲>・<길구락>・<황계사>・<白鷗詞>・<想思別曲>・<처사가>・<양양가>・<죽지사>・<관산융마> 등이 있다. 서도잡가는 <산천초목>・<사거리>・<중거리>・<경사거리>・<긴방아타령>・<자진방아타령>・<양산도>・<긴난봉가>・<자진난봉가>・<사설난봉가>・<경복궁타령>・<개성난봉가>・<간지타령>・<배따라기>・<자진배따라기>・<도라지타령>・<수심가>・<역금>・<孔明歌>・<영변가>이며, 남도잡가는 <육자백이>・<성주풀이>・<새타령>・<소상팔경>・<단가>・<토끼타령> 등이 있으며, 장시조에서 파생된 것으로 알려져 있는 휘모리잡가 중 <굼보타령>・<초한가>・<밍꽁이타령>・<생매잡아> 등이 있다.

꾁구야 울거든 오랴시냐 (後略)

<時大 1524> 無情허고 野宿헌 任아 哀魂 離別 後에 消息이 어이 頓絶허냐
夜月空山 杜鵑之聲과 春風桃李 蝴蝶之夢에 다만 生覺는니 娘子로다 梧桐에 걸닌 달 두렷헌 네 얼골 宛然이 겻헤와 숫치는 듯 이슬에 져즌 꼿 姸姸헌 너의 티도 눈 압헤 버렷는 듯 碧紗窓前 시벽비에 沐浴허고 안젼는 졔비 네 말소릐 곱다마는 닉 귀에 하숍는 듯
밤中만 靑天에 울고 가는 기러기 소릐에 줌든 나를 씨우는냐.

<黃鷄詞>는 12歌詞의 하나로 작자・연대가 미상이며 <黃鷄打令>이라고도 한다. 六堂本 『靑丘永言』・『樂府』・『峨洋琴譜』・『大東風雅』・『古今雜歌』 등의 가집에 실려 전하며 가사는 조금씩 다르다. 작품의 내용은 이별한 낭군이 그리워 속히 돌아와 주기를 바라는 이별의 아픔을 담고 있다. 특히 <黃鷄詞>의 핵심은 '니별 후에 소식조차 돈절하다'이며 이를 서두로 임에 대한 무심함과 원망을 노래하고 있다. <時大 1524>은 작자미상의 작품으로 초장에 '離別後에 消息이 어이 頓絶허냐'가 일부 혼효되었으며, 작품의 내용도 이별한 후 소식 없는 임에 대한 원망으로 되어 있다. 따라서 이 두 작품은 '이별 후에 소식이 돈절하다'는 주제문을 공유하며 전체적인 시상을 전개한다는 점에서 그 넘나듦을 읽어낼 수 있다. 이밖에도 일부분이 혼효한 경우는 여러 작품[32)]

32) 일부 구절만 수용된 부분만을 발췌하면 다음과 같다.
<想思別曲> 人間離別萬事中에 獨守空房 더욱셜다(後略)
<時大 1548> 人間離別萬事中에 獨宿空房(部分拔萃)
<仙遊歌> 방낭스중 쓰고 남은 텰퇴 텬하장스 항우를 쥬어(部分拔萃)
<時大 1623> 博浪沙中 쓰고 남은 鐵椎를 엇고(後略)
<遊山歌> 竹杖芒鞋 單瓢子로 千里江山 드러가니(部分拔萃)
<時大 3744> 죽장망혜 단표지로 쳘릐 강산 드러가니(後略)
<時大 3745> 竹杖芒鞋 단표자로 千里江山 드러가니(後略)
<陽山道> 에헤이에 양덕밍산 흐르는물은 부벽루로 감도라 든다(部分拔萃)
<時大 2698> 陽德 孟山 鐵山 嘉山 느린 물이 浮碧樓로 감도라 들고 (後略)
<短歌> 한송졍 솔을 비여 조고맛케 비를 (後略)

을 통해 확인된다.

다음은 여러 작품을 엮은 경우이다. 이는 서로 다른 장시조를 두 수 이상 엮어 하나의 작품으로 만든 것으로 의미 없는 사설을 있는 대로 주워섬겨 부르는 잡가의 특징이 그대로 드러난 것이다.

<勸酒歌> 자부시오 자부시오 이술한잔잡으시오
이술한잔 자부시면 쳔말년을 사오리다
이술이 술이아니오라 한무데승노반에 이슬밧은거시오니
금수봉사꼿진남기 꼿슬썩꺼 수를 노와 무궁무진먹사이다
불로초비즌술을 말년ᄇᆡ에 가득부워 비나니다 남산수를 이술한잔자
부시면 만수무강하오리다
우리한번도라가면 누라한잔먹자하리 사라ᄉᆡᆼ젼먹사이다
당명왕의양귀비도 죽어지면허사로다 살아ᄉᆡᆼ젼노사이다

약산동ᄃᆡ어지러진바우 꼿즐썩거수를 노며 무궁무진자부시오
명사십니ᄒᆡ당화야 꼿진다셜려마라 명년삼월도라오면 너는 다시피
려니와
권군종일명정취하소 주부도유령분상토하니 사라ᄉᆡᆼ젼노사이다
그ᄃᆡ황하수아니본가 분누동ᄒᆡ불부화라 고당명경에 ᄇᆡᆨ발을 버셔 조
여 쳥사모셩셔를 오동츄야발근달에 님ᄉᆡᆼ각이ᄉᆡ로워라
가련하다 우리인ᄉᆡᆼ이 뿌리업슨평초라 홍안ᄇᆡᆨ발이절로오니 근들안
이셜을손냐

<時大 3526> 잡으시요 잡으시요 이 슐 ᄒᆞᆫ잔 잡우시오
이 슐이 슐이 아니라 한무뎨 승로반에 이슬 밧은 거시오니
이슐 ᄒᆞᆫ잔 잡으시면 쳔만년을 ᄉᆞ오리다.

<時大 2691> 藥山 東臺 여지러닌 바위 꼿슬 썩어 籌를 노며 無盡無盡 먹ᄉᆞ이다

<時大 4519> 寒松亭 자긴솔 버혀 죠고만 ᄇᆡ 무어(後略)
그 외에도 휘모리 잡가 <孔明歌>와 <時大 352>·<時大 353>, <긴방에타령>과 <時大 3798>, <關山戎馬>와 <時大 4388>, 휘모리 잡가 <생매잡어>와 <時大 2177>·<時大 2178>도 이 경우에 해당한다.

人生 한번 도라가면 다시 오기 어려워라 勸ᄒᆞᆯ적에 잡으시요 百年假使人人壽라도 憂樂을 中分未百年을 勸ᄒᆞᆯ 머듸 잡우시요 羽曰壯士 鴻門樊噲 斗卮酒를 能飮하되 이 슐 ᄒᆞᆫ 잔 못 먹엇네

勸ᄒᆞᆯ적에 잡으시요 勸君更進一杯酒ᄒᆞ니 西出陽關無故人을 勸ᄒᆞᆯ 머듸 잡으시오.

위의 <勸酒歌>는 조선시대 12歌詞의 하나이며 작자·연대를 알 수 없는 작품이다. 인생의 덧없음을 한탄하며 죽어지면 못 마시는 술을 생전에 원 없이 마시며 즐겨보자는 내용을 담고 있다. 현재 구가와 신가 2종류가 있으며, 곡조는 같으나 사설은 조금 다르다. 그런데 이 작품 속에는 장시조 두 편이 엮어져 있다. <時大 3526>은 장시조로 권주가의 성격을 띠고 있는 작품인데 <勸酒歌>의 도입부에 삽입되었다. 다만 중장과 종장이 바뀌어 있을 뿐 내용이 그대로 삽입되었다. 다음의 <時大 2691>도 권주가의 성격을 띠고 있는 작품으로 <勸酒歌>의 '약산동ᄃᆡ어지러진바우 ᄭᅩᆺ즐썩거 수를 노며 무궁무진 자부시오'와 표기만 다를 뿐 내용이 일치한다. 이 밖에도 여러 작품을 엮어 놓은 것[33]이 더 보이는데 이는 두 장르의 수수관계가 있었음을 의미하는 것이라 하겠다.

---

33) <육자배기> (前略) 식벽 셔리 찬 바람에 울고 가ᄂᆞᆫ 져 기력아 너 가ᄂᆞᆫ 길에 ᄂᆡ 한말 전하여라 한양 즁 드러가셔 그리든 벗님에게 전하야 쥬렴 (中略) 청츈소년들아 늙으니 망녕 웃지마라 우리도 소년힝낙이 어제런듯(中略) 벽사창이 얼닌키로 님이 온가 나셔 보니 님은 정녕 아니오고 하날에셔 봉황이 나려와셔 춤만 츈다 (後略)

<時大 1765> 碧紗窓이 어른어른커ᄂᆞᆯ 님만 너겨 나가 보니 님은 아니 오고 明月이 滿庭ᄒᆞᆫ듸 碧梧桐 져즌 닙헤 鳳凰이 ᄂᆞ려와 깃 다듬ᄂᆞᆫ 그림재로다 모쳐라 밤일싀만정 ᄂᆞᆷ 우일 번 ᄒᆞ괘라.

<時大 2628> 아흔 아홉 곱 머근 老丈 濁酒 걸러 醉케 먹고 납죡 도라 ᄒᆞᆫ 길로 이리로 뷧독져리로 뷧쳑 뷕독뷕쳑 뷔거를 젹의 웃지마라 져 靑春少年 아ᄒᆡ놈들아 우리도 少年적 ᄆᆞ음이 어제론듯 ᄒᆞ여라.

<時大 2156> 사벽달 셔리치고 지싀는 밤에 짝를 닐코 울고 가는 기러기야 너 가는 길에 정든 임 니별ᄒᆞ고 참아 그리워 못 살네라고 젼ᄒᆞ야 쥬렴 쎠단니다 마흠 나는 ᄃᆡ로 젼ᄒᆞ야 쥽셰.

세 번째로 전체의 내용이 혼효한 경우이다.

<春眠曲> 春眠을 느즉 끼여 竹窓을 半開하고 庭花는 灼灼한듸 가는 나븨 머무는 듯 岸柳는 依倚하야 셩근 닉을 씌엿셔라 窓前에 덜괸술을 二三盃마신 후에 浩蕩코 밋친 홍을 부졀없시 자아닉야 白馬金鞭으로 冶遊院 차자가니 花香은 襲衣하고 月色은 滿庭한듸 狂客인지 醉客인지 홍을 게워 머무는 듯 徘徊顧面하고 有情히 셧노라니 翠瓦朱欄 놉흔 집에 綠衣紅裳 一美人이 紗窓을 半開하고 玉顔을 잠간 들어 웃는 듯 반기는 듯.

<時大 4201> 春眠을 느즛 깨여 竹窓을 열고 보니

庭花는 작작하야 가는 나븨 머무르고 岸柳는 依依하야 성긴 내를 씌윗세라 호탕한 밋친 홍을 부지럽시 자어내어 白馬金鞭으로 야유원 차자가니 花香은 襲衣하고 月色은 滿庭한듸 醉客인 듯 狂客인 듯 徘徊顧俛하야 홍이 겨워 머무는 듯 有情히 섯노라니 翠瓦朱欄 놉푼 집의 綠衣紅裳 一美人이 紗窓을 반만 열고 옥안을 잠간 들고 輝煌月 夜三更의 輾轉反側 잠 못 일워 太古風便 오는 任 만나 積年 기루던 회포 반이나 머이룰너니 枕頭에 저 실솔이 不勝失呂之嘆ᄒᆞ야 귀똘 귀똘 우는 소래 놀나 깨우니 겻헤 任은 간 곳 읍고 任 잡엇든 손으로 귀똘이만 때릴 뜻이 쥐여 잇다

야속타 저 귀똘이 너도 짝을 일코 울 냥이면 네나 혼자 울 닐이지 남의 단잠을 깨우느냐.

<春眠曲> 역시 조선시대 12歌詞의 하나로 작가·연대를 알 수 없는 작품이다. 현재 『青丘永言』·『協律大成』 등에 사설이 전하며, 『三竹琴譜』에 거문고보로, 『一蓑琴譜』에 양금보로 악보가 전하고 있다. 작품의 내용은 임을 잃은 괴로운 심정을 기생집에서 춘흥에 빠져 괴로움을 잊어버리려는 심정을 담고 있다. 전체적으로 향락적인 내용을 담고 있으나 정감이 넘치며, 조선시대 잡가 중 우수한 작품으로 평가 받고 있다. <時大 4201>은 장시조로 종장은 새로운 내용이 추가 되었지만 초장과 중장의 중반부가 <春眠曲>의 가사와 거의 일치하고 있다. 따라서 두 작품 간의 가사가 혼효되고 있음을 확인 할

수 있다.

<楚漢歌> 원문에 월흑ᄒᆞ니 수운이 젹막ᄒᆞ다 초픽왕은 초를 장찻 일탄말가 력발산도 쓸ᄃᆡ 업고 긔긔셰도 ᄒᆞᆯ일 업다 칼 집고 니러나니 ᄉᆞ면이 초가로다 우혜혜혜 닉약하오 닌들 너를 어이ᄒᆞ리 삼보에 쥬져ᄒᆞ고 오보에 쳬읍ᄒᆞ니 삼군이 흐터지고 마음이 산란ᄒᆞ다 평싱에 원ᄒᆞ기를 금고를 울니면셔 강동으로 가죗더니 불의에 픽망ᄒᆞ니 엇지 다시 낫츨 들고 부모님을 다시 보며 강동 ᄉᆞ람 어이보나

<時大 3123> 轅門에 月黑ᄒᆞ니 愁雲이 寂寞可憐타 楚覇王은 천하를 일탄말가 力拔山도 쓸데 없고 氣蓋世도 할 일 없이 칼 집고 일어스니 四面이 楚歌로다

虞兮우혜 奈若何오 時不利兮追不逝라 三步에 주저ᄒᆞ고 五步에 涕泣ᄒᆞ니 心神도 산난하다 평생에 뜻하기를 金鼓를 울리면서 還歸故國 하잿더니

不遇에 敗亡하니 天之亡我요 非傳之罪로다 무삼 면목으로 吳江를 다시 건너 江東 父老를 對面하리.

<楚漢歌>가 역시 서도잡가의 하나로 작자와 연대를 알 수 없는 작품이다. 楚・漢의 두 나라가 패권을 다툰 역사적 사실을 노래로 엮은 것으로, 韓信이 陣을 치는 모양과 楚覇王이 패하고 한탄하는 내용 등이 사실적으로 묘사되어 있다. <時大 3123>은 장시조로 <楚漢歌>의 내용과 표기에서 일부 표현이 다를 뿐 전체적으로 같은 내용을 담고 있다. 이를 통해 두 장르간의 수수관계가 있었음을 확인시켜주는 사례라 하겠다.

이처럼 장시조는 잡가와도 다양한 방식을 통해 수수관계를 유지하였음이 확인된다. 다만 장시조와 잡가는 내용상으로나 작자층으로나 동질의 성격을 보일뿐만 아니라 시기적으로도 그 성장과 발전의 시기가 유사하여 장르간의 선후관계를 명확히 할 수 없는 한계점을 보인다. 하지만 두 장르간의 혼효가 있었음은 부인할 수 없는 사실이다. 따라서 장시조는 잡가와 장르적 개방성을 보였음을 알 수 있다.

2. 敍事樣式의 開放的 實際

전통적 장르 이론에서 서정양식과 서사양식은 정서의 체험 영역과 그 서술 방식에서 변별적 특성을 보여준다. 때문에 장르가 지니고 있는 속성과 시대적 분위기상 조선전기의 문학은 서정양식이 압도적 우위를 차지하고 있었다. 그러나 조선후기로 접어들면서 문학 장르의 판도는 서서히 재편되는 양상을 보인다. 즉 근대적 시민의식의 성장은 자연스럽게 산문정신으로 발현되고 이에 따라 서사양식이 급속도로 발전하는 모습을 보여주는 것이다. 이러한 연장선상에서 서정양식인 장시조에도 서사성이 나타나고 있어 주목된다. 장시조를 '이야기가 있는 시가'[34]라고까지 말하는 것은 그러한 속성을 잘 대변해주는 것이다.

하지만 기존 논의에서 장시조에 나타난 서사양식을 고소설로 한정하여 논의하는 한계를 보여 왔다. 따라서 여기서는 서사양식의 영역을 확대하여 고소설을 비롯하여 고사와 설화 등 서사성을 띠고 있는 하위 장르들과의 비교를 통해 장르적 개방의 실제를 밝혀보도록 하겠다.

1) 古小說의 活用

서사양식의 대표적 장르라고 할 수 있는 소설은 일정한 이야기가 내포된 서술구조[35]를 갖는다. 이러한 소설이 조선후기 담화 방식의 변화와 연행을 바탕으로 시조와 장르적 교섭을 이루게 된 것에 대해서는 잘 알고 있는 바이다. 또한 초기 가집인 珍本 『靑丘永言』(1728)이 모습을 드러낸 후 지금까지 시조와 소설과의 장르 교섭을 보여주는 작품으로는 100여 수가[36] 확인된다. 이중 조선후기 서사문학의 대중성을 확보하는데 지대한 영향을 주었던 <三

34) 박철희(1980), 『韓國詩史硏究』, 일조각, 69쪽.

35) 조남현(1985), 『小說原論』, 고려원, 205쪽.

36) 김용찬(1991), 앞의 논문.

國志演義>의 내용을 활용한 것이 절대적 우위를 차지하고 있으며, 그 외에 중국소설로는 <西遊記>·<西廂記> 등이 일부 확인되고 있다. 한편 한국소설로는 <淑香傳>·<沈淸傳>·<九雲夢>·<天君衍義>·<春香傳> 등에서 그러한 양상이 나타난다. 따라서 장시조에 활용된 양상을 중국소설과 한국소설로 나누어 장르적 개방의 실제를 확인해 보도록 하겠다.

(1) 中國小說

장시조에 나타난 중국소설의 활용은 앞에서도 살핀 바와 같이 대부분 <三國志演義>의 내용이며 <西遊記>가 2수, <西廂記>가 1수[37] 있을 뿐이다. 먼저 <三國志演義>를 활용한 장시조는 총 22수[38]로 그 양상을 분류하면, 작품 속의 인물에 대한 평가와 인물과 관련한 소설의 일부 사건을 활용한 것으로 구분할 수 있다. 특히 소설 속의 인물을 평가한 것은 작품 속의 사건을 활용하기보다는 작품 속에 등장하는 인물에 대한 전체적 평가를 수용하여 장시조화 한 것이라 할 수 있다.

우선 소설 속의 인물을 평가한 것을 보면, 잘 알고 있는 바와 같이 <三國志演義>에 많은 인물들이 등장하지만 장시조에 활용된 인물들은 제갈량·조자룡·관우·유비·조조·장비 등에 한정되어 나타난다. 몇 작품을 통해 그 활용의 양상을 확인해 보도록 하겠다.

<時大 4535> 한죵실 뉴황슉이 죠ᄆᆡᆼ덕 잡으려고 한즁에 진을 치되
좌청룡 관셩뎨군 우ᄇᆡᆨ호 장익덕과 남쥬작 됴ᄌᆞ룡이며 북현무
마ᄆᆡᆼ긔라 그 가온ᄃᆡ 황한승이 황금갑옷 봉투구 쓰고 팔척 장검

---

37) <時大 2990>.

38) 이는 논자의 관점에 따라 다르게 분류될 수 있는데, 진수의 <三國志>를 수용한 것으로 본다면 고사의 수용이고 나관중의 <三國志演義>를 수용한 것으로 본다면 소설의 수용이라고 할 수 있다. 필자는 등장인물의 이야기를 중심으로 수용된 것을 소설로 분류하였다. 해당 작품은 <時大> 352, 353, 386, 731, 1166, 1192, 1532, 2071, 3011, 3504, 3558, 3565, 3595, 3596, 3597, 3598, 3693, 3781, 4534, 4535, 4552, 5437.

눈 우에 번뜻 드러 긔치 창검은 일광을 희롱ᄒᆞ고 금고 함셩은 천지에 진동ᄒᆞᆯ 졔 됴됴의 ᄇᆡᆨ만 ᄃᆡ병 졔 어히 살아가리
아마도 ᄉᆞᆷ분 쳔하 분분ᄒᆞᆫ 즁에 신긔ᄒᆞᆫ 모ᄉᆞᄂᆞᆫ 와룡션ᄉᆡᆼ.

<時大 4535>은 삼국시대 촉한의 정치가 겸 전략가인 제갈공명의 신출귀몰한 지략을 노래한 것이다. 우리에게는 제갈량이나 와룡선생 등으로 잘 알려진 인물이다. 작가는 초장과 중장에 소설 속의 명장들의 활약을 노래하고 있으나 조조의 백만대군이 관우·장비·조자룡·황한승 등의 명장들에게 패한 것은 모두 제갈공명의 지략에서 나온 것으로 결국 제갈공명의 높은 지략을 높이 평가한 작품이라고 할 수 있다.

<時大 1532> 文讀春秋 左氏傳이요 武習兵書 孫武子ㅣ로다
머리에 金冠이요 몸에 綠袍銀甲이요 坐下에 赤兎飛로다 三角鬚를 ᄒᆞᆺ붓치며 臥蠶을 거스리고 鳳目은 부릅쓰고 靑龍이 飜뜻ᄒᆞ며 賊頭ㅣ 秋風落葉이로다
千古에 忠膽義肝은 壽亭侯關公이신가 ᄒᆞ노라.

<時大 3596> 赤壁水下 死地ᄅᆞᆯ 僅免ᄒᆞᆫ 曹孟德이
華容道에 다다라 壽亭侯ᄅᆞᆯ 만나 鳳目 龍劍으로 秋霜 ᄀᆞ튼 號令에 草露奸雄이 어이 臥席終身을 바라리오마ᄂᆞᆫ
千古에 關公은 義將이라 녜 義ᄅᆞᆯ 生覺ᄒᆞ샤 義釋曹操 ᄒᆞ시다.

위 두 작품은 관우를 노래한 작품이다. 관우는 중국 삼국시대 촉(蜀)나라의 무장(武將)으로 유비·장비와 의형제를 맺고 평생 그 義를 저버리지 않았던 사람이다. 소설 <三國志演義>에서 충신의 전형으로 등장하고 있으며, 宋代 이후로 중국 민중의 신앙이 되기도 한 인물이다. <時大 1532>는 관우의 용모와 활약을 다양한 비유를 통해 묘사한 다음 그를 천고의 忠膽義肝으로 평가하고 있다. <時大 3596>도 적벽대전에 있었던 조조와의 사건을 통해 관운장의 인물됨을 평가하고 있는 작품이다. 사건의 내용은 조조가 제갈량의 지략

에 대패하고 간신히 죽음을 면하여 패주하다가 관우를 만났으나 그 옛날 조조에게 의탁하여 후대를 받았던 일을 잊지 않고 조조를 놓아주었다는 것이다. 이를 통해 작자는 관우가 의리를 아는 義將임을 노래하고 있다. 즉 관운장의 인물됨을 평가하고 있는 것이라 하겠다.

<時大 3558> 將師ㅣ 將師ㅣ 라 ᄒᆞ되 趙子龍 갓튼 將師ㅣ 업다
　金鎖陣 魚腹浦를 舍廊 出入ᄒᆞ 듯 浙江에 썻는 비예 ᄒᆞᆫ 번 쒸여
나라 올나 青紅劍 飜뜻 ᄒᆞ며 朱宣의 머리 업다 幼主를 아ᄉᆞ 오고
七星壇 바람 숫티 一葉 片舟에 諸丞相 싯고 갈 제 徐盛이 ᄯᆞ로거
늘 一箭으로 쏘와 돗 줄 숫느 니는 千萬古에 ᄒᆞ나히로다
　암아도 이 將師 너옵씨는 劉皇叔의 搔癢子ㅣ가 ᄒᆞ노라.

<時大 3505> 子龍아 말 ᄒᆞᆫ부로 노코 槍 쓰지 마라
　曹操의 十萬 大兵이 물끌 텃ᄒᆞᆫ다 東將을 얼너 西將을 베이고 南
將을 얼너 北將의 머리를 덩그러케 베히나니
　아마도 三國 名將은 趙子龍인가.

<三國志演義>에서 빼놓을 수 없는 사람이 조자룡이다. 그는 유비를 도와 蜀漢을 건국하는 데 큰 공을 세운 장군이다. 상산 출신이기 때문에 상산 조자룡이라고도 부르며, 신장이 8척이나 되고 자태나 안색이 웅장하고 위엄이 있었다고 한다. <時大 3558>은 『時調衍義』에 수록된 임중환의 作으로 조자룡의 용맹으로 유비의 근심을 덜어 주는 인물로 평가하고 있으며, <時大 3505>는 조조의 십만대군과 맞서 사방의 장수들을 모두 죽인 용맹함을 노래하고 있다. 이처럼 장시조에는 조자룡의 용맹을 평가한 것이 대부분이다.

다음은 인물과 관련한 사건을 활용한 경우이다.

<時大 65> 각셜 현덕이 관공 장비 거나리시고
　졔갈냥 보랴고 와룡강 건너 와룡산 너머 남양 싸를 다다라셔 시문
을 두다리이니 동지 나와 엿쯉는 말이 션싱임이 뒤 쵸당의 잠드러
게오

동자야 네 선싱 ᄭᅵ시거든 뉴관장 삼인이 왓뜻라고 엿쥬어라.

<時大 64> 却說이라 玄德이 檀溪 것너 갈 제 的盧馬ㅣ야 날 술려라
압폐는 긴江이오 뒤헤 ᄯᆞ로느니 蔡冒ㅣ로다
어듸셔 常山 趙子龍은 날 못 ᄎᆞ저 ᄒᆞ느니.

<時大 65>는 유비가 관우와 장비를 데리고 제갈량을 만나기 위해 세 번이나 찾아 갔던 사건을 작품화 한 것이다. 우선 작품 초장에 화제를 바꿀 때 사용되는 상투어인 '각설'이 사용된 것만으로도 이 작품이 소설의 내용을 수용하였음을 확인시켜 준다. 이는 장시조 속에 '三顧草廬'의 내용을 수용한 것이다. <時大 64>도 초장에 '却說'이 사용되어 소설을 활용했음을 알 수 있으며, 작품의 내용은 유비가 蔡冒에게 쫓겼던 사건을 내용으로 하고 있다. 즉 유비와 관련된 소설 속의 사건들을 수용한 것이다.

<時大 353> 공명이 갈건 야복 남병산 상상봉에 올라
칠셩단 도두 뭇고 하ᄂᆞ님 젼의 비ᄂᆞ이다 동남풍 빌어낸지 삼일만에 졍긔 황긔ᄂᆞᆫ 셔북으로 펄펄 날아셔 셩셩 뎡봉의 니마 눈썹을 근질너 내니 뎡봉이 필마 단긔로 남병산 샹샹봉에 올나 셰셔 보니 다만 잇ᄂᆞᆫ 거슨 동ᄌᆞ 뿐이라 야야 동ᄌᆞ야 너희 션싱이 계신가 보아라 그 동ᄌᆞ ᄃᆡ답ᄒᆞ되 우리 션싱님은 앗가 단하로 ᄂᆡ려 갓ᄉᆞ오니 쇼동은 아지 못ᄒᆞᄂᆞ이다 뎡봉이 분긔를 춤지 못ᄒᆞ여 필마 단창으로 남병산 ᄂᆡ려 강변을 당도ᄒᆞ니 다만 잇ᄂᆞᆫ 군ᄉᆞᄂᆞᆫ 슈군 장졸뿐이로다 이야 슈군 장졸아 이지 공명이 일노 ᄂᆡ려 왓스니 네가 간 곳을 ᄌᆞ셰히 ᄃᆡ지 아니 ᄒᆞ면 내 ᄒᆞᆫ 창에 잔명을 보젼치 못 ᄒᆞᆯ 터이니 네 빨리 ᄃᆡ여라 그 군ᄉᆞ ᄒᆞᄂᆞᆫ 말이 이지 공명 션싱이 발 싯고 산발ᄒᆞ여 일엽 쇼션 타고 강샹으로 둥둥 ᄯᅥ나 갓ᄂᆞ이다 셔셩은 륙디로 ᄯᆞ르며 뎡봉은 ᄇᆡ를 타고 ᄯᆞ를 즈음에 압헤 가ᄂᆞᆫ 져긔 져 ᄇᆡ야 그 ᄇᆡ에 공명이 ᄐᆞᆺ거든 거긔 잠간 닷 노와라 ᄌᆞ룡이 내다보니 좃ᄎᆞ오ᄂᆞᆫ 쟝슈ᄂᆞᆫ 뎡봉이라 ᄌᆞ룡이 텰궁에 왜젼을 먹여 좌궁을 쏘ᄌᆞᄒᆞ니 우궁으로 졋고 우궁을 쏘ᄌᆞ ᄒᆞ니 좌궁으로 져즐가 ᄌᆞᆸ 압ᄒᆞᆯ 놀가 ᄌᆞᆸ 뒤를 놀가 망셜이다가 ᄶᅡᆨ지 손을 진듯 발마 노으니 비거공즁에 번

ᄀᆡ ᄀᆞᆺ치 ᄀᆞᄂᆞᆫ 살이 뎡봉탄 ᄇᆡ 돗ᄃᆡ 중동을 와ᄌᆞ직근 맛쳐 부러치니
　ᄇᆡᆺ머리 빙빙 돌아 갈 제 비ᄂᆞ이다 비ᄂᆞ이다 공명과 ᄌᆞ룡은 텬위
탄 쟝슈요 셔셩과 뎡봉은 다만 제 분긔 ᄲᅮᆫ이로다.

<時大 352> 공명이 갈건 야복으로 남병산 상봉에 올나
　칠셩단 모고 동남풍 빈 년후에 단하로 ᄂᆡ려가니
　ᄒᆡ중에 일엽 소션 타고 안져 기다리ᄂᆞᆫ 장사는 조자룡인가.

<時大 353>는 전체 작품이 소설로 이루어진 경우인데, 제갈공명이 조조를 치기 위해 남병산에 臺를 짓고 동남풍을 빌고 내려와 조자룡을 만나는 장면을 구체적으로 서술한 내용이다. <時大 352>도 앞의 사건을 담고 있다는 점에서는 유사하지만 핵심적 내용만을 압축하여 노래하고 있다는 점에서 소설의 내용을 요약하여 형상화한 것이라 하겠다.

위에 인용된 장시조는 모두 중국소설인 <三國志演義>의 내용을 수용한 것이다. 이러한 <三國志演義>는 고소설을 비롯하여 한국시조사에도 지대한 영향을 끼쳤는데, 특히 장시조에 많은 영향을 주었다. <三國志演義>의 내용을 장시조화한 경우는 제갈량·관우·조자룡 등 몇몇 인물에 집중되고 있다. 이러한 현상은 각 인물들의 지략과 인물됨을 형상화한 것으로 남성 영웅을 지향했기 때문이라 하겠다. 한편으로는 <三國志演義>가 조선후기에 대중성을 확보했기 때문에 수용이 그만큼 쉬웠을 것으로 본다. 많은 작품들이 수용된 것은 이를 말해 주는 것[39]이라 할 수 있다.

그 외 중국소설을 활용한 것으로 <西遊記>를 들 수 있는데 <三國志演義>에 비해 차용의 빈도가 낮다. 장시조에 활용된 작품은 단 두 수뿐이다.

<時大 4644> 花果山 水簾洞中에 千年 묵은 ᄌᆞᆫ납이 나셔
　神通이 거룩ᄒᆞ여 龍宮에 作亂ᄒᆞ고 神鎭鐵 어든 後에 大鬧 天宮
　ᄐᆞ가 玉帝게 得罪ᄒᆞ여 五行山에 지즐엿다가 부텨님 警戒로 發願

39) <三國志演義>를 활용한 작품은 <時大> 352, 353, 386, 731, 1166, 1192, 1532, 2071, 3011, 3504, 3558, 3565, 3595, 3596, 3597, 3598, 3693, 3781, 4534, 4535, 4552, 5437.

濟衆ᄒᆞᄂᆞᆫ 金線子의 弟子 되여 八戒沙僧 거느리고 西域에 드러갈 제 萬水千山이 十萬 八千里라 妖蘖을 掃淸ᄒᆞ고 大雷音寺 드러가셔 八萬大藏經을 다 너여 오단 말가
아마도 非人非鬼 亦非仙은 孫悟空인가 ᄒᆞ노라.

<時大 1930> 非龍非彲 非熊非羆 非虎非貔는 渭水之陽 姜呂尙이요
非人非鬼 赤非仙은 水簾洞中 孫悟空이로다
이 中에 非眞似眞 似狂非狂은 花谷 老歌齋ㄴ가 ᄒᆞ노라.

<時大 4644>과 <時大 1930>는 중국소설인 <西遊記>의 일부 내용을 수용하여 장시조화 한 김수장의 作이다. <西遊記>는 중국 명나라의 장편 신괴(神怪) 소설이며 오승은(吳承恩)의 작품이다. <時大 4644>는 <西遊記>의 전체적인 줄거리를 요약하여 장시조로 활용한 경우이다. 반면 종장에서는 사람도 아니고 귀신도 아니고 역시 신선도 아닌 것은 손오공뿐이라고 종결짓고 있다. 그러나 작자 김수장이 <西遊記>의 내용을 수용한 것은 결국 다음 작품에서 근본적인 이유가 밝혀진다. <時大 1930>은 손오공의 출생에 대한 내용을 담고 있는데 내용을 보면 여상이 낚시질을 하다가 주나라에 이르렀을 때에, 주문왕이 사냥을 하기 위해 점을 치니 용도 아니고 곰이나 호랑이도 아닌 것을 잡을 것이니 이는 왕을 보좌할 사람이라는 내용으로 강태공이 사람도 아니고 귀신도 아니나 신선도 아닌 손오공과 동격으로 비유된다. 그러나 결국 작자는 종장에서 그러한 손오공과 강태공보다 더욱 신이하고 재주 많은 인물이 자신이라고 말하고 있다.

이로써 장시조는 대중성을 확보하고 있는 <三國志演義>를 비롯한 중국작품을 다양한 방식으로 활용하면서 장르적 개방성을 보였음을 확인할 수 있었다.

(2) 韓國小說

장시조에 활용된 한국소설은 <淑香傳>·<沈淸傳>·<春香傳>·<九雲

夢>·<天君衍義> 등을 들 수 있다. 장시조에 활용된 양상은 전체 내용을 줄거리 격으로 요약·정리한 경우와 작품의 일부를 수용한 경우로 구분할 수 있다. 이를 작품을 통해 확인해 보도록 하겠다.

먼저 작품의 내용을 요약 및 정리한 경우이다.

<時大 3965> 天下 名山 五嶽之中에 衡山이 죠토던지
　六觀大師ㅣ 說法 濟衆ᄒᆞᆯ 제 샹지 中 靈通者로 龍宮에 奉命ᄒᆞᆯ 제 石橋上에 八仙女 만나 戱弄ᄒᆞᆫ 罪로 幻生人間ᄒᆞ여 龍門에 놉피 올나 出將入相 ᄐᆞ가 大師堂 도라들 제 窈窕絶代들이 左右에 버러시니 蘭陽公主 鄭瓊貝며 賈春雲 秦彩鳳과 桂蟾月 狄驚鴻 沈梟烟 白菱波로 晝夜에 노니다가 山鍾一聲의 자던 꿈을 다ᄭᆡ거다
　아마도 富貴功名이 이러ᄒᆞᆫ가 ᄒᆞ노라.

<時大 3965>는 김만중의 <九雲夢>을 凝縮하여 초장과 중장에 활용함으로써 작품의 내용을 효과적으로 전달하고자 하였으며, 종장에서는 인간의 부귀공명의 부질없음을 주제 격으로 제시함으로써 작가의 시상이 집약되도록 했다. 소설을 장시조화 하여 부르면 자신을 성진 또는 팔선녀와 동일시하여 공감을 얻을 수 있는 강점이 있다.[40] 실제로 공감된 내용을 구독보다 응축된 장시조에 얹어 부르면 그 효과가 배가될 수 있었을 것이다.

다음은 작품의 일부 사건이나 내용을 수용한 경우이다.

<時大 3883> 天君이 嚇怒ᄒᆞ샤 愁城을 치오실시
　大元師 懽伯 將軍 佐幕은 青州ㅣ從事 阮步兵 前驅ᄒᆞ야 李太白 草檄ᄒᆞ여 琉璃鍾 琥珀瓏은 先鋒 掩襲ᄒᆞ고 舒州ᄉ 力士鐺은 挾擊大破ᄒᆞ여 糟邱臺에 올ᄂᆞ 안져 伯倫으로 頌德ᄒᆞ고 月捷을 星馳ᄒᆞ여 告厥成功ᄒᆞ온 後에
　그제야 耳熱舞蹈ᄒᆞ여 鼓角을 셧거 부러 伯業難 守城難 守城難 又難 凱歌歸ᄅᆞᆯ ᄒᆞ리라.

40) 조동일(1998), 앞의 책, 120-121쪽.

<時大 3308> 李仙이 집을 반ᄒᆞ여 나귀 목에 돈을 걸고
　天台山 層巖 絶壁을 너머 방울싀 삿기 치고 鸞鳳 孔雀이 넘ᄂᆞᆫ 곳에 樵夫ᄅᆞᆯ 맛나 麻姑할뮈 집이 어듸메니
　져 건너 彩雲 어린 곳에 數間 茅屋 ᄃᆡᄉᆞ립 밧게 靑삽ᄡᆞ리 더려 무르시쇼.

<時大 4189> 秋月은 滿庭ᄒᆞ야 산호 주렴 비치일 제
　청천의 기러기 높이 떠 올고 가니 심황후 반겨 듯고 기럭아 니 왓느냐 소중낭 북해상에 편지 전튼 기럭이냐 도화동 가거들랑 불상한 우리 부친전에 편지 한 장 전해다고 문을 열고 내다보니
　기럭이 간 곳이 업고 창낭한 우름 박게 별과 달만 발것으니 내의 심사 둘 곳 없다.

<時大 3883>은 조선 중기 인조 때의 문신 菊堂 鄭泰齊가 지은 <天君衍義>를 활용한 것으로, 인간의 마음이 五官 七情의 유혹으로 타락하여 주색에 빠졌다가 改悟하고 본래의 착한 마음으로 돌아갔다는 내용을 담고 있다. 장시조는 이 작품의 교훈적인 내용 중 일부를 활용하여 장시조한 것이다. <時大 3308>은 조선후기 작자 미상의 고소설인 <淑香傳>의 일부를 활용한 것으로 작자는 김수장이다. 위에서 인용한 작품은 숙향이 장정승의 집을 나와 천태산의 마고할미 집에서 술 팔던 일을 장시조에 활용한 것이다. 작품 속에서 숙향이 겪은 고난의 과정은 당대 백성들의 생활고를 반영한 것으로, 당대에 광범위한 독자층을 확보하고 있었던 것을 활용한 것[41]이라 하겠다. 작자는 이렇게 대중성을 확보하고 있는 작품을 활용하여 고난을 극복하면 사랑과 행복을 성취할 수 있음을 노래한 것이다. <時大 4189>는 <沈淸傳>의 일부 내용을 장시조화한 것이다. 장시조에 활용한 부분은 심청이 심황후가 되어 아버지를 그리워하는 내용이다. 이 작품이 장시조로 활용된 것은 유교적 관점에서 효를 강조한 교훈적인 내용을 담고 있었기 때문이다. 그 외 <春香傳>은 작품의 내용과는 별개로 춘향의 이름만 작품 속에 활용된 경우도 있다.[42]

41) 조동일(1998), 앞의 책, 528쪽.

이를 통해 조선후기 동일한 수용층을 갖고 있었던 고소설과 장시조는 공생의 관계에 있었으며, 장르적 개방을 통해 대중화를 꾀했다고 할 수 있다.

2) 故事의 插入

장시조는 역사적으로 유명한 사건이나 성현재사와 영웅호걸들의 일화, 또는 그러한 사실적 기록들을 소재로 한 것이 많다. 하지만 중국고사를 소재로 한 것이 대부분인데, 구체적으로 삼황오제의 시대부터 역사적으로 주요한 인물이 삽입의 대상이 되었다.[43] 그 중 가장 많이 삽입된 것은 항우와 관련된 것이고, 이백이 그 뒤를 잇고 있다.

고사의 삽입은 역사적 인물과 사건을 통해 작자의 시상과 주제의식을 강조하고 구체화시키기 위한 수단이다. 그렇지만 앞에서 살핀 고소설의 활용과는 그 양상을 달리 한다. 고소설의 수용양상에서는 일부 내용을 활용하거나 요약했다면, 고사의 삽입은 역사적 사건이나 인물을 삽입하여 작자의 시상을 구체화했다는 점에서 주목할 만하다. 또한 장시조에 나타난 고사가 시기적으로 소급될 수 있어 시조문학의 출발을 가늠하는 데도 도움이 된다.[44] 따라서 이러한 고사를 고소설과의 수용이나 교섭만을 논의하는 것은 장시조의 통시성을 감안할 때 재고되어야 한다.

장시조에 나타난 고사의 삽입은 크게 두 가지 양상으로 정리될 수 있는데, 첫째는 중국고사를 삽입한 경우이고, 둘째는 한국고사를 삽입한 경우이다. 이러한 수용의 양상을 작품을 통해 확인해 보겠다.

---

42) <時大 3746>.

43) 고사와 관련하여 삽입된 대표적인 인물로는 요순・기자・항우・유방・관우・제갈량・공명로・자운정・동방삭・서문표・남궁활・붕국무・사마상여・범려・맹상군・백낙천・소식・조조・두목・이백・장계・두보・한유・여상・도연명・고참리・형가・항장・이릉・소광・무제・진시황・주유・신릉군 등이 있다.

44) 이재수(1956), 「韓國小說 發達段階에 있어서 中國小說의 影響」, 『論文集』 第1輯, 경북대학교.

(1) 中國故事

장시조에 삽입된 중국고사는 총 59수인데 대부분 인물을 중심으로 나타난다. 그 삽입의 양상을 보면 먼저 인물과 관련한 사건을 삽입한 것과, 인물에 대한 평가로 구분해 볼 수 있다. 하지만 작품에 삽입된 것은 인물과 관련한 사건이 대부분을 차지하고 있다. 그러나 삽입양상의 측면에서 본다면 그 외의 양상도 그 나름의 평가가 필요하므로 구분하여 살피고자 한다.

먼저 인물과 관련한 고사를 삽입한 경우이다.

<時大 2574> 十面 埋伏 설이 치고 둘 밝은 밤의
起飮帳中 別虞姬ᄒᆞ고 鐵鞭을 놉히 들고 喑啞叱咤ᄒᆞᆫ이 烏騅馬 ᄂᆞ는 곳에 漢兵이 草芥로다
암아도 千不當 萬不當은 楚伯王이신가 ᄒᆞ노라.

<時大 2574>는 『靑丘歌謠』에 수록된 朴文郁의 作으로 항우가 '起飮帳中別虞姬'로 漢軍에게 포위되었을 때, 장중에서 일어나 술을 마시고 愛婢인 우미인과 이별한 고사를 삽입하였다. 즉 항우가 漢軍에 포위되어 어쩔 수 없는 상황을 노래하고 있는 것이다.

<時大 4327> 太白이 豪氣 잇는 者ㅣ레 天子呼來 不上船ᄒᆞ고
高力士 楊國으로 脫靴奉硯ᄒᆞ고 采石에 弄月ᄒᆞ다가 긴 고릐 타고 飛上天ᄒᆞ니
風塵에 位高金多를 草芥갓치 넉이들아.

위 작품은 김수장의 작으로 詩中天子로, 採石弄月하다가 捉月而死하여 騎鯨飛上天하였다는 靑蓮居士 이백의 故事[45]를 삽입한 것이다. 특히 '脫靴奉硯'은 당 현종이 이백을 아꼈는데 하루는 이백이 술에 취했을 때, 환관 고력사를 시켜 신을 벗기게 하고 양귀비로 하여금 필현을 바치게 했다는 고사가 삽

45) 『中國人名辭典』「李白」, 『唐書』「史要聚選」.

입되었다. 한편 이백과 관련된 고사 중 옥황상제 앞에서 『黃庭經』을 오독하여 하계에 적거하여 인간이 되었다는 ‘黃庭經 一字誤讀罪’과 관련된 고사는 한시와 가사를 수용한 작품에도 일부 삽입되었다.46)

<時大 3960> 千秋前 尊貴키야 孟嘗君만 ᄒᆞᆯ가마ᄂᆞᆫ 千秋後 寃痛ᄒᆞᆷ이 孟嘗君이 더옥 셟다
　食客이 적돗ᄃᆞᆫ가 名聲이 괴요ᄐᆞᆫ가 개 盜賊 ᄃᆞᆰ의 우름 人力으로 사라 나셔 말이 혀 주거지여 무덤 우ᄒᆡ 가싀나니 樵童牧竪들이 그 우ᄒᆞ로 것니며셔 슬픈 노래 ᄒᆞᆫ 曲調를 부르리라 혜여실가 雍門調 一曲琴에 孟嘗君의 한숨이 오로ᄂᆞᆫ 듯 ᄂᆞ리ᄂᆞᆫ 듯
　아ᄒᆡ야 거문고 청쳐라 사라선제 놀리라.

장시조에 삽입된 고사는 한 인물에 대한 하나의 고사를 삽입하여 형상화되는 것이 앞에서 본 바와 같다. 그러나 <時大 3960>은 맹상군과 관련한 고사로 한 인물에 대한 두 개의 고사를 삽입하여 장시조화한 것인데, 전반부는 사마천이 지은 『史記』卷 75, 「孟嘗君列傳」 第15에 수록되어 있는 맹상군에 관한 고사로 ‘개 盜賊 ᄃᆞᆰ의 우름’은 맹상군이 개처럼 진궁에 들어갔다가, 새벽에 진관을 나올 때에는 닭의 울음소리를 내어 관문을 열게 하고 나왔다는 고사가 삽입되었다. 이는 ‘鷄鳴狗盜’라는 故事成語까지 나올 정도로 유명하다. 후반부에 삽입된 고사는 『說苑』의 雍門周가 鼓琴하여 孟嘗君을 感動하게 했다던 雍門周 의 고사를 삽입한 것으로 이 두 고사가 중심이 되어 한 편의 장시조로 형상화되었다.

다음은 한편의 장시조 작품에 두 인물 이상의 고사가 함께 삽입된 경우이다.

46) <時大 2589> 아마도 豪放ᄒᆞᆫ은 靑蓮居士 李謫仙이로다 玉皇香案前에 黃庭經 一字 誤讀ᄒᆞᆫ 罪로 謫下 人間ᄒᆞ여 藏名酒肆ᄒᆞ고 采石에 弄月ᄒᆞ다가 긘고릐 타고 飛上天ᄒᆞ니 至今에 江南風月이 閑多年인가 ᄒᆞ노라.

<時大 2769> 어우화 벗님네야 壽夭長短을 恨치 마소
自古로 聖帝明皇과 賢人君子라도 天命을 ᄇᆞ라거놀 우읍다 秦始皇은 採藥童女 못온 前에 沙丘에 魂이 되고 허물며 漢武帝는 神仙을 求하다가 金丹에 病이 들어 漢南에 덥힌 威嚴이 武陵松柏 빗소릭로다
암아도 太平聖代에 無病無憂홀 쎄 醉코 놀짜 ᄒᆞ노라.

이 작품은 朴文郁의 작으로 萬里長城을 쌓고 焚書坑儒와 不老草를 구하기 위해 노력했던 英主이면서도 愚君이었던 秦始皇의 고사[47]와 神仙을 求하다가 金丹에 病이 들어 漢南에 덥힌 威嚴이 武陵松柏이 되었던 漢武帝의 고사를 삽입한 것이다. 작가는 '聖帝明皇'과 '賢人君子'도 천명을 바랬으나 모두 허사임을 말하고, 종장에서 無病無憂할 때 원 없이 노는 것이 현명하다고 역설하고 있다.

<時大 2000> 司馬遷의 鳴萬古 文章 王逸少의 掃千人 筆法
劉伶의 嗜酒와 杜牧之 好色은 百年從事ᄒᆞ면 一身兼備ᄒᆞ려니와
아마도 雙全키 어려울슨 大舜 曾參 孝와 龍逢 比干忠이로다.

<時大 2000>은 여러 명의 중국의 역사적 인물들의 고사[48]를 열거하여 만들어진 작품이다. 먼저 전한 시대의 역사가이며 문장가라고 잘 알려진 사마천, 천 사람을 물리칠 만한 필법을 갖고 있는 王逸少, 술을 즐겨 마셨던 劉伶, 평생 한 가지 일을 쫓은 杜牧之 등의 고사를 초장과 중장으로 삼았다. 그러나 이 인물들은 종장을 강조하기 위하여 삽입된 인물이며, 작가가 궁극적으로 말하고자 한 인물은 효를 대표하는 曾參과 충을 대표하는 龍逢과 比干이다. 증참은 순임금 시대의 인물로 후모의 학대에도 효성이 극진했다고 하며, 용봉은 紂의 暴虐을 諫하다가 죽은 忠臣이고 比干도 桀의 虐政을 諫하다

47) 『史記』「秦始皇本紀」·「封禪書」.
48) 『漢書』「朱雲傳」, 『中國人名辭典』.

가 죽은 忠臣이다. 작가는 충과 효의 중요성을 강조하기 위하여 이러한 역사적 인물들을 작품 속에 삽입하여 장시조화 하였다. 또한 충과 효를 한 작품 속에 담기 위하여 여러 인물들의 고사를 삽입하게 된 것이라 할 수 있다.

<時大 2101> 삼국적 와룡선싱이 도라가면 ᄉ륜거 백우션 남양 초당을 뉘를 밋기며
　한슈뎡후 관공님이 도라가시면 젹토마 쳥룡도 뉘를 밋기며 우람ᄒ신 쟝쟝군이 도라가시면 당팔사모란 창 뉘를 밋기며 진시황데 도라가시면 만리쟝셩 아방궁을 뉘게 젼ᄒ며 리빅이 긔경비샹텬 후에 강남 풍월을 뉘를 밋기며 쟝ᄉ방이가 도라가시면 계명산 옥퉁소 뉘를 밋기며 도연명이 도라가시면 오류촌을 누를 밋기며 백이숙졔 도라가신 후 슈양산을 뉘를 밋기며 소ᄌ첨이가 도라가시면 젹벽강슈를 뉘를 밋기며 태고 션싱이 도라가신 후 위수변 됴딕를 뉘를 밋기갓네
　우리 인싱이 이런 모양으로 놀다가 북망산 가게 되면 알들ᄒᆞᆫ 졍판을 뉘게 다 밋기잔 말가 젼ᄒᆞᆯ 곳 업고 밋길 곳 업서 나 엇지 하리.

<時大 2101>은 역사적 인물과 관련한 고사들을 열거하며 장시조화 되었다. 각각의 인물에 대표되는 장소나 물건들을 열거하며 그들의 죽음을 걱정하고 있다. 그러나 작가는 이러한 인물들의 죽음에 대한 안타까움보다는 궁극적으로 자신의 죽음에 대한 허무와 허탈을 노래하고 싶었던 것이다. 즉 이러한 역사적 인물들을 통해 삶에 대한 인생무상을 담고 있는 것이다. 결국 역사적 인물들의 삽입은 작가 자신의 시상을 강조하고 구체화하기 위해 삽입한 것이라 할 수 있다.

다음은 역사적 인물에 대해 평가한 경우이다. 전자가 인물과 관련한 직접적인 사건들을 삽입하여 장시조화 하였다면, 여기서는 그 인물의 전반적인 삶이나 인물됨에 대한 평가를 삽입한 것이라 할 수 있다.

<時大 1834> 부러진 활 것거진 퉁 샌 銅爐口 메고 怨ᄒ느니 黃帝 軒轅氏를

相奪與 아닌 前에 人心이 淳厚ᄒᆞ고 天下 太平ᄒᆞ여 一萬八千歲
사랏거든
엇더타 習用干戈ᄒᆞ여 後生 困케 ᄒᆞ연고.

이 작품은 軒轅氏에 대한 평가이다. 헌원씨는 중국의 고대 전설적인 제황인 삼황오제의 한 사람으로 장시조에 삽입된 부분은 『十八史略』「皇帝軒轅氏」條로 인심이 순후하고 일만팔천세를 누렸던 내용을 담고 있으나 작자는 헌원씨가 만든 무기로 인해 후세인들을 괴롭게 한다며 원망하고 있다.

<時大 365> 孔夫子ㅣ 사람이시로되 依然ᄒᆞᆫ 하늘이시라
義理를 프러내여 五倫을 ᄇᆞᆯ키시니 至愚ᄒᆞᆫ 民氓이 절로셔 어질거
다 國太平民安樂이 오로다 聖德이로다
千載後 이 ᄀᆞᆺ튼 大人君子ㅣ 쏘 업슬ᄭᅵ ᄒᆞ노라.

<時大 365>는 『靑丘歌謠』에 수록된 김수장의 작으로 공자의 행적에 대한 평가를 삽입하여 장시조화 한 것이다. 공자는 고대의 사상가이며 유교의 開祖로 74세의 나이로 타계하였다. 제자는 모두 3,000명에 이르며 특히 六禮에 통한 문인이 72명이라고 한다. 작가는 공자가 의리를 설법하고 오륜을 밝혀내어 우민한 백성을 어질게 하여 나라를 태평하고 백성은 살기 평안해졌으니 이 같은 대인군자는 천년 후에도 또 없을 것이라 칭송하고 있다. 즉 공자에 대한 인품과 업적에 대하여 종합적으로 평가하고 있는 것이다.

<時大 2858> 歷山에 밧 ᄀᆞ르실ᄉᆡ 百姓이 다 ᄀᆞ을 辭讓ᄒᆞ고
漁雷澤ᄒᆞ실ᄉᆡ 人皆讓居ᄒᆞ고 陶河濱ᄒᆞ실ᄉᆡ 그릇시 기우트지 아
녓ᄂᆞ니
天下의 朝覲 訟獄 謳歌者의 ᄇᆞᄅᆞ는 聖德을 일노 좃ᄎᆞ 알네라.

<時大 2858>은 순임금에 대한 고사를 삽입한 것이다. 순임금에 대한 몇 개의 고사가 삽입되어 작품화 되었는데, 순이 역산에서 밭을 갈 때에 사람들이

모두 밭두둑을 사양한 고사와 순이 운택에서 낚시를 할 때에 모든 사람들이 자리를 양보했다는 고사, 순이 물가에서 그릇을 구웠는데 모두 흠이 없었다는 고사를 초장과 중장으로 삼고, 종장에서는 천하의 임금을 뵙고 소송할 사람과 찬가를 부를 사람은 모두 순임금의 성덕을 좇으면 알 수 있다며 순임금의 성덕을 찬양하고 있다.

이밖에도 중국고사를 삽입하여 장시조화 한 작품을 다수 확인할 수 있다.[49] 중국고사를 삽입한 경우는 대부분 사대부적인 내용을 담고 있다. 즉 중국인물에 대한 흠모적인 것이 대부분이며, 그러한 인물들을 작품 속에 삽입하여 작자의 시상을 구체화하려는 의도에서 수용된 것이라 할 수 있다.

(2) 韓國故事

한국고사를 삽입한 경우는 중국고사를 삽입한 것에 비하면 빈약한 편이다. 그 이유는 중국고사가 사대부 작가들의 관심 속에서 애용되었다면, 한국고사는 창작 및 수용층의 인식 부재 때문에 많이 삽입하지 못한 것이라 하겠다. 한국고사와 관련한 작품은 총 10수 정도이다. 장시조에 삽입된 양상은 인물과 관련한 것과, 역사적 사건과 관련된 것으로 나누어 볼 수 있다.

먼저 인물과 관련한 고사의 삽입이다.

<時大 1222> 道詵이 碑峰에 올라 國都을 定ᄒᆞ올쐬
子坐午向으로 城闕을 일윗는듸 左青龍 右白虎와 南朱雀 北玄武는 貴格으로 벌어 잇고 前帶河 漢江水는 與天地根源이라 太廟는 可左ᄒᆞ고 社壇은 可右로다 三峰이 秀麗ᄒᆞ니 人傑이 豪傑ᄒᆞ고 臥牛山 有德ᄒᆞ니 民食이 豊足이라 聖斷神承ᄒᆞ야 億萬年之無彊이샷다

---

49) <時大> 248, 306, 584, 600, 726, 799, 939, 967, 1174, 1224, 1317, 1392, 1393, 1531, 1615, 1626, 1684, 1898, 1930, 1938, 2100, 2101, 2134, 2221, 2507, 2574, 2691, 2760, 2762, 2858, 2982, 3213, 3338, 3351, 3496, 3505, 3535, 3631, 3764, 3802, 3807, 3917, 3960, 4229, 4327, 4481, 4500, 4517, 4589, 5647.

ᄒᆞᄂᆞᆯ이 주오신 뜻을 밧들어 萬萬歲를 누리소셔.

<時大 2105> 三代後 漢唐宋에 忠臣義士 혜여보니

夷齊의 孤竹淸風과 龍逢比干忠은 니르도 말녀니와 南齊雲의 不義不爲屈과 岳武穆의 担背貞忠은 千秋竹帛上에 뉘아니 敬仰ᄒᆞᆯ고 마는

아마도 我東三百年에 顯忠崇節ᄒᆞ샤 堂堂ᄒᆞᆫ 三學士의 萬古大義ᄂᆞᆫ 짝업슬가 ᄒᆞ노라.

<時大 444> 國太公之 亘萬古英傑 이졔 뵈와 議論컨ᄃᆡ

精神은 秋水여늘 氣像은 山岳이라 萬機를 躬攝허니 四方에 風動이라 禮樂 法度와 衣冠文物이며 旌旄節旗와 劍戟刀鎗을 燦然更張허시단 말가

그 밧게 金石鼎彛와 書畵音律에란 엇지 그리 발근신고.

<時大 1222>는 김수장의 작으로 신라 말의 승려이면서 우리나라 음양지리설의 개종이라고 일컫는 도선이 서울 북방에 있는 비봉에 올라 전후좌우를 두루 둘러본 일을 작자 자신의 생각을 일부 덧붙여서 노래한 것이다. <時大 2105>는 이정보의 작으로 丙子胡亂 때 斥和論을 끝내 주장하여 淸에 잡혀가, 끝내 굴하지 않고 죽은 三學士인 洪翼漢·尹集·吳達濟의 일을 장시조화 한 것이다. <時大 444>는 안민영의 작으로 홍선대원군의 인물됨과 재주를 찬양한 것으로 송축가적인 성격을 띠고 있다.

다음은 역사적 사건과 관련된 고사를 삽입한 경우이다.

<時大 1784> 丙子丁丑 亂離時예 訓練院垈 건너 붉은 복닥이 쓴 놈 간다

압픠는 蒙古요 뒤헤 可達이 白馬탄 眞達이는 사슈리 살 ᄎᆞ고 騮月乃馬 鐵鐵驄이 탄놈 兩鼻裂이 탄 놈 아라마 쵸쵸 마리 베히라 가ᄌᆞ

어즙어 崔瑩곳 잇쑷쓰면 석은 풀치 듯 홀랏다.

<時代 1784>는 김수장의 작으로 병자년과 정축년에 있었던 국치의 일을 사실적으로 표현한 작품이다. 김수장은 이러한 역사적 사건의 오욕을 노래로 불러 지배층을 비롯한 일반 민중들에게 자각시키기 위해 장시조 속에 삽입한 것이다.

한국고사의 삽입은 김수장·안민영·이정보 등에 의해서 작품화된 것이 많다. 소수의 작품이나마 한국의 인물이나 역사적 사실이 장시조에 삽입한 것은 그 자체로서 의미가 있다.

이상으로 장시조가 고사를 다양한 방식으로 삽입하고 있음을 확인할 수 있었다. 그러나 한국의 역사적 인물이나 사건을 활용하여 장시조화한 경우는 중국고사에 비하여 상대적으로 적다. 이는 당대 지배층의 사대주의적 의식과 자국의 역사에 대한 인식의 부재에서 그 원인을 찾을 수 있다. 또한 이러한 고사의 삽입은 대부분 교훈적인 내용을 담고자 삽입한 경우가 많음을 알 수 있었다. 즉 역사적 고사의 삽입을 통해 시대를 인식하고 경계로 삼고자 삽입한 것이라 하겠다.

3) 說話의 受容

설화는 일정한 구조를 가진 서사양식의 일종으로 구비 전승되는 특징을 갖고 있다. 또한 이야기가 있는 문학으로 그 이야기를 듣는 사람의 이야기에 대한 믿음이나 인식의 정도에 따라 신화·전설·민담으로 구분된다. 그런데 장시조에 설화의 내용을 활용하여 장시조화한 작품이 있어 주목된다. 앞의 소설이나 고사와 같이 많은 작품들이 있는 것은 아니지만 이러한 작품이 있다는 것은 장시조가 다양한 장르와 교류했음을 말해 주는 것이며, 나아가 개방의 다양성을 확인할 수 있는 것이라 하겠다.

<時大 819> 닉 얼골 검고 얽기 本是 아니 얽고 거믜
　　　江南國 大宛國 열두 바다 건너 오신 ᄌᆞ근 손님 큰 손님에 紅疫
　　쓰리 쏘약 이 後 더침에 自然히 검고 얽긔

그르ᄉᆞ　閣氏의 房구셕에 怪石 삼아 두시소.

위 작품은 설화의 내용을 활용하여 장시조화한 경우로 마마에 얽힌 전설을 수용하여 장시조화 한 경우이다. 그러나 발화자는 이 전설 자체를 설명하려는 의도가 아니고, '검고 얽은 자신의 얼굴이지만 각시네 방구석에 놓고 보아주기만 해도 좋겠다'는 뜻으로 수용한 것이다.[50]

다음은 민간에서 떠돌고 있는 俗說을 끌어들여 장시조화한 경우인데, 이 역시도 이야기를 수용하여 장시조화 했다는 점에서 주목된다.

<時大 3645> 져 건너 月仰 바희 우희 밤즁마치 부엉이 울면
넷 사ᄅᆞᆷ 니론 말이 ᄂᆞᆷ의 싀앗 되야 즛믭고 양믜와 百般巧邪하ᄂᆞᆫ
져믄 妾년이 急殺마자 죽ᄂᆞᆫ다 ᄒᆞ데 妾이 對答하되
안해님 겨오셔 망녕된 말 마오 나ᄂᆞᆫ 듯ᄌᆞ오니 家翁을 薄待ᄒᆞ고
妾새옴 甚히 ᄒᆞ시ᄂᆞᆫ 늘근 안ᄒᆡ님이 몬져 죽ᄂᆞᆫ다데.

이 작품은 처첩간의 대화로 이루어진 것으로 깊은 밤중에 울고 있는 부엉이 소리를 듣고 상대방을 비방하는 내용이다. 부엉이가 울면 사람이 죽는다는 속설을 장시조 속에 끌어들여 대화체로 이야기를 이끌어가고 있다. 먼저 본처는 부엉이가 울면 첩년이 급살을 맞아 죽는다고 하고 첩은 늙은 본처가 먼저 죽는다며 속설을 자신에게 유리한 쪽으로 해석하고 있다. 이러한 속설이 장시조에 수용된 것은 당대의 처첩제도에서 나타나는 사회적 문제를 이야기하는 것으로 볼 수 있다.

지금까지 장시조에 수용된 설화의 양상을 살펴보았다. 설화는 서사양식의 하나로 분류되지만 작품의 빈도수가 적어 기존의 논의에서 소홀히 다루어졌다. 그러나 비록 적은 수의 작품이라도 이러한 설화가 장시조에 수용되었다는 것은 장시조가 다양한 장르적 개방성을 보이고 있음을 의미하는 것이라 하겠다. 또한 설화가 서민문학적 성격을 띠고 있다는 점에서 조선후기 장시조의 서민문학적 특성과도 유사하다 하겠다.

---

50) 신은경(1988), 앞의 책, 134쪽.

Ⅴ. 長時調의 文學史的 意義

조선후기에 본격적으로 모습을 들어 낸 장시조는 그 변혁의 폭 만큼이나 다양하고 급격한 변모를 꾀하고 있었다. 당대 민중들의 진솔하고 재기발랄한 성정을 담아내어 자리매김하는 기회를 스스로 찾아냈을 뿐 아니라 단시조의 계승과 일탈이라는 이중적 잣대를 통해 그것만의 개방성과 특수성을 모색하려는 시도 또한 스스로 얻어냈기 때문이다. 장시조의 이와 같은 탄력적 형상화는 조선후기의 역동적인 문화 기류를 타고 급속한 성장을 재촉하는 계기를 만들면서 타 장르와의 수용과 변용이라는 큰 파장의 중심축을 형성하기도 하였다. 조선 후기의 문화 변동의 폭이 빚어낸 서민의식의 발달과 산문정신의 발로 속에서 그 본연의 모습을 꿋꿋이 지켜왔다는 또 다른 의미를 보태지는 것도 이와 같은 이유에서였다.

이러한 시대적 분위기에서 발달한 장시조는 이전의 단시조가 지니고 있었던 정제된 형식에서 탈피하여 다양한 측면에서 개방의 양상을 보여주게 된다. 특히 조선후기에 등장하여 장시조의 주요 창작 계층으로 성장한 전문적 가창자, 그 중에서도 서리 출신의 전문 가객은 장시조의 발달과 그 특성형성에 중추적 역할을 담당하였다. 즉 담당계층의 확산과 이동은 문학의 창작과 향유에서 신분적 귀속성이 모호해지고 장르간의 장벽이 점차 약화되는 것을 전제[1]하며 신축성과 개방성을 가속화하였던 것이었다. 이러한 동인으로 장시조는 서정양식의 특성을 유지한 채 단시조를 포함한 상층문학인 가사와 한시를 비롯하여 하층문학인 민요와 잡가에 이르기까지 전 장르에 걸친 개방의 양상을 보였으며, 더욱이 장르적 친연성을 전제하지 않는 서사양식의 다양한 하위 장르들까지 원용하는 모습을 보이게 된다.

이처럼 조선후기는 사회적 변동에 의하여 문학과 예술 담당계층에서도 상당한 변모를 촉발하였다. 문학 장르간의 교섭은 당대의 새로운 패러다임이었

1) 박희병(1988), 「朝鮮後期 藝術家의 文學的 肖像-예인전의 연구」, 『大東文化研究』 第24輯, 성균관대 大東文化研究所, 62쪽.

으며, 이는 전대 문학에서는 찾아보기 어려울 정도의 역동성과 개방성을 보여 주었는데, 그 중심 역할을 했던 것이 바로 장시조이다. 이로 인하여 18세기까지 유지되던 시조의 정체성은 이후 상당 부분 새로운 틀로 변모를 이루게 된다.

이러한 측면에서 장시조가 갖는 개방의 역할과 기능이 국문학사에서 시사하는 바는 매우 크다. 이는 장시조가 전대의 어느 양식도 보여주지 못했던 독특한 정체성을 드러냈으며, 특히 담당계층의 확대와 장르 교섭의 차원에서 그 독자적 양상을 유감없이 표출하는 계기가 되었기 때문이다. 잘 알다시피 장시조는 지금까지 피지배층의 현실인식, 지배층에 대한 풍자와 고발, 궁핍한 삶에 대한 저항, 가족제도에 대한 모순, 불교와 승려에 대한 비판 등 당대 제도권 내에서 암묵적으로 동의해 왔던 각종 제한적 범위를 넘어서는 일탈과 파격의 면모를 보여주었다는 점에서 상당한 관심을 받아왔다. 이는 당대의 사회규범이 이미 변화의 요구에 직면하고 있었음을 드러낸 것이었다. 본 장에서는 이처럼 장시조 개방이 갖는 문학사적 의의를 그 역할과 기능의 차원에서 파악해 보고자 한다.

첫째, 장시조는 내용과 형식의 개방적 특성으로 말미암아 조선후기 장르 해체의 견인차 역할을 담당하였다. 즉 구술적인 형태 속에 서민들의 사상과 삶을 여과 없이 담기 위해서 단시조를 비롯한 상층문학인 한시와 가사를 수용하였으며, 하층문학으로 민요, 잡가와도 지속적인 영향 관계를 유지해 왔다는 것이다. 가사처럼 사설인데다, 한시와 같이 적당한 길이를 가졌으며, 민요와 같은 개방적인 서술구조를 띠고 있다는 독특한 존재양상으로 인해 타 장르와의 수수관계를 용이하게 했던 것이다.

둘째, 장시조는 중간자적인 형식을 유지함으로써 장르교섭의 가교구실을 담당하였다. 장시조는 단시조와 달리 정형성을 탈피함으로써 다양한 장르가 쉽게 넘나들 수 있었다. 더욱이 일정한 틀에 구속되지 않을 만큼 길어지고, 새로운 종구를 개척한 점은 타 장르와의 개방을 더욱 용이하게 하였다. 그리하여 단시조 → 장시조 → 산문화로 이어지는 가교역할을 담당할 수 있었고,

이것이 조선후기 문학의 흐름에 중추적 역할을 하면서 다양한 변화를 가능케 하였던 것이다.

셋째, 장시조는 당대 현실의 삶을 역동적으로 담았다. 이는 장시조의 틀 속에 다양한 장르가 수용되면서 근대적 서민의식의 반영을 촉진한 것과 무관하지 않다. 단시조의 경우 짧은 형식이라는 형식적 제약은 물론, 내용과 주제의식을 극명하게 암시하는 비유와 상징의 속성상 서민들의 진솔한 의식을 담아내기에는 부족한 점이 없지 않았다. 하지만 장시조의 경우 형식적인 틀에 크게 구속되지 않고 자신이 의식하는 바를 손쉽게 담아낼 수 있었다. 유교적 강상과 무관한 애정・거래・수탈・불륜・육담・재담 등을 거침없이 담아낸 장시조의 내용은 서민들의 진솔한 성정을 보여줌은 물론, 지난하고 모순된 삶으로부터 일탈하고 싶은 욕구의 방증이라 할 수 있다.

넷째, 향유층의 변화에 촉진제로 작용하였다. 조선 중기의 문화 예술은 조선후기에 이르러 급변하게 된다. 여기에 중인과 서민의 의식변화도 문화 예술의 흐름을 빠르게 변모시키는 계기가 되었다. 이러한 변화의 중심에 문학은 가장 핵심적 역할을 담당하였거니와 특히 장시조의 존재는 중인과 서민들의 의식을 표출하는 기표로써 작용하게 된 것이다.

다섯째, 문학적 근대화의 중추적 역할을 담당하였다. 조선후기는 이미 문화적으로나 사회적으로 대대적인 변화의 물결 속에 중세사회의 해체를 보여주는 시기였다. 이러한 시대적 변화 속에서 문학도 근대적 성향을 보여주었는데, 그러한 역할을 주도한 것이 장시조이다. 즉 중인계층을 중심으로 한 가객들의 등장으로 서민들의 의식과 삶의 감정을 담은 다양한 형태의 문학들이 발달하였는데, 이러한 과정 속에서 상층문학은 하강하고 하층문학은 상승하는 현상을 보이게 된 것이다. 이러한 문학의 근대화에 장시조는 중추적 역할을 담당하게 된다. 이와 같은 역할을 담당할 수 있었던 것은 장시조가 본질적으로는 상층의 문학에서 분화하였으나, 내용상으로는 서민들의 의식과 삶을 담을 수 있는 개방성을 띠고 있었기 때문에 가능했던 것이다. 다시 말하면 시가문학의 근대화를 이루는 데 장시조가 가장 적절한 장르적 성격을 띠고 있었으며, 그 역할 또한 지대했다고 할 수 있다.

이러한 장시조의 문학사적 의의에서 기대되는 장시조의 장르 특성은 미시적 접근을 통해 좀 더 구체적으로 밝혀질 것으로 보인다. 먼저 서정문학사에서의 장르적 특성을 살펴보자. 조선시대의 시가 장르의 주조를 이루어 온 것으로 상층문학은 단시조와 가사, 그리고 한시, 하층문학으로는 민요와 잡가를 들 수 있다. 잘 알다시피 이들은 향유층의 구미에 맞도록 창작·가창되면서 그 영역을 충실히 다져왔다. 그러던 것이 18세기를 기점으로 새로운 전기를 맞게 된다. 특히 그러한 점은 장시조에서 획기적으로 이루어졌는데, 기존의 고급문학에서 다양한 내용과 의의를 수용하면서도 서민문학 본래의 자질을 그대로 유지했다는 점과 시조의 담당계층을 사대부에서 중인 가객으로 확산시키는 계기를 마련했다는 점[2]에서 18세기 서정문학사의 새로운 틀을 짜는 데 상당한 역할을 했다는 것이다. 한편 장시조는 서민문학을 바탕으로 분화·발전을 꾀한 후에도 여전히 상층문학을 수용함으로써 하층문학과의 중간자 역할까지도 수행하게 된다. 그럼으로써 상·하층 문학 사이를 가로막았던 문학 계층 간의 장벽은 서서히 좁혀지는 계기도 마련하게 된다. 이러한 시대적 상황을 전제로 장시조의 개방성이 갖는 서정문학사적 의의를 조명해 보고자 한다.

첫 번째로 하층문학의 상승을 들 수 있다. 하층문학으로 대표되는 민요의 경우 오랜 세월동안 민중들의 곁에서 불리던 시가 중의 하나였다. 그와 같은 민요를 개방적 차원에서 적극적으로 수용함으로써 장르의 폭을 넓히고 있다는 점이 돋보인다. 서민들의 삶을 그대로 분출·토로하고 있는 내용적 측면이나, 대화체를 비롯한 반복어구, 상용어구 등의 형식적 측면의 활용은 그러한 수용의 단면을 그대로 보여주는 바라 하겠다. 이것은 장시조가 기존의 상층문학인 단시조에서 분화했음에도 불구하고 서민문학의 자질을 흡수하고 있음을 의미한다. 즉 서민문학으로 향유되던 민요가 시조라는 상층문학의 음률

2) 박애경(1996), 「19世紀 詩歌史의 展開와 雜歌」, 『韓國民謠學』 第4輯, 韓國民謠學會, 120쪽.

에 올려 상승할 수 있었다는 것이다.

한편 이와 같은 현상은 서민의식의 기저를 오랫동안 담당해왔던 민요가 상층문학으로의 상승욕구를 반영하는 것이기도 하므로 주목할 필요가 있다. 다시 말하면 자신들의 고단한 삶의 애환을 담았던 민요의 위상을 높이기 위하여 시조를 택하게 되었고, 결국 형식적으로는 3장과 종장 초구를 유지하되 그 외 다른 형식상의 특성은 배제한 채 장시조에 수용되었던 것이다. 이러한 장르간의 수용이 가능했던 것은 두 장르가 가창상의 개방적 특성을 공유하고 있었기 때문이다. 즉 장시조와 민요는 모두 엮음 부분에서 가락이나 선율의 구애를 별로 받지 않는 자유로운 형태이기 때문에 가능했던 것이다. 사설을 가락에 얹지 않고 마구 주어 섬기다가 마지막에 제 가락으로 돌아오기만 하면 되는 개방적 구조는 두 장르 형식에서 공통적으로 추출되는 특성이 이와 같은 수수관계를 이뤄낼 수 있었다고 본다.

이는 실제로 장시조가 민요적 성격뿐만 아니라 동일한 가사를 시조의 음률에 올려 가창했던 사실을 통해서도 확인할 수 있다. 이를 통해 장시조의 개방적 양상은 서민문학과 아울러 상층의 문학에도 동일하게 적용했음을 의미한다. 결국 도시상공업의 발달과 서민의식의 성장, 그리고 전문가객의 등장 등 제반 요인은 서민문학으로 향유되던 민요가 상층문학인 시조로 상승했음을 보여주는 것이다.

두 번째로 상층문학의 하강을 들 수 있다. 장시조는 형식적으로는 상층문학인 시조에서 분화했음에도 내용상으로는 하층민의 노랫말을 수용하였다. 이는 실질적으로 상층문학의 하강을 의미하는 것이라 할 수 있다. 즉 장시조는 단시조의 고아하고 우아한 내용을 버리고 서민들의 진솔하고 재치 있는 삶의 질곡을 그대로 반영함으로써 본래의 틀을 스스로 버리고 만다는 것이다. 이러한 측면은 한시를 통해서도 드러난다. 한시는 누가 봐도 상층문화의 본류에 서 있는 장르라 할 수 있다. 그런데 그와 같은 한시가 장시조에 원용 또는 차용되고 있음은 엄연한 상층문화의 하강을 의미하는 것이 아닐 수 없다. 한시가 시조화되는 패턴은 주로 五言絶句에 현토하는 방식이 대부분이었다. 하지만 장시조에 와서는 새로운 패턴으로 자리 잡게 된다. 그 하나는 五言絶句가 아닌 七言律詩에 현토하는 형식을 취함으로써 그것을 가능하게 했다는 점이다. 그리고 다른 하나는 한시를 인용하는 가운데에서도 원시의 내용을 그대로 답습하는 것이 아니라 서민적인 성격에 맞게 변모를 꾀했다는 점에서 그렇다는 것이다.

위 논의의 연장선상에서 도출한 세 번째로 시가문학의 평준화를 꾀했다는 점을 들 수 있다. 이는 첫 번째와 두 번째 사실을 토대로 도출된 것인데, 하층문학이 상승을, 다시 상층문학이 하강을 꾀하는 가운데 우리 서정문학이 어느 정도 평준화를 기할 수 있었다는 전제를 바탕으로 한다는 것이다. 이는 앞에서도 언급한 바와 같이 상・하층문학의 벽이 서서히 허물어지는 역할을 수행했다는 점이나 고급예술과 민중예술의 2분법을 뚫고 분화한 통속예술이 양 영역의 경계를 허물고 문화의 평준화를 이루어[3] 갔다는 점에서 그 의의가 크다 하겠다.

이상에서 살펴본 바와 같이 18세기 이전에는 계층 간의 문학들이 자신들의 영역을 견고히 하며 향유되었던 데 비해, 18세기를 전후하여 장르간의 평준화를 이루어 갔는데 그 중심축에 장시조가 있었음을 확인할 수 있었다. 그런데 여기서 주목되는 바는 장시조의 개방성에서 드러나는 이러한 특징 중에 하층문학의 상승이 상층문학의 하강보다 강하다는 점이다. 그러한 이유가 가능한 것은 앞에서도 여러 번 언급한 바와 같이 장시조가 상층문학인 단시조에 그 모태를 두고 있으면서도 그것을 통해 하층민들의 욕구를 담아내려는 의지가 더 강했기 때문이었다.

그동안 장시조의 폭로적 성향이나 육욕적 표현들로 인해 폄시와 하대를 받아온 것이 사실이다. 하지만 장시조는 위에서 밝힌 바와 같이 형식과 내용을 비롯한 다양한 측면에서 개방적 양상을 보였다. 실제적으로도 서정양식과 서사양식과의 장르적 개방성이 확인되는바, 이러한 징표들은 장시조가 개방성을 통해 중간자적 역할을 충실히 수행했다는 점을 드러내는 것이어서 그 의의가 크다 하겠다.

---

3) 아놀드, 하우저 저, 최성만・이병진 역, 『예술사회학』, 한길사, 1983.

Ⅵ. 結 論

이상과 같이 본 논문은 조선조의 대표적 문학 장르의 하나인 장시조를 연구 대상으로 하여 작품에 나타난 장르적 개방성을 다각적인 관점에서 살펴보았다.

본래 장시조는 단시조에서 분화하였으나 내용과 형식을 비롯하여 다양한 측면에서 단시조와는 다른 이질적인 성격을 띠고 있으며, 조선후기 역사·사회적 변동과 더불어 본격적인 모습을 드러내어 우리 민족의 성정을 표출하는 대표적 장르로 자리 잡았다. 본 논문에서 장시조를 분석·고찰해 본 결과 다양한 측면에서의 개방성을 보이고 있다.

본고에서는 먼저 장시조 개방의 동인을 정치·사회적, 문화·예술적, 종교·사상적, 문학적 측면에서 살펴보고, 이러한 동인에 중추적 역할을 하였던 담당계층에 대하여 고찰해 보았다. 이어 장시조의 개방적 양상을 형식·내용·표현·문체 등으로 나누어 검토한 후, 그 개방적 양상의 구체적인 모습들을 서정양식과 서사양식으로 나누어 장르간의 실제를 확인하였다. 끝으로 장시조의 장르적 개방성이 갖는 문학사적 의의를 밝혀 보았다. 이를 요약·정리하면 다음과 같다.

1) 장시조 개방의 정치·사회적 동인은 상공업의 발달, 서민의식의 확대, 양반계층의 몰락 등에 있었으며, 문화·예술적 동인은 가객의 출현과 가단의 형성, 그리고 악곡의 분화 및 연행의 발달, 종교·사상적으로 성리학의 퇴조와 실학의 대두가 그 주된 동인이 되었다. 이 외부적 동인들은 산문문학의 발달, 가집편찬의 성행, 장르의 혼효 등이 문학내적 동인으로 작용하여 개방의 기반을 다지게 된 것이다. 장시조 담당계층은 초기에는 사대부계층을 중심으로 형성되었으나 조선후기 사회적 변동으로 등장한 중인계층이 문화예술의 주된 담당계층이 되고 있다. 이러한 변화를 통해 장시조는 다양한 장르들을 수용할 수 있는 개방의 기반을 확보하게 되었다.

2) 장시조의 개방적 양상에서 먼저 형식상의 개방적 양상은 자수의 신축성, 음보의 다양성, '章'의 가변성, 그리고 종장 초구와 종구의 변전성으로 구분하여 고찰한 결과, 각 장의 자수와 음보는 최소 2자나 2음보로부터 최대 733자와 196음보, 총 자수와 총 음보수에서도 최소 50자부터 816자, 6음보에서부터 216음보까지 신축성과 다양성을 보여 주었다. 특히 '章'의 가변성에서 시조 삼장의 절대적 규칙이 모호하게 나타나며, '章' 파형의 유형에서도 다면성을 보여주었다. 종장 초구와 종구도 다양하게 변전되면서 장시조의 개방성을 보여주었다. 이로써 장시조는 단시조와 달리 다양한 측면에서 개방적 양상을 띠고 있으며, 이 개방적 양상들 속에는 다양한 주변장르의 속성들이 내재되어 있음을 알 수 있었다.

내용상으로 본 장시조의 개방적 양상은 서민들의 생활상 반영과 과감한 육욕 표출, 그리고 풍자의식의 고양으로 나누어 살펴보았다. 첫째, 서민들의 생활상을 반영한 내용들은 삶에 대한 갈등이나 상거래에 대한 구술로 이어지며, 임에 대한 갈등을 표현하는 등 대부분 일상적인 인간사를 담은 서민문학적 성격을 띠고 있었다. 둘째, 과감한 육욕의 표출은 적극적인 성욕을 분출하거나 노골적인 성행위 장면의 묘사, 의도적인 불륜을 발원하고 기대하는 형태로 개방적 양상을 보여주었다. 셋째, 풍자의식의 고양은 사대부와 종교적으로 타락한 승려를 풍자한 내용이 많았고 당대의 세태를 풍자한 작품들도 대거 등장하는데 그 주요 대상은 무능한 사대부나 탐관오리들이었다. 이는 상층에 대한 하층의 저항의식의 발로이며 서민문학적 성격이 장시조에 수용된 것이라 할 수 있다.

장시조에 나타난 표현상의 개방적 양상은 일상어의 시어화와 표현기법의 다변화, 그리고 상투어구의 사용 등으로 나누어 살펴보았다. 첫째, 일상어의 시어화는 단시조에서는 사용되지 않았던 비속어나 비속한 표현을 사용함으로써 작품의 사실성과 현실감을 부여하였고, 표현상으로 서민문학적 성격이 강하게 나타났다. 또한, 인간을 비롯한 동물이나 다양한 악기들의 의성・의태어를 사용하여 장시조가 구체적이고 사실적인 표현을 추구하고 있음을 보여주었다. 한편 일상생활에서 쉽게 접할 수 있는 다양한 소재들을 작품에 등장시켜 표현상의 사실성과 구체성을 드러내어 단시조와는 다른 민요적 성격을 띠고 있음을 확인하였다. 둘째, 표현기법의 다변화는 단시조가 갖고 있는 함축의 특성과는 반대로 열거법과 반복법을 통해 풀어주고 열거함으로써 장시조가 장형의 형태로 되는 주요 원인이 되고 있으며, 역설법과 반어법도 단시조의 표현과는 상당한 차이를 보여준다. 그것은 주로 남녀의 애정이나 솔직담백한 표현을 통해 서민문학적 성격을 띠며, 은유법은 주로 성과 관련된 내용을 표현하고 의인법은 임에 대한 사랑이나 기득권에 대한 풍자를 위해서 사용한 경우가 대부분이었다. 셋째, 장시조에는 다양한 형태의 상투어구의 사용을 들 수 있는데, 이는 가사의 개방적 성격을 나타내며, 장시조가 가창을 통해 향유된 문학이고 다양한 장르의 가사들을 공유하고 있었음을 의미한다.

장시조의 문체상의 개방적 양상은 대화체와 담화체로 나누어 살펴보았다. 대화체는 장시조가 단시조와 구별되는 대표적 특성인데, 서술자가 존재한 경우에는 서사적 내용을 수용한 경우가 많았고, 서술자가 부재한 경우에는 극적인 요소를 보이고 있으나 이는 극양식의 수용이라기보다는 민요의 대화체 유형과 유사함을 지닌다. 담화체의 경우 어떠한 장면이나 사건들을 이야기하는 담화적 요소를 담고 있으나 완전한 담화라고 할 수는 없다.

3) 장시조의 장르적 개방의 실제에서는 앞에서 논의된 다면적인 개방적 양상이 실제 작품에서 어떠한 형태로 수용되고 있는지를 서정양식과 서사양식으로 나누어 그 양상을 확인해 보았다. 서정양식의 수용은 단시조를 비롯한 상층문학의 한시와 가사를 살펴보았고, 하층문학으로는 민요와 잡가의 수용양상을 살펴보았다. 단시조를 계승한 경우는 세 가지 방식을 취하는데 첫째, 원 텍스트 삼장을 확장한 경우는 원 텍스트인 단시조의 삼장은 그대로 유지하면서 일부를 첨가·부연하여 확장하였고, 둘째, 두 장을 계승한 경우는 단시조의 초·중장의 내용을 그대로 계승하는 경우와 초·중장을 결합하여 장시조의 초장으로 엮고 중장과 종장에 새로운 내용을 담는 양상을 띠고 있다. 셋째, 한 장을 계승하되 당시 상용구처럼 쓰이던 시구를 첨가하는 방식으로

서, 이는 단시조를 직접 계승했다기보다는 간접적인 계승으로 이해할 수 있다.

가사를 수용한 경우에는 원 텍스트에서 일부의 장만을 취한 경우와 일부 소절을 변개하여 취하는 경우, 그리고 장르 간 교섭하는 경우로 분류된다. 장시조에 수용된 가사 작품은 몇몇 작품에 한정되는데, 대부분이 애정가사에 집중되며 이를 통해 두 장르간의 넘나듦을 확인할 수 있었다.

한시를 차용한 것은 한시의 전면적 차용을 통해 장시조화한 경우인데 이는 삼장이 현토된 것과 번역한 것으로 나누어지며, 한시를 부분적으로 차용한 경우는 한 장이 현토된 경우와 시구의 일부가 차용된 것으로 나타난다. 또한, 앞서의 다양한 차용의 양상이 복합적으로 차용된 경우도 볼 수 있어, 시조와 더불어 한시는 오랜 세월동안 다양한 형태로 차용되고 있었음을 알 수 있었다.

민요는 형식과 내용의 자유로움으로 인하여 모든 시가문학과 수수관계를 맺어 왔는데, 특히 조선후기 서민의식이 성장하면서 시조의 형식에 올려 불리는 계기가 마련되었다. 민요가 반영된 양상은 먼저 원 텍스트에 일부 내용을 첨가 및 부연한 경우로, 원 텍스트인 민요의 모티프는 유지하면서 일부의 내용을 첨가·부연하여 작품의 내용이 구체화되고 사실적으로 표현되었다. 일부의 내용을 변개하여 반영하는 경우는 내용의 가감보다는 동일한 소재를 시조창으로 불렀다는 데 더 의미가 크다. 장르 간의 직접적인 내용들이 넘나든 경우는 두 작품 간에 큰 차이가 없어 그 선후를 명확히 구분할 수 없는 한계가 있다. 그러나 장시조는 민요와 매우 긴밀한 관계에 있었으며, 서민의 문학이 상층의 문학으로 장르적 상승을 꾀하게 된 것임을 확인할 수 있었다.

잡가의 장르적 특성은 장시조의 그것과 매우 흡사하다보니 가사의 넘나듦이 빈번하게 나타난다. 그러나 시기적으로는 잡가가 장시조보다 나중에 형성된 장르이므로 장시조가 잡가를 수용했다고 단정할 수는 없다. 하지만 두 장르가 완전히 정착된 후에는 서로 가사를 주고받았을 가능성은 다분하다. 따라서 장시조와 잡가의 관계는 혼효의 차원에서 접근하는 것이 타당하다. 그 양상은 일부를 혼효한 경우와 여러 작품을 엮음은 경우, 전체를 혼효한 경우로 나타나는데 이 경우는 다른 시가문학과 달리 적극적인 형태의 장르적 개방을 보이고 있다.

장시조의 장르적 개방의 실제는, 선행연구들에서 서사양식에 나타난 개방의 실제를 대부분 고소설로 한정하여 접근하였으나 본고에서는 서사양식의 수용을 좀 더 미시적으로 접근하여 고찰하고 하위분류된 서사양식의 실제까지 확인하였다. 먼저, 고소설의 내용을 활용한 경우는 대부분이 중국소설이며 그 중에도 <三國志演義>가 압도적으로 많았다. 그 이유는 조선후기 임·병양란을 체험한보상심리로 군담소설이 유행하였고, <三國志演義>가 상당한 독자층을 확보했기 때문이다. 그 밖에 <西遊記>·<西廂記> 등의 일부 작품이 활용되었다. 한국소설을 활용한 경우는 <淑香傳>·<沈清傳>·<九雲夢>·<天君衍義>·<春香傳> 등 수용된 원작은 많지만 활용빈도는 중국소설에 비해 상대적으로 적었다. 고사의 삽입 또한 일부 작품의 한국고사의 삽입을 제외한 대부분의 작품들이 중국고사와 관련된 양상을 보여, 중국에 대한 뿌리 깊은 사대사상과 우리 역사에 대한 인식의 부재를 보여주었다. 끝으로, 설화의 수용 양상은 그 빈도수가 희소하여 지금까지 논외로 취급되었으나 장시조의 다양한 장르 수용을 밝히는 데는 유용한 자료가 될 수 있다. 장시조에 민담과 전설, 속설 등을 수용한 작품들은 몇 수에 불과하지만 이는 장시조가 서민문학의 영향을 받았다는 중요한 단서를 제공하는 것이 된다.

4) 장시조의 문학사적 의의는, 장시조의 내용과 형식의 개방적 특성으로 말미암아 조선 후기 장르 해체의 견인차 역할을 담당했다는 점과 중간자적 형식을 유지함으로써 장르교섭의 가교구실을 담당했다는 점, 당대 현실의 삶을 역동적으로 담았다는 점, 향유계층의 변화에 촉진제로 작용했다는 점, 문학적 근대화의 중추적 역할을 담당했다는 점에서 중요한 의미를 갖는다. 시대적 상황 속에서 장시조의 개방성이 갖는 서정문학사적 의의는 하층문학의 상승과 상층문학의 하강을 이루어 시가문학의 평준화를 이루었다는 점에 있다. 즉 장시조의 개방성으로 상층문학과 하층문학의 벽이 허물어지고 서정양식의 평준화 역할을 담당함으로써 조선후기는 하나의 문학이 독자적으로 향

유되기보다는 개방과 수용에 의해 다양한 장르가 발달하였고, 장시조는 이를 지탱하고 확고히 하는 데 상당부분 기여했다는 점에서 그 의의를 찾을 수 있다.

본 논문은 이상과 같은 순서로 장시조의 개방성을 고찰하여 보았다. 다만 작품을 한정하여 논의하다 보니 작품외적인 요인들에는 구체적으로 접근하지 못한 한계를 보였다. 특히 연행이나 가창문학 측면의 논의가 소홀한 감이 적지 않았다. 장시조가 시가문학의 한 장르로 정착되기 전까지는 가창의 문학으로 향유되었기 때문에 그 연원과 발생, 형성과정에 이르기까지 다양한 관점에서 폭넓게 검토했어야 했다. 그럼으로 앞으로의 과제는, 장시조에 내재된 개방의 양상을 그 연원과 발생에서 더 나아가 형성과정에 이르기까지 통시적인 측면에서 심도 있는 논의가 이루어져야 할 것이다. 이는 장시조의 연원과 발생에 대한 그 간의 혼란을 풀 수 있는 중요한 단서가 될 것이라 기대하기 때문이다.

參考文獻

1. 資料

『歌曲選』

『歌曲源流』(國樂院本)

『歌曲源流』(六堂本)

『歌曲源流』(一石本)

『古今歌曲』

『古今雜歌編』

『槿花樂府』

『金玉叢部』

『南薰太平歌』

『論語』

『大東風雅』

『孟子』

『史記』

『三竹詞流』

『荀子』

『時調‧‧ 歌辭』

『時調集』(慶大本)

『時調集』(平州本)

『時調』(關西本)

『樂府』(高大本)

『樂學拾零』

『莊子』

『青邱歌謠』

『靑丘詠言』(가람본)
『靑丘永言』(六堂本)
『靑丘永言』(珍本)
『海東歌謠』(一石本)
김제현(1985), 『辭說時調全集』, 영언문화사.
김흥규(1993), 『辭說時調』, 동아출판사.
박용식 · 황충기(1994), 『古時調註釋事典』, 국학자료원.
박을수(1992), 『韓國時調大事典』(上 · 下), 아세아문화사.
______(2007), 『韓國時調大事典』(別刷補遺), 아세아문화사.
심재완(1972), 『校本 歷代時調全書』, 세종문화사.
______(1984), 『定本 時調大典』, 일조각.
임동권(1961-93), 『韓國民謠集』Ⅰ-Ⅶ, 집문당.
정주동 · 유창균(1957), 『珍本 靑丘永言』, 명문당,
정병욱(1966), 『時調文學事典』, 신구문화사.
황충기(2000), 『註解 長時調』, 국학자료원.

2. 著書

고정옥(1947), 『朝鮮民謠研究』, 수선사.
______(1949), 『古長時調選註』, 정음사.
구자균(1990), 『韓國平民文學史』, 보고사.
김대행(1976), 『韓國詩歌 構造研究』, 삼영사.
______(1986), 『時調類型論』, 이화여대출판부.
______(1999), 『노래와 시의 세계』, 역락출판사.
김동준(1974), 『時調文學論』, 진명문화사.
김병국(1999), 『장르교섭과 고전시가』, 월인.
김병국(2000), 『고전시가의 미학 탐구』, 월인.
김사엽(1956), 『李朝時代의 歌謠研究』, 대양출판사.

김제현(1977), 『辭說時調 文學論』, 새문사.

김종식(1951), 『時調概念과 作詩法』, 대동문화사.

김학성(1980), 『韓國古典詩歌의 硏究』, 원광대출판부.

박을수(1992), 『韓國時調文學全史』, 성문관.

박철희(1997), 『韓國詩史硏究』, 일조각.

서원섭(1977), 『時調文學硏究』, 형설출판사.

성기옥(1999), 『韓國詩歌律格의 理論』, 새문사.

성호경(1999), 『韓國詩歌의 形式』, 새문사.

신은경(1995), 『辭說時調의 詩學的 硏究』, 개문사.

양재연(1983), 『國文學硏究散藁』, 전예원.

오세영(1983), 『韓國浪漫主義詩 硏究』, 일지사.

원용문(1999), 『時調文學原論』, 백산출판사.

이능우(1983), 『古詩歌論考』, 숙명여대 출판부.

이병기(1961), 『國文學槪論』, 일지사.

이인모(1960), 『理論과 實踐 文體論』, 동화문화사.

이태극(1961), 『時調槪論』, 선명문화사.

______(1965), 『時調硏究論叢』, 을유문화사.

______(1974), 『時調의 史的 硏究』, 선명문화사.

______(1974), 『時調槪論』, 새글사.

임기중(1982), 『平民歌客과 時調集 編纂』, 지식산업사.

장덕순(1978), 『韓國文學史』, 동화문화사.

장사훈(1986), 『時調音樂論』, 서울대출판부.

______(1980), 『國樂總論』, 정음사.

전규태(1986), 『韓國詩歌 硏究』, 고려원.

전관수(2002), 『漢詩語辭典』, 국학자료원.

정병욱(1977), 『韓國古典詩歌論』, 신구문화사.

조규익(1994), 『歌曲唱詞의 國文學的 本質』, 집문당.

______(1996), 『蔓横淸類』, 박이정.

조남현(1985), 『小說原論』, 고려원.

조동일(1979), 『敍事民謠研究』, 계명대출판부.

______(1982), 『韓國詩歌의 傳統과 律格』, 한길사.

______(1998), 『韓國文學通史』 卷3, 지식문화사.

조윤제(1948), 『韓國詩歌의 研究』, 을유문화사.

______(1954), 『韓國詩歌史綱』, 을유문화사.

진동혁(1987), 『古時調文學論』, 형설출판사.

최동원(1980), 『古時調論』, 삼영사.

홍재휴(1983), 『韓國古詩律格研究』, 태학사.

3. 論文

강명관(1990), 「朝鮮後期 閭巷文學 研究」, 성균관대 박사논문.

______(2001), 「辭說時調와 閭巷漢詩의 對比的 考察」, 『조선시대 문학예술의 생성 공간』, 소명출판사.

강연진(2001), 「韓國近代 大衆歌謠 形成 過程 研究」, 이화여대 석사논문.

고미숙(1991), 「辭說時調의 歷史的 性格과 그 階級的 基盤 分析」, 『語文論集』, 第30輯, 安岩語文學會.

______(1998), 「辭說時調 律格의 美的 特質(1)」, 『18世紀에서 20世紀初 韓國詩歌史의 構圖』, 소명출판사.

고순희(1998), 「民謠 終結語 文體 '-네'와 開花期 詩歌」, 『韓國詩歌研究』 第4輯, 韓國詩歌學會 1쪽.

고정희(1999), 「小說 受容 時調의 장르변동 樣相과 그 社會的 脈絡」, 『장르교섭과 고전시가』, 월인.

권두환(1983), 「18세기의 '歌客'과 時調文學」, 『震檀學報』 第55號, 震檀學會.

김갑수(1966), 「言語의 感化的 用法의 考察 : 辭說時調를 中心하여」, 서울대 석사논문.

김기점(1988), 「辭說時調의 庶民意識 研究」, 국민대 교육석사논문.

김동미(1995), 「辭說時調에 나타난 現實認識의 表出樣相 硏究」, 동국대 교육석사논문.
김동욱(1952), 「辭說時調發生論」, 『國語國文學』 通卷 第1號, 國語國文學會.
김동준(1987·88), 「辭說時調考」, 『時調學論叢』 第3·4輯, 韓國時調學會.
김대행(1995), 「時調·歌辭·巫歌·판소리·民謠의 交涉 樣相」, 『韓國學硏究』 第7號, 고려대학교, 韓國學硏究所.
김상선(1960), 「古時調의 修辭的 技巧」, 『語文論集』 第4輯, 중앙대학교.
김생식(1981), 「辭說時調에 나타난 庶民性 硏究」, 영남대 석사논문.
김석희(2003), 「19세기의 時調 漢譯과 漢詩의 時調化」, 『朝鮮後期 詩歌 硏究』, 월인.
김양헌(1986), 「歌客들의 長型時調」, 『嶺南語文學』 第13輯, 嶺南語文學會.
김연수(1982), 「辭說時調의 諷刺性 硏究」, 조선대 교육석사논문.
김용찬(1991), 「辭說時調에 나타난 愛情形象과 世界觀 硏究」, 고려대 석사논문.
______(1993), 「朝鮮後期 時調에 나타난 小說 受容의 樣相」, 『語文論集』 第32輯, 고려대학교.
김인중(1980), 「辭說時調에 나타난 隱喩의 意味作用 硏究」, 『冠岳語文學』 第5輯, 서울대학교.
김정미(1996), 「朝鮮時代 사람들의 패션감각」, 『조선시대 사람들은 어떻게 살았을까』 2, 韓國歷史學會, 도서출판 청년사.
김종환(1992), 「辭說時調의 諷刺 樣相」, 『論文集』 第35輯, 3사관학교.
______(1994), 「辭說時調 作家 身分의 史的 硏究」, 『論文集』 第39輯, 陸軍 3사관학교
김중렬(1977), 「辭說時調의 形成에 미친 唐詩의 影響」, 『語文論集』 第19輯, 安岩語文學會.
김진악(1995), 「辭說時調의 諧謔性과 諷刺性考」, 『人文論叢』 第9輯, 배재대학교.
김학성(1971), 「辭說時調의 美意識 硏究」, 서울대 석사논문.
______(1986), 「辭說時調의 장르 形成 再論」, 『大東文化硏究』 第20輯, 大東文化硏究所.
______(1990), 「辭說時調의 詩學的 特性」, 『벽사 이우성선생 정년 기념논총』, 여강출판사.

문　현(1992), 「사설지름時調의 硏究」, 한양대학교 석사논문.
박노준(1980), 「辭說時調에 나타난 에로티시즘」, 『時調文學硏究』, 정음사.
박미영(1983), 「詩行과 文章의 關係를 통해 본 時調의 形式」, 韓國精神文化硏究所, 부속대학원 석사논문.
박애경(1996), 「19세기 詩歌史의 展開와 雜歌」, 『韓國民謠學』 第4輯, 韓國民謠學會.
______(2000), 「朝鮮後期 時調에 나타난 都市와 都市的 삶」, 『時調學論叢』 第16輯, 韓國時調學會.
박을수(1973·75), 「辭說時調의 修辭技巧 考察(1)~(4)」, 『새국어교육』 16-17·22-23, 韓國國語教育學會.
박재원(1991), 「辭說時調와 民謠의 類似模型性의 한 考察」, 동국대 교육석사논문.
박준규(2002), 「辭說時調의 詩的 話者와 美意識 硏究」, 한국교원대 석사논문.
박희병(1988), 「朝鮮後期 藝術家의 文學的 肖像-예인전의 연구」, 『大東文化硏究』 第24輯, 大東文化硏究所.
서종문(1976), 「辭說時調의 판소리사설의 共通特質」, 『冠岳語文硏究』 第1輯, 서울대학교.
성범중(1986), 「金天澤과 金壽長의 關係」, 『韓國文學史의 爭點』, 집문당.
소동혁(1979), 「南坡와 老歌齋의 關係 考察」, 『國語國文學』 第81號, 國語國文學會.
신경숙(1995), 「初期 辭說時調의 性認識과 市井的 삶의 受容」, 『韓國文學論叢』 第16輯, 韓國文學會.
신근철(1989), 「辭說時調에 나타난 愛情의 諸樣相」, 경희대 교육석사논문.
신은경(1985), 「辭說時調와 歌辭의 敍述方式 對比」, 『西江語文』 第4輯, 서강대학교.
______(1988), 「辭說時調의 詩學 硏究」, 서강대 박사논문.
심재완(1979), 「時調作品의 漢詩文 受容에 대한 考察」, 『韓國學報』 第16輯, 일지사.
안승덕(1970), 「辭說時調의 形式考」, 『語文集』 第6輯, 청주교대.
윤병석(1971), 「辭說時調의 辭說性 考察」, 계명대 교육석사논문.
윤용흠(1970), 「辭說時調의 特性 硏究」, 동아대 석사논문.
윤해옥(1978), 「敬亭山歌壇 硏究」, 『國語國文學』 第77號, 國語國文學會.
이경선(1971), 「韓國文學 作品에 끼친 <三國志演義>의 影響」, 『論文集』 第5輯, 한양대

학교.
이노형(1987), 「長時調의 장르적 性向과 그 限界」, 『冠岳語文硏究』 第12輯, 서울대학교.
이민복(1988), 「辭說時調에 나타난 滑稽에 관한 硏究」, 단국대 교육석사논문.
이병기(1922), 「時調란 무엇인고」, 『東亞日報』, 11.24-12.13.
이병기(1974), 『辭說時調形態考』, 『韓國言語文學』 第2輯, 韓國言語文學會.
이사현(1971), 「韓國文學의 諷刺」, 『國語國文學』 第51號, 國語國文學會.
이상구(1975), 「破格時調의 諧謔性 硏究」, 연세대 교육석사논문.
이수곤(2004), 「辭說時調의 通俗文學的 性格 硏究」, 서강대 박사논문.
이익생(1980), 「辭說時調에 나타난 滑稽美 硏究」, 고려대 교육석사논문.
이장희(1986), 「辭說時調의 美意識 硏究」, 숭전대 석사논문.
이재수(1956), 「韓國小說 發達 段階에 있어서 中國小說의 影響」, 『論文集』 第1輯, 경북대학교.
이정태(1989), 「李朝 時調文學上에 나타난 諷刺」, 『論文集』 第11輯, 대림공전.
이찬욱(1995), 「時調의 音步 分割에 대한 一考察」, 『時調學論叢』 第11輯, 韓國時調學會.
이혜경(2002), 「휘모리잡가의 사설 형성 원리와 향유 양상」, 성균관대 석사논문.
임병무(1987), 「辭說時調의 庶民的 性格 考察」, 조선대 석사논문.
임종찬(1983), 「長時調의 文藝學的 硏究」, 부산대 박사논문.
장사훈(1983), 「엇시조와 사설시조의 형태론」, 『韓國詩歌硏究』, 國語國文學會編, 정음문화사.
장성진(1983), 「辭說時調의 作家意識과 그 表現 樣相」, 경북대 석사논문.
장순조(1993), 「辭說時調 愛情謠의 世界認識 硏究」, 숙명여대 석사논문.
______(1999), 「辭說時調의 通俗文學的 特性에 관한 硏究」, 숙명여대 박사논문.
정병욱(1974), 「李朝後期 詩歌의 變移過程考」, 『창작과 비평』 第31號, 창작과 비평사.
정호완(2001), 「蔓橫淸類 硏究」, 『人文藝術論叢』, 대구대학 人文科學藝術硏究所.
조규익(1980), 「長時調에 나타난 美意識 硏究」, 연세대 석사논문.
______(1982), 「長時調에 나타난 滑稽美 分析」, 『論文集』 第3輯, 해군사관학교.
______(1986), 「長時調에 表出된 '諧謔'의 樣相」, 『韓國語文學論叢』, 호서문화사.
조동일(1978), 「時調律格과 變形規則」, 『國語國文學硏究』 第18輯, 영남대학교 國語國

文學科.

조태영(1986), 「辭說時調의 作者層」, 『韓國文學史의 爭點』, 집문당.

주강식(1985), 「時調와 民謠와의 關係」, 『論文集』 第21輯, 부산교육대학교.

최규희(1981), 「辭說時調에 나타난 諷刺性 硏究」, 효성여대 석사논문.

최금희(1994), 「辭說時調에 나타난 作家意識과 美意識 硏究」, 한국교원대 석사논문.

최동원(1984), 「古時調文學史의 時代區分考」, 『釜山大 人文論叢』 第26輯, 연문인쇄사.

최중만(1992), 「辭說時調의 庶民意識과 그 意味作用 考察」, 동국대 교육석사논문.

최창렬(1966), 「意味의 感化的 表現價値에 關한 硏究 : 辭說時調를 中心으로」, 전북대 석사논문.

최태호(1984), 「辭說時調의 形式考察」, 『論文集』 第7輯, 목원대학교.

함복희(1988), 「辭說時調의 美意識 硏究」, 강원대 석사논문.

홍정자(1983), 「辭說時調의 半句構造 硏究」, 서강대 석사논문.

황패강(1968), 「大隱 邊安烈과 不屈歌」, 『論文集』 第2輯, 단국대학교.

______(1970), 「大隱의 <不屈歌>輔攷」, 『國語國文學』 第49 · 50輯, 國語國文學會.

______(1983), 「長時調의 發生考究」, 『語文硏究』 第36 · 37號, 語文敎育硏究會.